Einleitung
in die Philosophie

文德尔班哲学导论

［德］文德尔班　著
施　璇　译

前　言

我这本公开出版的《哲学导论》概述了哲学上的问题并解释了尝试解决这些问题的各种趋势。这本书旨在呼唤读者思索生命中的重大问题。它不是对某种专门的哲学体系的介绍，而是对所有可能解决方案进行的一次非常广泛的探索。当然，这些都是基于作者的个人观点，任何哲学研究者都能轻易发现这一点，但是，这并不会影响作者对其他思想体系所作出的评价。

基于本书的这个目标，我觉得没有必要承担引用历史上各类哲学体系的文本的任务，整本书就是对它们的引用。

威廉·文德尔班
1914年2月于海德堡

目 录

前　言 ··· 1

序　言 ··· 7
本书的目标—对人生哲学的渴求—哲学的困难—哲学思考的预设—问题及其解决方案—哲学史—唯信仰论—历史、系统和批判的方法—文献—知识与价值—问题的划分

第一部分　理论问题

第一节　实在与表象 ··· 3
真正的实在与表象的实在—形而上学的实在与经验性的实在，绝对的实在与相对的实在—客观的表象与主观的表象—实证主义—形而上学与宗教—作为理想实在的形而上学—哲学方法—无条件者—先验表象

第一章　本体论问题 ··· 14

第二节　实体和表象 ··· 14
内在范畴—事物及其性质—事物的同一性—本质的与非本质的性质—材质、形状和发展的同一性—元素—绝对性质：观念—原子、隐德莱希和单子—普遍主义与个体主义—属性与 modi［样态］—自我—性质的融贯。

第三节　存在的量 ··· 36

数量与大小—世界在思想之中的简化—唯一论与单元论——神论—泛神论、理神论、有神论—内在性与超越性—唯一性、无限性、无定性—无世界论—多元论—单子论—度量—有限论与无限论—空间与时间—万物轮回

第四节　实在的质的规定 …………………………………… 60
原初性质与派生性质—第一性的质与第二性的质—科学家们的量的观点—物质世界和意识—作为生命力量的灵魂和作为意识载体的灵魂—理智主义、意志主义和情感主义—无意识—心物平行论—唯物主义和唯心主义（观念论）—理论上的二元论与价值论上的二元论——元论

第二章　发生论问题 ……………………………………………… 80

第五节　事件 ………………………………………………… 81
时间中的相继发生—事件的连续性与非连续性—内在的事件与超越的事件—时间中相继发生的必然性—因果关系与目的关系

第六节　因果性 ……………………………………………… 85
因果关系的四种通常的形式—原因的多样性—主因与偶因—世界同一性的假设—因果律—能量守恒—精神生活中的新元素—因果等式—因果关系的不可理解性—活动的经验—时间相继的普遍性—自然与规律的一致

第七节　机械论与目的论 …………………………………… 100
自然规律的可转换性—机械的整体与有机的整体—行动的来源—目的和设计—合理的目的论与伪目的论—无意识的目的论—目的论与生命力—发展—为目的论服务的因果性

第八节　心物事件 …………………………………………… 108
精神事件与物质事件—心物的因果性—心物平行论—能量守恒—作为副现象的意识—反射运动—作为asylum ignorantiae［无知的庇护所］的大脑—精神事件的非连续性—作为表象的心物二元性—泛灵论—无意识

第三章　知识论问题 …………………………………………… 119

第九节　真理 ………………………………………………… 119
关于知识的理论—科学与知识—判断—超越的真理、内在的真理和形

式的真理—作为价值的真理—实用主义—意见、信念与知识

第十节　知识的来源 …………………………………………… 127
思想与知觉—理性主义与经验主义（感觉主义）—人类主义—先天主义与后天主义—心理主义

第十一节　知识的有效性 ………………………………………… 133
心理的有效性与逻辑的有效性—有效性与存在—普遍意识—作为形而上学的知识论—独断论：朴素实在论—关于共相的论争：实在论与唯名论—怀疑主义—或然论与盖然论—现象主义—数学的现象主义—符号论—本体论的现象主义—观念论—唯我论—唯心主义—绝对的现象主义：不可知论—意识主义

第十二节　知识的对象 …………………………………………… 144
先验的方法—意识的功能和内容—存在与意识—杂多的综合—客观性就是真正的必然性—抽象—选择性综合—理性的科学：自然科学与文化科学—心理学的位置—没有价值的知识与具有价值的知识—各种科学的自律性

第二部分　价值论问题

第十三节　价值 …………………………………………………… 157
心理学的价值论—作为情感的价值评价或者作为意志的价值评价—基本的情感—基本的意志—价值的相互性—转变—道德—价值评价—良知—对规范意识的假定—逻辑学、伦理学和美学

第一章　伦理学问题 ……………………………………………… 164

第十四节　道德原则 ……………………………………………… 165
命令式的道德与描述式的道德—道德原则的多种含义—普遍的道德律—目的论的基本规律—幸福论—利己主义—享乐主义—伊壁鸠鲁主义—灵魂拯救的道德—利他主义—功利主义—至善论的道德—理性的道德—人的定义—情感的道德—道德与合法性—绝对命令—道德的世界秩序—人格的道德

经验的道德与理性的道德—感觉的道德—直觉主义—权威的道德—作

为立法者的上帝、国家以及习俗—他律性与自律性

奖赏与惩罚—利他主义的冲动—同情与同感—美丽的灵魂—道德的层次

意志的自由—行为的自由与选择的自由—决定论与非决定论—责任—作为无原因性的形而上学的自由—实践的责任

第十五节　公共意志 …………………………………… 192

个体意志与共同意志—先在的意志联合体—自然的联合体与历史的联合体—家庭、民族、经济共同体、国家与教会—习俗、道德与法律—意志共同体的时代—文明—社会学—自然法与法学—法律的定义—法律义务、法律要求、法律权利—作为最低限度伦理的法律—国家和法律的目的—自由主义与社会主义—民族国家—国家的目标—法律秩序的真正的合理性

第十六节　历史 …………………………………………… 212

高级研究的哲学—在人之中和与人有关的事情—个体与人格—自我意识—人格的解放—语言的历史—集体主义和个体主义的历史—价值的超人格性—人类的统一性—人类的概念与人类的观念—历史的统一化—道德的世界秩序—历史的进步—无限可完善性—知识的进步、道德的进步和享乐的进步—人类的晚年和衰亡—作为至善的生命—永恒的实在与暂存的实在

第二章　美学问题 …………………………………………… 231

第十七节　美学的概念 …………………………………… 232

"美学"一词的历史—无利益的愉悦—愿望和意志的自由—通向价值的体系—自然中的美和艺术中的美—自上而下的美和自下而上的美学

第十八节　美的事物 ……………………………………… 236

品味的差异—对同等可传达观念的批判—大众与权威—理智力量的作用—形式主义美学—情感和情绪的作用—情感上的共鸣—重要性—感觉与超感—作为善之象征的美—崇高—表象中的自由—虚幻—审美对象—观念的感觉表象。

第十九节　艺术 …………………………………………… 244

模仿—娱乐、教育和改善—游戏和游戏的冲动—无目的的自我表现—

天才—艺术中的无意识—意识

第三章　宗教问题 ……………………………………… 251

第二十节　神圣 …………………………………… 252

神圣不是特殊的价值领域—良知作为超世俗的现象—超经验的人格统一性—上帝作为超感的实在—神秘从宗教哲学中退出—宗教和其他文化领域的关系—宗教的分类—虔诚的情感及其对观念的影响—超感的两层含义

第二十一节　宗教真理 …………………………… 260

信仰与知识—自然宗教与理性宗教—灵魂不朽—灵魂轮回—灵魂的实体—自由的公设—死后的公正—浮士德式的冲动生活—人格多样性—灵魂和精神—哲学的上帝观念—上帝存在证明—本体论证明和泛神论—宇宙论证明和理神论—目的论证明和有神论

第二十二节　实在与价值 ………………………… 273

主观的唯信仰论与客观的唯信仰论—乐观主义与悲观主义—神正论问题—物质之恶—伦理之恶—价值二元论与世界的统一—作为时间原则的意志

出版后记 …………………………………………………… 281

序 言

本书的目标——对人生哲学的渴求——哲学的困难——哲学思考的预设——问题及其解决方案——哲学史——唯信仰论——历史、系统和批判的方法——文献——知识与价值——问题的划分

比起过去，如今我们更常看到以《哲学导论》为标题的书。这无疑意味着人们对哲学的需求日益增长，从我们整个文学、书商的经验以及我们的学术生活之中，我们都能够越来越分明地看到这一点。这种需求清楚地意味着一种对人生哲学的渴求。叔本华以其惯有的巧妙称之为"形而上学的渴求"，这种感觉无法抑制地存在于人的天性之中，尽管它们在不同时代依据各个时代的精神特征呈现出不同的形式。在有些时代，这种渴求几乎完全淡出人们的视野。这些时代几乎完全专注于它们自己的某些紧迫问题，这些问题要么是关于政治与社会、关于艺术、关于宗教、要么则是关于科学。这些时代全力追逐着某些特定目标，坚定不移地为了实现这些目标而努力，并且在这些任务中找到完全满足。这样的时代也许可以称作"实证的时代"。19世纪下半叶无疑就是这样的时代，我们同样也可以将之描述为科学的时代、技术的时代或者政治的时代。

很明显，变化已然发生。我们如今的生活被大量需要穷究根源的任务困扰。我们的民族流露出超越物自体的欲望，用力朝向不确定和未知。

我们生活在各种力量的扰动中，如同所有人类深层的情感，这些力量洋溢着宗教的因素。我们看到在文学和艺术中有着对强有力的本原和不可抗的力量之探索，尽管这些探索有些过于不健康并常常混含着强大的冲动。我们感觉我们生活在转型的时代，某位诗人①曾经用"重估一切价值"来对此进行描述。这个时代并不同于浪漫主义的时代，因为我们如今有更多的希望。它更像是文艺复兴的时代，因为我们从中发现某种同样的对人生哲学的渴求，新的创造力量也许就根植于此。在德国，对于年轻一代来说，这有着一种额外的激励。它逐渐使他们认识到，是时候该去重新考虑我们国民生活的精神基础了——我们如今陶醉于物质上的成功，也承受着世俗劳动的重压，这种精神有消失的危险。

  正因此，人们转向哲学以期找到新的人生信条。当然，每个人本身都已经有着某种信条。没有人能够完全没有成见地进行这项工作，因为每个人都需要，并且也已经以某种形式拓展了他自己的知识，这些知识就是对整个世界的观点以及对他所在的或应当所在之处的一般观点。我们因而有关于童话的形而上学，关于实践生活的形而上学，关于宗教教义的哲学，以及关于人生的概念。我们在诗人和艺术家的作品中欣赏并试图吸收它。所有这些人生信条都或多或少不自觉地产生并得到强化。它们都有各自的本质、特性和历史预设，它的用处也因此有所限制。哲学的任务就是要确定，它们之中是否存在某种绝对价值，这种价值能够被理智把握，而不仅仅是欲望、感情或者信仰的对象。这个需求一直都由哲学来满足，如今更是如此，它必定总是某种形而上学或至少对形而上学的批评。我们时代的哲学能否满足这一迫切的需求？不管怎样，我们时代的哲学总要努力去满足这一需求。无论是继承康德的相关学说，还是从先辈那里继承有关这个任务的狭隘概念，如今都已经让位于寻找新的解决方案。黑格尔在登上海德堡讲席时所宣扬的追求真理的勇气再

---

① 译者注：指德国哲学家尼采（Friedrich Wilhelm Nietzsche，1844—1900年）。文中注释如无特别说明，均为译者注。

次被唤醒。①

许多人都想要知道有关这项工作的情况，他们寻求某种特殊的哲学导论：这个导论比对其他科学或者别的什么的导论都更加冗长。哲学向来都被视为一项十分困难的研究，一种抽象且深奥的科学，人们需要特殊的准备才能掌握它。就哲学家们所获得的伟大且具有创造性的成就而言，哲学确实如此，甚至比起其他任何科学来说更是如此。因为哲学的问题，不仅涉及严肃的思想活动，而且涉及整套具有艺术原创性的概念。然而，对于仅仅想要理解和吸收这些成就的人来说，这些准备则是不需要的。正如康德谈到牛顿时所说的那样，在科学精神的最高成果之中，没有什么东西是任何人所不能理解的或者不能自己得出来的。

事实上，哲学上的困难甚至没有哲学写作者在可怜的标准文法上的困难来得多，后者一直困扰着学者们。他们无法把自己从学术规则中解放出来，从而自由、生动地去接触他们那个时代的思想。当然，在某种意义上，这也并非没有理由。他们一直，甚至经常过分地运用了一项权利，这种权利就其自身而言十分正当。当然在某些情况下，我们确实有必要采用一套特殊术语来表述科学的概念，以使它们区别于我们日常生活中的模糊用语和通用语，从而避免混淆和滥用。并且，来自已经消亡了的语言的单词往往能最好地达成这个目的，因为这些单词具有确定的含义并独立于如今的现代语言，我们的经验能够对此提供证明，我们也能很容易从心理学上对此进行解释。我们允许化学家、解剖学家或生物学家常常杜撰出某些术语，但是我们禁止哲学家这样做，如果哲学家大量运用这项权利，这必将引起我们的厌烦。这么做在哲学上会引起很大不便，不过倘若你恰当地去思考，这种说法也不是完全正确。这种说法似乎意味着，哲学家所处理的东西关乎每个人，因此这些东西也应当易于为每个人所接受，应当被表述得能够让所有人都能够立马理解。然而，这种

---

① 1816年，黑格尔到海德堡大学任教。10月28日，他在海德堡大学上了第一堂课。在这堂课上，他提出："追求真理的勇气和对精神力量的信仰是研究哲学的首要条件。"

说法并不完全正确。事实上，这并非哲学家义不容辞的责任，恰恰因为哲学家处理的是具有普世利益的东西，他从自己的观念中排除那些不成熟和不明确的东西，然后给予那些观念以科学的形式和表述。因此，在理论成果上印上自己的名字既是他的义务也是他的权利。这使所有哲学导论的任务都在于启发学生认识这些十分困难却又不可避免的术语。

然而，只有通过研究主要的观念并从而深入到问题本身才能更好掌握那些艺术的表达。因此，我们必须特别以同情的方式处理哲学问题以及对这些问题的科学解决方案。然而，学生并不需要某种特殊的准备才能做到这点。他需要的只是严格的训练、最诚挚认真的思考以及避免陷入偏见。有些人期望甚或预期哲学会告诉他们某些他们早就已经信服的东西，他们最好还是不要浪费时间在哲学上。有些人早就已经形成整套自己的人生信条并且下定决心在任何情况下都要固执己见，他们也完全不需要哲学。对于这些人来说，从事哲学不过意味着找到证据确证他原来的信念而已。我说的这些并不仅仅针对宗教观念，更针对以下这些人的态度：他们相信能够在哲学中找到某些东西来确证他们在日常生活中所形成的信念。当人们表达出"那个人是对的，我一直都这么说"这样的意思，他总能够十分轻易却并不怎么体面地赢得众望。正如某位诗人所说的那样，布施汤粥总能吸引大批民众。① 但是，那些希望严肃学习哲学的人则必定会在哲学之光的照耀下发现世界和人生将会呈现出与他之前所见完全不同的一面，倘若有必要，他也必定会放弃他之前所获得的成见。

哲学成果将会在很大程度上使人改变他原有的观点，这是十分可能的，也许甚至是不可避免的，但是哲学所讨论的并不是冷僻晦涩、需

---

① 这里的诗人指的是歌德。他的《浮士德》（悲剧·第一部·魔女之厨）中有以下语句：Wir kochen breite Bettelsuppen. Da habt ihr ein gross Publikum. 诸猿：我们在做乞丐的施粥。靡菲斯特：你们的主顾一定很多。中译文参考《斯泰封插图本：浮士德》，歌德著，郭沫若译，长春：吉林出版集团，2009年，第72页。

要具备某种特殊技能才能发现的东西。恰恰相反，它所讨论的正是生活本身以及各种科学迫使我们去关注的东西。哲学的真正本质就在于彻底检验我们眼前及周围的一切。在我们的整个理智生活中，有许多我们轻易从生活和科学中借用来的未经检验的预设和观念。那些前科学的质朴观念充斥和主导着人们的日常生活，并体现在我们的言谈之中。当然，在某些特殊科学中，出于安排和控制研究材料的必要，我们已经修正并澄清了这些观念，但是，在涉及哲学问题和研究时，我们仍旧需要慎重地对待这些观念。正如生活把前科学的观念作为材料提供给了科学工作者，生活和科学也共同把前科学和**前哲学**的观念作为材料提供给了哲学家。因此，某些特殊科学和哲学之间的界限并不十分明确，这个界限往往取决于每个时代的知识状态。在日常生活中，我们认为物体是占有空间并具有各种性质的东西。从这种前科学的物体概念出发，物理学和化学形成了原子、分子以及元素这些观念。这些观念最初形成于我们渴求获得知识的普遍冲动，古希腊人将这种冲动称之为"哲学"。如今，这些科学观念仍旧是某些前哲学的概念，它们向我们提出了许多哲学上的问题。

　　这些未经彻底检验的预设在某些领域中的运用是完全合法的。凭借那种前科学的物体观念，我们能够很好地进行日常生活，此外，诸如原子之类的前哲学观念也同样能够满足物理学和化学研究的需要。然而，这些预设只能满足经验理论的要求，而哲学所要考察的则是更为普遍的东西，就此而言，这些预设可能会带来许多严重的问题。不论是对于日常生活，还是对于科学研究，自然法的观念都不可或缺，科学的任务恰恰就是发现自然的各种法则。但是，自然法是什么，我们各种具体经验对这个观念的依赖到底是什么，这些都是非常困难的问题，我们不能依靠经验调查而必须依靠哲学反思才能着手处理这些问题。

　　在某些特殊科学和日常生活中，我们可以用效用来证实这些基本的预设，但是，当我们深入思考这些预设，当我们追问这些理所当然的朴素观念是否真的可靠，哲学就产生了。正如亚里士多德所说，哲学是 θαυμάζειν［惊奇］，是心灵感到不解并转向自身的时刻。它也是 ἐξετάζειν［诘问］，是对证据的要求，苏格拉底正是依靠它打破他自己和其他城邦公民们虚幻的自满自足、沾沾自喜。哲学是理智自身完全的诚实。尽管我们永远无法脱离那些被视为理所当然的预设来思考，但是我们决不能不加考察任其不明不白，我们必须准备好只要发现有误就丢弃它们。这种对我们自己的预设所进行的检验就是哲学。

每位伟大的哲学家都曾经历过对那些理所当然的预设进行检验的阶段，也正是这种冲动指引着人们学习哲学。任何有思想的人，在其一生之中，总会有这么一段时间，在这段时间中他之前所认为和确信的所有东西都会像纸牌屋那样轰然崩塌，如同经历一场地震，看上去再怎么坚固的建筑都会摇摇欲坠。笛卡尔就曾经在他的《第一哲学沉思》中以最为精致简约的方式对此作出过非常生动的描述。他和苏格拉底一样也经验过某种怀疑主义的使命，在历史和类思想的真正本性中，通过消解我们未经反思的预设，它将引领着我们通向终极确定性。当赫尔巴特①以其惯有的枯燥无味的方式在《哲学导论》一书中讨论怀疑主义的本性的时候，他也表达了同样的观点。

因此，在打破日常生活的朴素预设和科学的朴素预设的过程中，会产生许多问题，我们这本《哲学导论》所要做的就是把那些基本问题清楚地表述出来。让我们先从当前的和明白易懂的地方开始。历史告诉我们，我们由此能够发现我们问题的出发点。此外，我们还必须表明，对我们的精神生活的那些预设进行有力且冷静的检验，必定会引发这些问

---

① 约翰·弗里德里希·赫尔巴特（Johann Friedrich Herbart，1776—1841年），德国著名的哲学家和教育学家。1813年，他出版了名为《哲学导论》的教科书。赫尔巴特1776年出生于奥尔登堡，之后在那里以及耶拿大学学习。他曾一度在伯尔尼当家庭教师，并同裴斯塔洛齐结识。1802年他在哥廷根大学当编外讲师，1809—1833年在柯尼斯堡大学担任教授，然后回到哥廷根大学，1841年于该地去世。除了《哲学导论》，其代表作还有：《形而上学纲要》（1806）、《普通实践哲学》（1808）、《心理学教科书》（1816）、《作为科学的心理学》（1825）。

题。当我们对此理解之后,我们就随时都能清楚看到主要观念之间的关系,正是这些观念之间的关系构成了我们的问题。此外,我们还能够理解每个问题的各种尝试解决方案之间的分歧。也许我们还能期望,当我们意识到这些问题不可避免,我们将能理解并鉴别那些为了解决这些问题而已经做出、能够做出和必须做出的努力。

只要我们由此入手理解哲学的任务,我们就能找到最好的回应来应对哲学通常所招致的批评。哲学史留给门外汉的印象很容易让他们产生某些偏见。但是,这些偏见呈现出相互矛盾的两种形式——这应当引起我们的思考。事实上,哲学史与其他任何科学的历史完全不同。后者或多或少都有清楚和确定的主题,此外,每种科学史都代表着对这门科学的逐渐掌握的过程。就拿物理学史或古希腊语言学史来说,我们在这两种科学的历史中都能看到,我们所获得的知识在逐渐增长,我们对于学科主题的认识也不断加深。广泛而又深入地来看,我们总会有即便不是连续的也至少是明确的进步。这类学科史会被视为某种永恒的成就,即便错误也能被看作局部的真理。但是,哲学则完全不同。当你试图去规定哲学的主题,你发现哲学家会令你失望。根本没有某种普遍接受的关于哲学的定义,即使我们在此把过去曾经做过的无数尝试都复制一遍也毫无用处。因此,门外汉会觉得哲学中的问题都是 de omnibus rebus, et quibusdam aliis[无所不包]。每位哲学家似乎都在闭门造车,好像在他之前不存在其他任何人,这在那些最杰出的哲学家身上尤为突出。因此,人们会觉得哲学史由彼此无关、不断变化、肆意妄想的东西所组成。哲学中似乎没有什么是能够不被争论的。人们似乎也无法指出什么东西是确定无疑的。我们把数学或法律视为科学,从这个意义上来说,哲学并不是科学。因此,人们认为在这些心灵的徒劳无益中看到的只是人类软弱或愚蠢的历史,他们的观点也许是对的。

但是,另一方面,当人们把哲学史上的重要人物进行批判性比较,撇开所有观点上的变化不谈,他们会发现这些人物所讨论的问题其实相同，相同的"令人困扰的存在之谜"在每个时代不断重现。它们在不同时代所改变的只是外在的表述方式。其本质内容始终是那个同样的未被回答的问题。甚至对这个问题的各种尝试回答都有固定的模式。关于世界和人生的某些对立的观点不断重复出现，它们在相互对话中攻击对方并相互毁灭。因此，尽管是出于其他的理由，如今人们又一次觉得哲学不过是资源不足而难以企及的东西，是没有结果且毫无意义的重复。

然而，我们在此并不适合说明如何解除人们这种十分自然的印象，也不适合表明在哲学史中我们能够读出多么有价值的含义。但是，我们在此会阐述与这些批评相关的值得我们注意的东西。那就是，在这两种观点之间的摇摆不定清楚地表明，从整体上和问题之间的联系上来看，哲学问题与其他任何科学的问题都不相同。此外，我们首先需要发现这些问题，而这也许才是最终和最高的哲学问题。然而，我们会认识到我们关于人生和科学的各种假设都会遭到质疑并最终唤起我们去反思各种历史状况，这些历史状况部分归因于个人的特点并部分归因于一般理智生活的特征，只有这样，我们才能够很好地理解这些问题产生时所具有的不连贯性。因此，哲学问题在不同时代由不同观点所提出。我们被迫今天去关注这个问题，而明天又去关注另一个问题，这与其说取决于基本概念之间的系统关联性，还不如说取决于这些概念的历史状况。

倘若我们最终总是发现相同的问题、相同的解决方案，我们也许可以从中找到最佳的哲学。事实证明哲学问题是必然的，它们是真正的、不可回避的问题，任何有思想的人一旦觉醒都不可能无视它们。同样的解决方案总是永远重复出现着，这乍看起来似乎十分糟糕，但这实际上表明，在我们的思想与所思的事物之间存在某种必然关系，不论历史环境发生怎样的变化，它们都必定会再次出现。《哲学导论》的主要任务就是去解释问题和解决方案中的这些本质要素。它必须表明哲学既不是想象的思想游戏，也不是无力纠缠于臆想出的困难。哲学所关注的是非常真实的事物和非常严肃的问题，它所要解释的就是这些无法抑制的主题中所蕴含的的内在力量。

因此，我们可以把这些问题及其解决方案理解为心灵和它想要知道的对象之间的必然联系。当然，这种联系本身就是我们之前所提到的那种假设。它是某种前哲学的看待事物的方式——当然它也必须经过严格的检验，但是，我们的导论唯有从这才能开始。此外，关于理智及其对象之间的必然联系，我们必须首先提出一个观点，我们在此只能够提出这个观点但无法对之进行证明，因为这本书的内容，不论是整体上还是细节上，就是要去证明这个观点。我把这个观点称为唯信仰论。

我们所有的知识都是我们通过反思对事实做出的解释，而反思则需要我们的理智具有某种特征。我们理智最内在的本质就是具有某些假设，我们通常在科学的意义上将这些假设称为"成见"或者前判断，也就是指，构成我们所有反思的基础和出发点的那些判断。它们给我们提供了标准，因此我们称它们为**公理**。但是，它们也适用于对象而我们也期盼它们与对象相符，因此我们称它们为**假设**。就这种联系而言，我们可以用某种现代看待事物的方式，将理智过程看作假设适应事实或者事实适应假设。凭借我们的公理和假设，我们对事实进行选择并将之系统化，我们总能在其中发现上述所说的双重适应过程。但是，很清楚，在这两种要素的一致与符合之外，还存在着某种不一致与不符合。正如康德和洛采① 所指出的那样，这种不一致是一种幸运，它使我们能够将经验到的东西转化为我们反思的形式，我们能够接收这些材料并进行比较活动和关联活动。另一方面，我们在两种要素之间发现局部的不一致，这种不一致可以为我们提供出发点，修正我们对哲学本质的假设。

修正的结果要么是消除或调和差异，要么是指出可能成功解决问题

---

① 鲁道夫·赫尔曼·洛采（Rudolf Hermann Lotze, 1817—1881年），德国哲学家。洛采被誉为价值哲学之父，他是文德尔班的老师，其思想深深地影响了文德尔班以及后来的一批学者。此外，他还获得了医学学位，并且对生物学十分精通，在心理学医学方面也有着十分杰出的贡献。其代表作有：《形而上学》（1841）、《逻辑学》（1842）、《医疗心理学》（1842）、《小宇宙》（1856）、《哲学体系》（第一卷1874年，第二卷1979年）。

的道路，要么是认识到这个问题不可解决。我们当然无法提前知道，我们的研究最终会得出哪种结果，事实上，我们必须首先强调，我们不能指望对所有问题的研究都会获得同样的成功。恰恰相反，非常可能甚至极其可能的情况是，尽管我们会发现许多问题已经得到解决或至少被证明是可以解决的，而在剩下的其他问题上，我们也许会发现所有试图解决它们的努力都是无望的。如果科学知识事实上存在某种确定的范围，我们就必须认识到，尽管形而上学的追问超越了这个范围，但至少仍旧有不少问题无法得到满意的回答。无论如何，我们的任务就是接受这种适应要素，去理解各种尝试的解决方案和问题本身，去理解由此产生的相对立的心灵倾向的必然性。我们在这么做的过程中绝对不能忽略，这些历史上出现的解决方案都来自杰出的伟人们个人的工作。我们必须完全尊重这点，当各种问题的复杂性使得解决哲学问题变得更加困难，我们应当主要考虑历史和个人的因素。然而，困难主要来自问题以及尝试解决问题的方案之间的联系，因此对它们进行理解和评价，我们应当直接关注它们。总而言之，我们的任务是在充分理解历史原貌的基础上解释、确定和评论哲学的主要问题并找到解决方案的线索。只有这样，这部《哲学导论》才能成为对各种可能形式的哲学人生观进行批判性研究。

  为了完成这个任务，我们既不宜采用以历史为主的方法，也不宜采用以体系为主的方法。从我们刚才讨论的观点来看，历史为主的方法会遭到以下反驳：至少在纯粹的历史更替的过程中，哲学家们似乎不过是纠葛不清、彼此冲突的群体，在对他们进行研究时，人们总是容易乱了头绪或误了重点。倘若人们从古希腊哲学尤其从它最初的发展开始他的研究，那么风险是最小的。古希腊哲学具有很高的指导性，因为它具有极佳的简单性和绝对的单一性。这些天才的科学奠基者因此才孕育出理智工作，丰富的材料分散注意，从而构想出一套思维成果并且质朴地完成了它们。古希腊哲学仍具有很高的教育价值，然而这些先贤们所建立的宏伟而又简单的方案并不足以解决现代更为复杂的问题。他们简单而有力的思考方式无法提供现代思想所需要的更为精致的结构，现代思想深深地植根于个体的多样性之中。

体系的方法对哲学家们有很强的吸引力，因为他们可以用这种方法来介绍他们自己的哲学。正是在这个意义上，费希特写作了两篇《知识学导言》①。对他来说，知识学就是通常被称作哲学的东西。他的两篇《知识学导言》，一篇是用来教导那些对哲学一无所知的人，另一篇则是用来教育那些已经有一套自己哲学的人。在较为杰出的哲学家中，只有赫尔巴特写过以《哲学导论》为名的著作，但他主要关心的却是向读者介绍他自己的哲学——他那晦涩的本体论。

这种方式其实更加适合作者的而非读者的胃口，因为通常来说读者想要的是对哲学的一般性介绍，而非对某种特殊的哲学体系的介绍。当然，任何想要写一部《哲学导论》的人都会发现，他在写作全书并处理各个章节关系时很难完全排除自己的观点。当然，我们并不打算据此反对以下这种说法：有思想的人不可能去谈论那些深深触动心灵的东西而不透露他自己的观点。但是，那并不是我们的目标，也不应当是我们主要关心的东西。

《哲学导论》必须既不是对历史的纵览，也不是对某个特殊体系的辩护。而是必须向读者介绍哲学化的科学，介绍鲜活的反思活动，介绍对哲学主题、思想的张力以及试图缓解张力的各种方案的直接理解。其含义就是，它必须在哲学的历史形式中，针对根植于问题的那种内在必然性的体系发展采取某种立场。倘若这本身不是解决方案，它也必定包含解决方案的线索。因此，《哲学导论》从**内在批判**的立足点出发来面对体系的和历史的材料。它必须通过这种方式，以现代的形式完成黑格尔在他的《精神现象学》中试图完成的任务。它必须从哲学的立足点出发，从关于世界和

---

① 约翰·戈特利布·费希特（Johann Gottlieb Fichte, 1762—1814年），德国哲学家。1797年，他发表了两篇《知识学导言》。他的其他代表作还有：《试论一切天启的批判》（1763）、《全部知识学基础》（1794—1795）、《知识学特征概要》（1795）、《自然权利基础》（1796）、《伦理学体系》（1798）等。

人生的质朴观念所包含的矛盾出发，指出推动人类思想发展的必然性。

当然，如今我们不应再仿效黑格尔的做法。我们既不会容忍他那套关于逻辑运动、心理运动、历史运动和哲学运动的混乱说法，也不会容忍他对自己观点的改变所作的神秘解释。而且，不论是作者还是读者，我们都不再可能拥有应用黑格尔那套方法的广博历史知识了。此外，我们也不再像黑格尔那样在他的历史乐观主义中，至少在原则上，相信历史发展的必然性和逻辑发展的必然性是同一的。相反，我们必须承认，正如之前所说的，历史呈现哲学问题的规律与它们之间的系统关联性毫不相关。因此，我们不能从历史演绎出这些问题间的系统关联性，而后者才是哲学终极问题。但是，黑格尔以历史的概念提出整套哲学的工具论，这是他不朽的贡献。他对问题和概念的塑造，正如它们在历史上所带来的人类思想的进化那样，是我们系统对待哲学所能够用到的唯一令人满意的形式。单单这种历史的方法就能使我们免于再次重复发现那些我们早就知道的真理，或者使我们免于徒劳无功地尝试那些不可能的事情。单单这种方法就能指引我们准确无误地把握哲学思想的问题和内容。因为人不能从他自身演绎出一切，他必须通过历史从对人的本性解释中，学到对一般理性意识的必然内容所应当持有的正确态度，而一般理性意识的必然内容正是哲学的终极对象。

在这个意义上来说，《哲学导论》所需引用的文本非常广泛，有些人可能会认为所有哲学文本都与之相关。但是，如果我们将所要处理的东西确定在这个特殊主题中，那么我们需要引用的文本就会特别少。那些自称为《哲学导论》的古老百科全书式作品几乎大都已被人遗忘。在那些以此为名并仍在流通的作品中，威廉·冯特[①]的作品最为不幸。这位杰

[①] 威廉·冯特（Wilhelm Wundt，1832—1920年），德国哲学家与心理学家。他是构造主义心理学的代表人物，他从生理学开始逐步建立起一套哲学体系。其代表作有：《生理心理学要义》（1873—1874）、《逻辑学》（1880—1881）、《伦理学》（1886）、《哲学体系》（1889）、《心理学导论》（1897）、《民族心理学》（1900）。

出的心理学家明显打算在这本书中阐释他自己那套并不算深刻的有关哲学史的观点，此外，他在书中还加上了他自己对一般哲学倾向的某些简单概括，然而令人惊讶的是，他的这种概括非常不充分。在这些作品中，弗里德里希·鲍尔森①的作品最吸引人。他把自己完全限定在理论问题中，并通过伦理学研究来完成他的整部作品。他的两卷本著作写得十分易懂且文字优雅，适合所有受过一般教育的人去阅读。截至目前，奥斯瓦尔德·屈尔佩②的作品则是最科学和最有益的。不过，这部作品的价值仅仅体现在它对各个哲学学科的说明上，而并不体现在它对基本形式原理的有机发展上。此外，主要关注于知识论的科尼利厄斯③的作品，以及耶路撒莱姆④的纯粹心理学作品，都并不怎么重要，我们在此只顺便提及。

总的来说，我们会发现，符合我们目的的材料十分稀少，这也是非常可以理解的。主题越是深刻，敢于讲授和写作它们的先锋就越少。因为，这项任务不仅要求作者掌握非常广博的哲学史知识，更要求他自己能够组织所有的材料并重新确定当前哲学中的问题及其解决方案。在这个意义上来说，我们并不推荐上文所提到的任何著作，我们会另外推荐一些作品，这些作品才是真正的《哲学导论》，尽管它们并不以此为名。我认为奥托·李普曼⑤的《关于现实的分析》（第四版，1911）及其续作《思想

---

① 弗里德里希·鲍尔森（Friedrich Paulsen，1846—1908年），德国哲学家与教育学家。
② 奥斯瓦尔德·屈尔佩（Oswald Külpe，1862—1915年），德国哲学家与心理学家。
③ 科尼利厄斯（Johannes Wilhelm Cornelius，1863—1947年），德国新康德主义哲学家。
④ 耶路撒莱姆（W. Jerusalem，1854—1923年），奥地利犹太哲学家。他继承马赫的生物学和反教条主义学说，发表过有关聋盲人的心理学研究著作，并由此发展出奥地利哲学的实用主义方向，是詹姆士"实用主义"哲学在德奥地区的主要译介者。
⑤ 奥托·李普曼（Otto Liebmann，1840—1912年），德国哲学家。新康德主义的先驱。《关于现实的分析》以及《思想与事实》是他的两部代表作。此外，他在其著名的《康德及其追随者们》中研究了康德哲学，基本持赞赏态度，此外，书中还评判性地研究了康德之后的哲学，包括费希特、谢林、黑格尔、赫尔巴特以及叔本华等哲学家的哲学思想，他在最后宣称我们应当回到康德。

与事实》（两卷本，1904）以及查尔斯·雷诺维叶①的《哲学学说体系分类纲要》（1885）都属于这类作品。

哲学作为人生信条的科学，需要满足两项条件。人们期望，哲学有可靠的广泛基础和尽可能涵盖所有知识的完整结构，同时还有能够在生活中给人以支持的确定信念。这表明，哲学在理论和在实践上都很重要。哲学必须既是关于世界的智慧又是关于人生的智慧，任何形式的哲学如果把自己仅限于其中一项任务，那么在我们看来它必定是片面和不可取的。两者的统一才是哲学的特征，我们最好根据这两者关系的变化来把哲学史划分为极为不同的几个阶段。我们看到，哲学产生于希腊，源自人们纯粹理论的兴趣，随后又在实践的需要下逐渐发展。我们在之后的许多个世纪中继承了实践的胜利，这段时间的哲学在本质上是关于人类拯救的学说。文艺复兴以来，理论方面的兴趣再次占据上风，其结果又**被启蒙运动**用来服务于实践目的。最终，康德作品才把哲学这两个方面的密切关系清楚地呈现在人类心灵之中。

正如我们现在清楚所见，这种关系实际上建基于人的本性。人不仅仅是知觉的存在，他还是意志和行动的存在，人是依据判断而行动的有机体，而不仅仅是被冲动驱使的机器。所有知识的基础是判断，而判断本身就是活动，其中包括表象活动和意志活动。我们所有的观点都自发变为关于价值和动机的概念，另一方面，我们的意志也需要观点或印象来作为行动的依据。认知与意志并不是在我们心中借助因果关系而绑在一起的两种力量，它们是同一个不可分割的存在和生命的无法分开、彼此相连的两个方面，我们只有在心理的反思层面上才能将它们区分开来。因此，在我们的意志生活中，所有知识都会变成某种力量，它们能够影

---

① 查尔斯·雷诺维叶（Charles Bernard Renouvier，1815—1903年），法国哲学家。他建立了一套新康德主义的完全观念论（唯心论）的体系，不过在他看来，"新康德主义"是一种转变而非康德主义的继续。除了文中提到的《哲学学说体系分类纲要》，其代表作还有：《一般批评论文》（1875—1896）、《历史的分析哲学》（1896）、《新单子论》（1899）、《形而上学的二难推论》（1901）、《人格主义》（1902）。

响我们对事物的评价，它们能够改变、创造、满足或者抵制我们的渴求。因此，另一方面，意志也会决定我们知识的目标或者方向。的确，我们发现，两者中的某个方面会在某些人那里发展到极端，具体哪个方面取决于到底是思想还是意志占据主导地位。那些满足于 θεωρία [静观] 带来极乐的孤独思想者总是远离那些过着实践生活的民众们。仅就分工原则而言，这种分离是对的，因为只有完全无私的研究者才能真正收获知识的累累硕果。不过，对一般人的生活来说，理论和实践这两方面往往相互交织。知识的果实会立刻转变为对价值的判断，而评价事物的需要又会装备研究的对象。

价值观念不仅决定了对象，还大致决定了解决问题的方案和回答问题的一般思路。我们也许会对此提出谴责和批评，或者对此表示赞同和肯定——我们之后会回过来再谈这个问题。但是，这是一个事实，我们在此必须注意以下事实，我们将会在整本书中对这个事实进行解释和批判性考察。如果人们的观点、关注的方向、理智兴趣的范围、事物的选择和关联以及对它们的评价都由他的职业或立场的特殊需要所决定——总之都由个人意志所决定，那么整个人类在历史发展中是否能够有别的可能呢？这些意志的动机是否有可能在个人观念的相互调整中得到完全消除？还是说，这些动机联系得越紧密，是否越有可能强化彼此并且增强它们对判断的控制？我们无法使意志不去干涉我们的思想。事实上，从心理学的角度来看，思想的全部力量都取决于这些价值。它是虚假的来源，同时也是真理的力量。

即使在最伟大的哲学家那里，我们也能清楚地看到思想与意志、理智与性格之间的这种关系。在某种意义上，这就是哲学的特点，因为，正如我们会在之后的章节所看到的，在哲学中，无价值的知识和有价值的知识彼此之间有某种十分特别的关系。哲学就是科学，类似于其他科学，它是思想的进程，以概念的形式对经验数据作出安排。但是，某种从抽象化和概念化的东西回归到生活的冲动使哲学又不同于科学。它需要从材料中得出对实在的全面观点，这同时也是令人鼓舞的确定信念。哲学永远不可能只是知识，它必须也是艺术和伦理的生活。哲学体系向来都被称作概念的诗歌，它们确实如此。尽管在吹毛求疵的意义上来说，概念结构的特征具有非实在性的特点，但是，在更高意义上来说，诗歌总是在模仿生活。哲学中的美学－伦理学要素同时也具有个人性，它决定了伟大人物在历史上的重要性和积极影响力。

我们在此不得不特别强调理论和实践的紧密统一，因为这两者之间的区别是即将论述的问题和理论的基础。从亚里士多德开始，哲学就被划分为理论和实践两个部分，迄今为止，这已然被视为最固定的划分了，因此我们最好也将处理的主题划分为知识问题与人生问题、存在问题与价值问题、理论问题与实践或我们现在称之为价值论的问题。

但是，只有问题、主题才能进行这样的划分。当我试图寻找解决方案时，我们总会发现，在真正的、历史上的思想著作中，并非总能够进行这样的划分，我们将会在这本书中批判性地回顾这些著作成果。这在两个方面都非常明显。撇开理论方面的观点，我们无法科学地解决实践方面的问题或者价值论问题，这些问题包括所有伦理、美学和宗教的问题——或者一般来说关于价值的问题。当然，解决方案也不能而且也不应当取决于任何关于实在的纯粹理性知识，归根到底，stat pro rations voluntas［意志高于理智］。另一方面，没有关于材料的科学知识，我们也无法获得解决方案。没有关于存在的知识，我们就不会有任何有关责任的知识能够被转化为行动。因此，在哲学实践方面的问题中，我们的理论方面的判断会成为动机，即便这种动机不是独一无二的。但是，另一方面，为了作出决定，我们在实践方面的兴趣不断入侵着我们理论方面的纯粹反思。我们只需要回想许多历史上的偏差就会发现，正如洛采在他的《小宇宙》(*Mikrokosmus*) 的引言中所指出的，纯粹理智的思想进程向来都承受着内心的压力。哲学有以下这个特别且十分常见的情况：当出现理论上的不确定，总是实践上的假设作出最终决定；当理论上有同样的可能性，目的决定最终的选择，因此 stat pro rations voluntas［意志高于理性］。我们能从康德那里获得对此的著名说明。它构成了康德学说中最内在的环节，它甚至是具有决定性和最有特色的部分。此外，康德在用理性为自己的学说进行辩护时还明确地处理过这个问题。

因此，我们必须准备好在这两类问题的解决方案中去发现理论和实践要素的混合。事实上，它们是某种特别的研究诱因。正因此，这一经久不衰的关系指向这两组问题之间的最终关联。它明确要求存在问题和价值问题之间要有密切关联。我们必须将其含义表述为，价值的存在与存在的价值之间的关系触及所有哲学问题中的最高问题。因此，我们在之后的章节会对此有更全面的认识，宗教问题则会留在价值论最后部分来处理。

第一部分

理论问题
（关于知识的问题）

通过反思我们在日常生活中所使用的观念，我们可以对存在问题的范围做一个初步的调查。根据经验，我们相信我们知觉到某些事物，而且在其中有什么事情正在发生，由此我们可以用简单的问答形式把理论问题简化为以下三个问题：那是什么？那是怎么发生的？我们是怎么知道的？因此，我们需要处理存在、发生的事件以及关于世界的知识的可能性这三类问题。在不歪曲三者之间内在联系的情况下，我们可以将这三类问题区分为本体论问题、发生论问题和认识论问题。

但是，我们在深入细节之前，必须先探究这三类问题的共同点。正如我们所表述的，这些基本问题已经意味着，我们的共同观念发生了混乱，而这些共同观念源自简单的知觉以及同时由此自发产生的观点。如果没有这种混乱不定，那么我们的日常经验对于我们来说永远都不构成问题。我们知道事物，我们同时还知道事件发生的过程，这也就是我们关于它们的知识。因此，有问题的含义是指，我们开始怀疑事物和事件是否真如我们朴素地表象它们的那样。这些问题显示，我们开始怀疑我们有可能是错的，我们的知识可能不得不被更好的知识所替代。这种怀疑的感觉打开了以下这种可能性：在我们所知觉为实在的东西背后，也许存在着另一种我们尚未发现的实在。我们把这个问题描述为存在与表象的概念关系。

第一节

实在与表象——真正的实在与表象的实在——形而上学的实在与经验性的实在,绝对的实在与相对的实在——客观的表象与主观的表象——实证主义——形而上学与宗教——作为理想实在的形而上学——哲学方法——无条件者——先验表象

这些分类表明的区分是所有科学思想的基本预设,因而也是所有哲学思想的基本预设:我们在其中能发现表述的最一般形式。这意味着,人们并不满足于他对世界和人生的 prima facie [显见] 观点,他有可能识破它们并知道它们究竟代表了什么。这其中包含着含糊的观念、怀疑主义的猜测,那就是,实在也许是某种与人们根据朴素知觉和观点所想象的十分不同的东西。实在可能不是它所表象的那样。我们根据日常经验所形成的肤浅观念"仅仅"有着表象的价值。事情似乎就是这样的。

这个基本观点遍及所有哲学思想。靡菲斯特对浮士德所说的话也许能够描述我们所有的研究:

> 远离所有似是而非的表象,
> 进入他所相伴的存在深渊。

我们习惯于称这为对"物自体"的探求,但是,这个从沃尔夫与康德的时代就开始使用的短语指明了某种我们长期以来都知道的东西。物自体至少有十六位祖先。在古代的爱奥尼亚学派、爱利亚学派以及柏拉图那里,物自体意味着世界最内在的本质。当米利都学派寻找世界的木质,即 αρχή [本原] 的时候,他们在物质之中,在 άπειρον [无定] 之中,找到了它。当恩培多克勒与阿那克萨戈拉的"元素"、毕达哥拉斯的数、留基伯和德谟克利特的原子、柏拉图的理念或者亚里士多德的隐德莱希替

代了感官的表面实在——这一切难道不都是对表象后面的实在的某种追寻？心灵始终在寻找着真正实在的东西，德谟克利特称之为 ἐτεῇ ὄν［真实的存在］，柏拉图则称之为 ὄντως ὄν［真正的存在］。

真正的实在和**表象**的实在之间的这种对立意味着，在实在这个概念上产生了价值分化。我们决不能把事物表面上的多样性视为不存在，也决不能将之仅仅视为似是而非的貌似。我们必须把表象视为一种第二等级的实在、第二类的实在或者"仅仅表面上"的实在。举例来说，现代科学家告诉我们，在原子之中的事物的真实本性才是第一等级的实在，而对我们的简单知觉来说是真实的东西，只不过是向我们所显现的现象或表象。

这个意义上的真正实在，柏拉图已经给了我们一个术语 οὐσία［本质］，这个术语的含义相当于"本质"概念。在中世纪的拉丁语术语中，它又被称作为 essentia［本质］，它的含义与 existentia［存在］相反。沃尔夫与康德把这两个术语变为"物自体"与表象，而黑格尔则将它们变成是与存在之间的区分。之后，我们将会更加充分地学习这些表述的各种含义。这些表述的共同之处在于它们把实在划分为真正的自在的实在与次级的表象的实在——前者是原生的、真实的实在，后者则是派生的、只是半真实的实在。哲学家们偶尔会对后一种表述望文生义，正如柏拉图在一定程度上所做的那样，他们把表象当作存在与非存在的混合。与之相反，真正的实在则被称作为"纯粹"的存在。

从一开始，思想者们就意识到这个区分源于某种心理上的不同，也就是说，表象在知觉和想象自发形成的意见之中，与此同时，本质则揭示，它自身只在于概念性的反思之中。因此，本质与表象之间的对立相当于**思想**与**知觉**之间的对立。本质就是理性所思想的 νοούμενα［本体］，而表象则是知觉中所被给予的 φαινόμενα［现象］。与此相应，一般而言，哲学的目标就是通过思想揭示显现在知觉之中的现象背后的真正存在。由此我们就能发现"形而上学"这个词的真正含义。众所周知，由于某个十分外在的理由，这个词来自亚里士多德偶然地把他自己的书称为 τὰ μετὰ τὰ φυσικὰ βιβλία［物理学之后的书］①。这部书从各个方面对存在以及思想的终极原理的探究都揭示出感觉表象之后的实在或 μετὰ τὰ φυσικὰ［物理学之后］的实在。因此，我们把研究真正实在的哲学称为"形而上学"，我们把获得人生的概念与观念的努力称之为"形而上学的渴求"。

在这个意义上来说，当我们谈到本质与表象的问题之时，我们还会把属于本质的**形而上学的实在**与流于表象的次级的派生的实在相比较。我们把后者描述为**经验性的实在**，即在经验和知觉中被给予的存在的实在或半实在。形而上学的实在与经验性的实在在本质与表象的意义上相互对立。这类术语确实有着某种关于基本预设的知识论意味，我们稍后会更加详细地对此进行考察。而现在，我们需要处理这组范畴的另一种形式，我们还可以将它们描述为**绝对**的实在与**相对**的实在。我们把首要的真正自在的实在、真正的存在和本质或者形而上学的实在称为绝对的实在，或者甚至可以称为绝对者；我们把次级依赖性的实在、实际存在或者经验性的实在仅仅称为相对的实在，即与真正的实在相比只具有存在形式的实在。我们可以用两种不同的方式来思考这两者之间的关系。我们必须透过表象到达真正的实在，而这个表象要么本身就是真正的经验和事实，尽管它们属于派生的和次级的那类；要么则是观念，心灵认为这些观念是符合其本性的真正的实在。尽管对"客观"与"主观"这类术语的滥用让我们最好避免使用到它们，但是除此之外我们确实找不到其他什么词语来更好地表达上述区分。然而，在我们现在所讨论的问题上，这两个术语却很少会引起误解。那些广为人知的形而上学理论轻易地解释了这两个词所表达的对立。在斯宾诺莎的体系中，真实的存在就是作为唯一实体的神或者自然；而相对的存在，或者说 modi［样态］，则是它

---

① 亚里士多德并未将自己的书称为 τὰ μετὰ τὰ φυσικὰ βιβλία，这个提法可能来自公元前1世纪亚里士多德著作的编者安德罗尼库。亚里士多德在自己的著作中常常将"形而上学"称为"第一哲学""关于是其所是的研究"等。

们的客观表象。在叔本华的体系中，真实的存在是意志；而相对的存在则是经验世界，它们是我们根据时空和因果性而在意识中形成的主观表象。我们要么客观地把表象构想为首要的、本质的实在的结果或真实的自我表现——这就是斯宾诺莎所说的 exprimere［表明］，我们要么主观地把它构想为真正实在的心灵表象，这一双重的相对性使我们从本体论问题，即关于实在的存在问题，转入到发生论问题和知识论问题，也就是关于事件的可能性问题和关于知识的可能性问题。

尽管用于表述存在与表象这个对立的各种术语有着各自的含义，但是它们告诉我们，哲学的永恒目标之一是寻找表面实在之后的真正实在。这个坚持不懈的努力的基础是什么？我们观念的哪种混乱不定才会导致这样的努力？

这当然并不是完全不成问题的。有种观点把安于我们知觉到的东西当作智慧的最高原理。如今我们将这种观点称为**实证**的观点。当事物没有遭到批评就得到解决时，我们就称其为"实证"的，至少我是在这个意义上使用这个词的。比如，实证的宗教指的是没有遭到任何挑战就被当作或者称作主流的宗教。我们所说的实证的法律（实定法）是指与理想上我们想要的法律相反的那种实际存在的法律。此外，当我们谈到实证的神学和法学的时候，我们意指那些得到简单解释的、在一定范围内仍旧实际存在的律令。并且，我们把在原则上将实际存在的当作合法的那种思想称为具有实证倾向。事实上，一般而言，我们把那些在确立事实之外没有任何其他目的或要求的科学称为实证科学。总而言之，有一种理论体系完全基于实证科学，主张所有我们能够具有且应当具有的思想和知识对象都只能是我们知觉到的事实。他们因此认为，试图揭示我们所知觉到的东西背后"真正的实在"，这不过是一种幻觉和病态。这种理论体系就是实证哲学或者实证主义。

实证主义把它们的理论建立在如下确信之上：在表象背后根本没有任何存在。所谓表象背后的存在不过是虚构和幻觉。我们在此可以看到批判主义者或不可知论者和实证主义者之间存在着巨大的不同,我们稍后在处理知识论问题时将会更加详细地对此作出解释。前两者都否认我们能够知道物自体(即绝对者),但他们都强调表象之后的实在是存在的;而后者则宣称不可知的东西不过是幻觉。正如实证主义的主要代表人所说的:"Tout est relatif, voilà le seul principe absolu[一切都是相对的,这是唯一的绝对原则]。"① 在表象之后没有任何东西,这并不只是说对于我们来说什么都没有,而是指根本就什么都没有。我们似乎可以将这种观点追溯至古代,在奥古斯特·孔德之前肯定就有这种观点,在我们的时代,这种观点还受到所谓的内在哲学的支持。阿芬那留斯② 发明了内在哲学这个名字,类似于贝克莱以他自己的方式所做的,这种哲学想要把我们带回到最简单也最自然的关于实在的理论。因此,这种哲学认为,所有形式的形而上学都注定将会失败,因为它们只是试图用人为的先验思想去发现事实背后另一种更为真实的本性所做的徒劳挣扎。于是,我们是否有权根据我们前面所提出的范畴将事实描述为表象,实证主义或者内在主义都对此提出了挑战,因为这暗含了某种与表象背后的存在(即物自体)的关系。③

依据我们前面所说的,这种内在的实证主义不过是在否认哲学的可能性,因为它拒斥了我们进行研究的本质动力。正如历史所表明的那样,我们有不可抑制的冲动,驱使我们去寻找形而上学的实在,从这个意义上来说,哲学是先验思想的必然进程。倘若这种冲动真的只是科学头脑的持续失常和自我欺骗,那么哲学确实是不可能的,而我们也应当放弃

---

① 这句话出自奥古斯特·孔德。奥古斯特·孔德(Auguste Comte,1798—1857年),法国著名哲学家,实证主义创始人。其代表作为《实证哲学教程》(1840—1842)。
② 阿芬那留斯(Richard Heinrich Avenarius,1843—1896年),德国哲学家,经验批判主义创始人之一。我们现在一般把他的观点称为"中立一元论"。代表作有《纯粹经验批判》(1888—1890)、《人的世界概念》(1891)。
③ 举例来说,雅各比(F. H. Jacobi)反对康德的观点,尽管他并不是在实证主义的意义上提出反对的,他主张,如果称经验内容为表象,并据此得出结论认为必定存在与之相对应的"物自体",这是一种petitio principii[循环论证]。

哲学，放弃对实在的追寻。如果真的不存在任何绝对的实在，那么也就不存在哲学，因为哲学就是用来处理绝对的实在的。倘若如此，我们应当只有各种经验科学，我们会把这些科学中最重要的事实汇聚在一起，而哲学只是这个综合的过程而已。

实证主义称自己为"科学"的哲学，不再追寻事物的真实本质。它成功地诉诸以下事实：引诱心灵努力揭示事实背后的东西的动机并不具有理论特征。根据杜尔哥①和孔德所提出的三个阶段的学说，随着人类心灵的逐渐进步，它会经历神学阶段和形而上学阶段最后到达实证阶段。而且，在前两个阶段，心灵会被持久的先验冲动所俘获。这当然没错。正如我们对形而上学的渴求所做的追溯那样，我们也可以把基本的宗教情感追溯到心灵对事实和尘世事物的某种不满，除此之外，我们无法对此做出更加正确的描述。同形而上学一样，我们也在宗教之中发现了某种向往更高深、超越世俗的东西的基本冲动。宗教是对世界的不满情绪，是对某种更加纯粹、更加美好、更加持久以及超越时空的东西的追寻。宗教和形而上学之间的这种密切关联十分清楚且确切无疑。我们只需要引用柏拉图哲学中最深刻的部分作为例子，就会立刻发现柏拉图证明超感世界之实在性的动力一定来自他的宗教情感。不满的情绪加上某些特定事件向他启示出另一个更高世界的存在，那个世界神秘地存在于可感世界的背后。柏拉图将这种宗教-形而上学的冲动称之为 ἔρως［爱］，灵魂对更好家园的向往。此外，许多其他形而上学体系也同柏拉图的哲学一样，深深植根于宗教情感，并且对宗教观念十分熟悉。我们只需要回想，当笛卡尔在《第一哲学沉思》中建立他的纯粹理论学说时，如果没有任何内在的宗教兴趣，他又如何会牵扯出关于上帝的观念。然而，我们也许可以走得更远。我们将世界构想为一个和谐的整体、一个活生生的有机体和一个单一的艺术品的美学冲动，其中存在着多么有力的形而上学的

---

① 杜尔哥（Anne-Robert-Jacques Turgot，1727—1781年），法国经济学家和政治家，重农主义代表人，自由主义经济的先锋。他的代表作有《关于财富的形成和分配》（1774）。

思想要素啊！文艺复兴时期的哲学和德国唯心主义哲学就提供了很好的例子。我们非常清楚地看到，想象帮助我们将残破不全的事实圆成了整体，帮助我们从头至尾彻底地思考事物，帮助我们飞跃经验的范围和令人不满的世界，上升到无限的真正实在领域！

然而，我们何需堆积这些例子？在哲学体系中，这种宗教、伦理和美学的交织是最为显著的事实。哲学永远不会与价值的观念相分离，它总是自觉地受到它们强有力的影响。哲学从来不受制于所谓的精密科学所应当设立的范围。哲学总是从全部的文化领域之中，从生活之中以及从对宗教、伦理、政治和艺术的诉求之中获得它的基本要素。哲学总是宣称有权以超越所有令人不满现象的方式来构想世界，在最最深处，价值才是心灵活生生的实在。形而上学是对理想的实在化。

很有可能，哲学家自己也常常意识到这一点。他批评性研究的进程可能表明，他的价值确信和判断会在何种程度上影响他知识的增长和完成。康德已经非常清楚地说明了要素之间的这种关联。他发现，理论理性不仅会去质疑超感事物的可知性，而且甚至会去质疑超感事物的可思想性，也就是质疑形而上学的实在性，或者至少认为它们是完全成问题的，然后，实践理性"认识到了"超感事物，并启发我们去确信在表象之后潜伏着更高的伦理-宗教的形而上学世界。

由此，甚至在对我们的问题的更一般陈述中，实践的要素似乎也在起作用，它们决定着我们对"真正"的实在的探求。康德也许会肯定这种探求的权利，而实证主义者们也许会对此否定。我们现在尚未作出决定，因为这明显是最重要的知识论问题。我们在此将满足于同意以下事实：这类实践冲动的确经常启发并影响着我们对事实的这种超越。但是，我们否认实证主义所说的——那些他们认为在科学上并未获得辩护的要素仅仅是基于形而上学思想的东西。我们无法承认这个事实否定了深深植根于我们心中的冲动。相反，我们必须追问是否真的有追寻真正实在的纯粹理论上的理由——毫无争议的并且不容置疑的进行探求的理由。

我们必须断然肯定地回答这个问题。从一开始，就有某种强有力的历史假设来支持它。那就是古代的伊奥尼亚学派，哲学的奠基者，他们为我们指明了方向。他们克服对情感上的成见的所有质疑。他们站在理智一边成功地对宗教幻想发起攻击，完全价值中立，可谓真正的纯粹理论主义者。他们不受宗教、伦理或美学的兴趣烦扰，他们只是跟随内心的冲动去获得知识。这就是他们最引以为傲的地方，也是他们力量所在——他们狭隘的力量。他们反对所有独断倾向，他们没有伦理，他们不追寻美。因此，我们把这些古代的伊奥尼亚学派称作为形而上学家——追问表象之后的现实存在的探寻者。当泰勒斯提出，所有自然都只是唯一的海神普罗泰乌斯——水——的变化，这难道还能是别的什么意思吗？或者，当他的朋友阿那克西曼德提出，水不可能是真正的本质、最原初的东西，因为水是有限的，它的组合将会穷尽，因此我们必须想象某种永恒、无限的物质（τὸ ἄπειρον［无定］），这种物质通过每次新的创造从自身产生暂时的事物，这难道还能有别的什么意思吗？现在你们可以清楚地看到思想前进到 μετὰ τὰ φυσικὰ［物理学之后］，超越了物质的东西，然而，这都是出于纯粹理论上的理由。这个理由是什么？因为表象所给予的事实并不能满足我们概念反思的需求，因此我们不得不"构想出"或者说在概念上构造出一些东西来当作真实的、真正的实在。它是对逻辑理想的实在化，称这些假定为"虚构"是完全错误的。哲学家们认为他们在这些东西中有着关于真正实在的知识。因此，形而上学的思想在其源头就表明，我们在逻辑上被迫去预设某些东西来满足我们的解释性反思。当实际的知觉世界无法达成这类满足时，就提出一套概念上的假设作为知觉世界背后的真正实在，这并不可怕。爱利亚学派提出存在的概念，这差不多也是在做同样的事情。他们坚持认为——我们再次看到，这是纯粹逻辑的冲动，而不是伦理、美学或者其他价值论的冲动——必定有某种存在存在（ἔστι γαρ εἶναι），它持续存在而非仅仅是相对地存在，但事实世界的现象似乎并不在这个意义上存在。有时候它是这样，而在另一个时候它又变得不再是这样。因此，它只是表象，只是感官的欺骗。思想需要不同的东西，需要唯一真实的绝对存在，尽管我们永远无法进一步发现它究竟是**什么**。

尽管语言的贫乏产生了阻碍，在这第一次对话中，（存在）概念受到强力的肯定，而与之相对，所有知觉世界都遭到了否定。从某种程度上来说，自我意识将思想当作与知觉相反的真实知识。在这些思想者的经验中，我们看到了以下这套信念的起点：认识不可知觉的真正存在必定是十分独特的思想活动，因此我们需要特殊的哲学方法，这种方法与经验科学方法十分不同。柏拉图把他自己的对话法当作获得哲学 ἐπιστήμη［知识］的方法，这不同于基于经验的 δόξα［意见］。从那时起，直到赫尔巴特用关联法以及黑格尔用辩证法——他们都对概念做出了详细阐释，我们因此拥有达成这个目标的各种类型的尝试，这些尝试也获得过或长或短的成功。

我们在其中也许可以区分出两种主要的思想倾向，这两种倾向符合存在与经验的双重关系。一方面，有人把存在假定为某种不同于表象的东西；任何人只要强调这点，强调由此带来的真正实在与表象实在之间区别的最强二元论，那么他总会在纯粹的思想中去寻找认识存在的方法，而且，他还会运用某种构造性的方法来达成这个目的。另一方面，又有人主张，准确地说，本质就是表象中所显现的东西；任何人只要在心中牢记这种关系的实证方面，只要记住赫尔巴特所说的"那么多的表象，那么多的存在迹象"，他就会努力以某种科学的方式或者类似于科学的方式去揭示表象之后实在的存在，例如，德谟克利特以这种方法制定原则来构想真正的存在，即表象持存（διασώζειν τὰ φαινόμενα［拯救现象］）。前一种思想倾向的危险在于，人们抓住本质之时考虑的仅仅是本质本身，但却无视对表象的解释，后者对构想本质来说恰恰非常必要。后一种思想倾向主要致力于表象，人们处于某种相反的危险之中，因为他们没有能够超越表象与特殊科学。

无论如何，我们必须坚持认为，形而上学是理想的实在化，在更加纯粹的情况下，形而上学是对逻辑上的理想的实在化。要么根据价值评价，要么根据思想概念的假定，纯粹、真正的存在就是**应当所是**的东西，它并非经验实在的一部分，因此，我们确实并也必定把它们构想为经验实在背后的形而上学实在。在这些理论假定的要素中，我们必须特别强调其中一种要素，因为它以各种形式不断出现从而最好地表明，这些问题是不可抑制也是不可解决的。这种基本的形而上学要素就是我们在现有事实的所有方面中发现的无限。我们具有的任何经验都是有限的，而这指向了某种超越的东西，这种超越的东西与经验相关，使经验形成了某种统一。这是因为心灵本身具有基本的综合特性，它总是给予所有它所面对的杂多以某种统一。就此而言，所有知识都只是直接去思考概念的内在关联，这种关联基于表象内容的实际融贯。但是，这些形式都极为切实地指向无限。我们在空间概念中能清楚地看到这一点。我们经验知觉到的每种形式都是有限的，无论它们的限定是什么，它们都在空间概念中形成了重叠的统一，空间对于这些形式及其周围的东西都是共同的。我们得到了无所限定。在每种我们试着分派的限定之外，总会存在更加广泛和全面的统一。同样，每个被我们试着构想为分离实在的东西都与其他事物相关，而它们又和另一些事物相关，以至于到达无限。同样地，每个事实都往后指向另一个事实，前者是后者的后续和改变，每个事实也都往前指向另一个事实，后者是前者的后续和改变。这条思想线索循序通向无限的时间。除了有限，我们无法对这种无限做出限定并给出条件，而理智则会完全接受这种限定和条件。因此，就理智在想象的帮助下所能估量的范围而言，这种有限的无限并不允许理智停留在表象世界。在理智获得无限观念之前，理智不会停留。无限完全不同于任何有限条件的个别事物，甚至也完全不同于所有有限定条件的个别表象的总和。因此，无限空间非常不同于我们所经验到的所有事物之和，甚至也不同于我们根据经验想象出来的所有无限空间之和。它不是知觉的对象。对于朴素的意识来说，它是不可知的，它是形而上学思想的产物。这对于绝对的事物、绝对的因果等概念来说，同样如此。在所有这些情况下，逻辑假定都超越了事实而通向对绝对实在的构造。

于是，恰恰从无限事实的这个难题中，我们得到了唯信仰论。既然超越经验的、形而上学的实在无法在经验中获得实现，那么理智的要求就将带领我们去构建它们。康德在他对形而上学的批判中就表明了这一点，同时他也证明了形而上学的必要性。在他对先验辩证论的介绍中，他指出了这个关系，并将之称为"先验表象"。感官的现象世界指向有条件者的无穷链条。伴随着对确定性的渴求，知性要求这个无穷链条有一个总的条件上的限定，但我们永远无法在对表象的感知中找到这个限定。因此，知性必须构想出这个限定，但是，它永远无法知道它，因为不论是个别经验还是经验的总体都无法提供这种知识。因此，尽管无条件者被承认具有实在的必然性，但是它永远不会在经验中被给出。形而上学的问题是理智不可避免却又不可解决的任务。因此，从康德的《纯粹理性批判》中，我们获得了关于"理念"和"先验表象"的新的概念，这个概念立刻解释了形而上学的实在性，同时也给形而上学的要求带来了致命的灾难。因为，这个困惑使理念形成和任务定义的必要性变成实现这个任务和获得真正实在这个对象的知识。事实上，康德的先验表象概念是理解形而上学历史的钥匙。它意味着以下这个不可否认的事实：我们的思想在所有方面都不可抑制地被迫超越我们对经验实在的实际上的经验。然而，就解决这些问题的可能性而言……无论如何，我们没有如厚厚蛛网般陈腐不清的思想，我们有的只是非常真实和可靠的任务，这对我们的哲学工作来说不证自明。

第一章　本体论问题

通向存在的道路引领着我们的哲学思考从前科学和前哲学的观念出发，超越表象，到达形而上学：从人类关于世界的平实观念出发，并通过具体科学来改变和修正这些观念，到达未被触及的问题。

我们把存在当作受制于时空的各种事物，并且根据不同的性质将它们彼此区分开来。每个**事物**都是某时某地的某种事物。在我们关于这个事物的概念中，这个事物的性质和关系的多样性成为某种统一体，我们将这个统一体称为一个事物。但是，在实际情况中，这个事物的概念会有许多变化。我们发现我们在经验中知觉或假想的那些事物只是表面的观念，然而"事情并未就此结束"，寻找真正的事物这个问题由此开始产生。这就是我们称之为实体的概念。

第二节

实体和表象——内在范畴——事物及其性质——事物的同一性——本质的与非本质的性质——材质、形状和发展的同一性——元素——绝对性质：观念——原子、隐德莱希和单子——普遍主义与个体主义——属性与 modi［样态］——自我——性质的融贯。

思想的形式深深植根于事物这个概念的形成之中，因此它也深深植根于实体作为实在事物的追寻之中，我们在逻辑上称之为内在范畴。它是所有范畴之首，因为它是我们关于实在的所有观点的基本构成形式。它首先对象化、投射出和外化了表象内容，也就是说，它给了表象内容以实存的实在形式。长时间以来，受到叔本华[①]的影响，并且在亥姆霍茨[②]的带领下，生理学家们将客观化这个基本功能归属于其他的基本范畴，即因果性。然而，这是个错误，因为当心灵开始进行怀疑探究时，观念很容易就会产生。只有当我们反思，我们是否有权将我们的意识状态当作关于独立于我们而实际存在的世界的知识或知识要素，我们才知觉到这些状态的原因并非在我们自身之中，而是在对象之中。这种反思和无思想的心灵相距甚远。正如洛采所言，印象在刚开始不过是感觉，无需借助反思这种思想，印象就能以最简单的方式转变成关于事物的观念，语言让我们看到这一点。我有关于绿的感觉，于是我说"我知觉到了某个事物是绿的"——也就是说，我知觉到一个绿的事物，或者说，我知觉到绿是其性质的事物。洛采在他的逻辑学开篇就已经指出这是理智最初的逻辑工作。语词本身就表明了这点，形容词转变成名词性实词。名词性实词就是对这个事物（即实体）的概念形式的词语表达。[③]但是，只要我们将我们的经验阐述为对象，那么，我们就要进一步追问，绿色到底是一种怎样的性质：它在哪里、有多大、什么形状、光滑的还是粗糙的、硬的还是软的，等等。从长远来看，我们通过各个感官接收许多性质，只

---

① 亚瑟·叔本华（Arthur Schopenhauer，1788—1860年），德国著名哲学家。他是意志主义的创始人和主要代表人，新的"生命"哲学的先驱者。其代表作是《作为意志和表象的世界》(1819)、《论自然中的意志》(1836)、《论伦理学中的两个根本问题》(1841)、《附录与补遗》(1851)。

② 赫尔曼·路德维希·斐迪南德·冯·亥姆霍茨（Hermann Ludwig Ferdinand von Helmholtz，1821—1894年），德国著名物理学家、数学家、生理学家、心理学家。其代表作有《生理光学》(1886)、《知觉中的事实》(1879)。

③ 由于语言表述的差异，这种形容词转变为名词性实词的情况在中文中很难直接表述出来。作者这里的意思是，我看到一个事物是"绿的"，但我会自然地在思想概念中将之对象化，然后在语言上就会表述为我看到一个"绿的事物"。

有通过对这些性质的综合，我们才得到有关这个事物的整体性观念。但是，我们将各种条件统一为一个事物的观念，这种做法已经包含以下这种逻辑假设：所有这些不同的要素都属于同一个事物，它们共同表象了某个融贯的统一体。

所有经验给予的实在都是这类事物。每个事物都意味着许多状态连结成为一个统一体，而且这些状态都属于这个统一体，我们称这些状态为它的**性质**。我们只能通过事物的性质来思考或定义它，我们只能通过不同的性质来区分不同的事物。我们似乎可以据此立刻得出，只要事物始终具有同样的性质，我们就说这个事物在不同时间都是同一个事物。另一方面，当我们在其中发现不同性质或不同性质的组合，我们打交道的就是不同的事物。

然而，这种假设与经验实在并不相符。一方面，同一个事物会发生变化，也就是说，同一个事物在不同时间具有不同的性质，这并不会令我们感到奇怪。另一方面，想象两个不同的事物具有完全相同的性质，这对我们来说也并非难事。这种事物在自然界也许并没有在人工制品中那么多（比方说，同样制作出来的具有相同式样的两支钢笔或者两根针），其最显著的形式就在科学理论的概念之中，比如原子。这表明，事物及其自身的形而上学具有"同一性"，但这并不等同于这个事物的性质的永恒同一性。我们既不能根据两个印象的相似性而立刻推论出事物的同一性，也不能因为印象的不同而错误地否认同一性。两个不同的台球在我们眼里似乎完全相同，而同一个球在脏和不脏时，这在我们眼里似乎又是不同的。我们真正知觉到的只是印象的相似或不相似。只有通过基于一般的假设、习惯的论证和通常是非常错综复杂、涉及广泛的考虑，我们才能够合理地推论出形而上学的同一性。如果我在早上发现我的书桌和我昨晚离开时相同，考虑到我只有一张书桌，而且一个晚上不可能替换为完全相似的书桌，我就会假设这是同一张书桌。因此，众所周知，在这种基于印象相似性的假定的同一性中，我们极易犯错。我们只需回想歌德的《亲和力》中的场景，爱德华迷狂地喜爱刻着他和奥蒂莉名字的玻璃杯，并将之视为珍宝。到了悲剧的最后，人们才发现旧的玻璃杯很早以前就已被打破，有人悄悄地用新杯子替换了它。这表明，如果我们没有持续知觉事物，比如它在此期间遗失了或被偷走了，那么确定这个事物的同一性将会非常困难。我们完全有信心断言的只有印象的相似性。同一性是具有欺骗性的假设，尽管在某些情况下它也可能完全得到维持。倘若我弄丢了我的手表，然后有人给了我一块手表，这块手表不但样子上很像我原来那块，而且在同一个位置上刻有同样的数字，那么极有可能的是，这就是我的手表，而非同一工厂所生产的另一块手表。但是，让我合理做出这个假设的，并不是印象的相似性，而是基于对我所知道的全部情况而做的一连串的考虑。

我们可以将存在着具有自我同一性的事物的信念与要么相似要么不相似的印象之变化相对照。这是一种假设，我们借此来解释经验事实。这也是一种概念上的假定，我们据此来思考事实。让我们试试能够走多远，在我们知觉经验到的那些表象的事物中，是否真的存在这类具有自我同一性的事物。我这里有一块石头、一支粉笔、一个具有很多属性而不同于所有其他事物的事物。我把它打碎，现在我就有了两个或者更多的事物，其中每一个事物在属性上，至少在形状与大小上，都不同于其他事物。同样的实在最初把自身向我表象为一个事物，后来则表象为许多事物。那么，我在这同样的实在中所找寻并且假设的具有自我同一性的事物到底在哪里？另一方面，我拿起几支铅笔，它们很明显是不同的事物。我把它们扔进火里，然后它们就变成了具有确定形状和大小的事物。此外，离我较远的森林在我看来似乎是与周围其他风景完全不同的统一体，然而靠近再看，这片森林则变成了许多树木所组成的集合体。每棵树在我看来都是单一的事物，直到伐木工人将它们砍倒，然后树干、树枝、细枝和叶子在我面前又变成了许多不同的事物。树难道像森林那样是个集合体？我们可以把一根木头扔进火里，它会烧成灰烬：我眼前的是许多细小事物,它们都不类似于那块木头。最后,倘若我看到化学家将某种事物用化学方法分为两个实体,它们完全不同于彼此也不同于那个被分的事物,那么我发现自己说不出在这些变化中具有自我同一性的实在在哪里。

由此可见,在所有情况中,我们关于事物的经验性概念大多是表面的、肤浅的,不论在经验实在中还是在我的思想中,这些概念都不适用同一性的假设。因此,问题由此产生,是否存在完全确定不变的有关事物的概念,我们是否能够借助这些概念知道事物就是它们自身并且保持这种同一性。很可能的是,我们有的只是心灵进程的本质必要性。正如我们所看到的,内在范畴是理智处理我们的印象的最高形式。借助它们,我们知觉的感觉要素被安排成统一的事物,因此我们将被迫以事物来思考世界,即使世界并不是由事物所组成的。不可否认的是,我们经常十分错误地运用事物这个概念。我们当然不至于说,只要我们运用名词性实词,那么我们就是在指一个事物,但无可争辩的是,这类语言形式使我们倾向于把诸如"自由""恶"等表达当作某种类似于事物的实在。柏拉图的理念论不就是想要给予所有普遍概念以最高的实在性吗?语言以及心理学不也都倾向于赋予意志、理解等概念以同样的类似于事物的实在性吗?如果批判性思考迫使我们认为这些表达十分表象和肤浅,根据词语的恰当含义我们不能严肃地称它们为事物,那么这难道不也应该适用于其他那些普通人理所当然地视为事物的观念吗?我们所有关于事物的概念都仅仅是一些表象的肤浅形式,就像在某个时刻搭建起来但在或近或远的将来会被拆除的脚手架,我们借助它们试着从外面到达实在的结构,这难道不可能吗?无论如何,我们无法满足于对内在范畴的这一随意运用。我们必须找到某种标准,使我们能够获得关于事物的稳定不变的概念。如果我们在经验世界中找不到,我们就只能去寻找经验之后的那类东西的实在性。如果我们在物理上做不到,我们就必须在形而上学上做到。在这两种情况下,我们都将不同于表象事物的真正事物称为**实体**。

所有引领思想通向其目的地的道路，都始于为大家所熟悉的以下事实：即使对于表面的东西，其性质也不都具有同样的价值。就事物的同一性而言，事物性质在实际和逻辑上都具有不同的价值。即便我们并不使用本质和非本质这两个词，我们习惯上也都会区分事物的**本质**性质和**非本质**性质，即那些在不毁灭事物同一性的情况下会变化或消失的性质和那些在不毁灭或质疑同一性的情况下就无法去除的性质。本质性质属于真正的、绝对的存在；而非本质性质则属于表象，是相对的实在或事物的实存。在事物的概念中，我们也称它们为**本质**的特性与**偶然**的特性。非常清楚，当我们在事物中区分出本质的部分与非本质的部分时，我们就要在各种要素中做出选择，即使我们并非总是有意识地进行这种选择，内在范畴将这些要素统合在事物的概念之中。不仅日常经验中的事物概念，而且科学和哲学中的所有实体概念，都建立在这种选择之上。我们据此可以看到，科学思想以至哲学思想都越来越批判性地沿着前科学的思想标记出的道路前进。实体概念产生于对本质条件的渐进选择，知识每推进一步，我们都必须思考这次选择的理由并为之进行辩护。

为了对此进行检测，让我们首先看看人们如何在日常生活中做出选择：就与经验上的同一性相联系而言，哪些是我们所认为的事物中的偶然，哪些又是必然。我们首先要处理的是事物所处的位置——"哪里"。滚动的球不论在哪里不论怎么运动都是同一个球。我们印象中的空间概念确实与我们的整个知觉密切相关，但是，在大多数情况下，位置就对象本身而言都是非实质性的。不论它在哪里，它都是同样的事物。然而，位置也并不总是非实质性的。举例来说，在审美的意义上，某个事物在场景或画中处于什么位置，这也许是实质性的。同样，某些事物，诸如生物体，对它们而言最重要的就是它们身处何方，举例来说，植物之于土地，动物之于其所处的整个环境。然而，这些事物考虑的只是关系、活动或者发展方式。就事物的本质而言，位置似乎无关紧要。

正如我们所见，这能够澄清原子论的重要困难。我们认为每个原子都不同于其他原子，原子是原初的且具有自我同一性的实在。但是，如果原子具有同样的元素并根据假设也具有同样的基本物质，那么它们在可以用来定义的所有方面都完全相似。它们彼此不同只是因为所处位置不同。但是，位置对每个原子来说仍是非实质性的，不论原子如何运动，它都仍旧是同一个原子。一个氧原子，不论它是随着小河奔流，还是位于静止的池塘，不论它是在蒸汽中升腾进入空气，还是被人吸收融入血液，它都保持不变。这些位置对于其本性来说都是非实质的，这个氧原子在每个位置上都可以被其他完全相似的原子替代。然而，我们认为这两个原子是两个不同的实在。事实上，如果我们将莱布尼茨的所说的 principium identitatis indiscernibilium［无差别的同一律］应用在原子论上，我们就会发现我们只有通过原子的位置才能区分开它们，而位置根本不是原子的本质部分。原子论只是根据实体的最偶然的特性来区分它们。

但是，让我们离开原子回到表象事物。最少实质性的是位置。台球在其运动的每个阶段都保持同一。形状、颜色、弹性等等，这些共同构成了事物。那么，让我们假设，球被涂成红色，它仍旧是同一个事物吗？我们会立刻不加反思地对这个问题做出肯定的回答。因此，在这种情况下，颜色对于事物的同一性而言并不是实质性的，不论我们多么喜欢或者不喜欢它，也不论它在一场台球赛中有多么重要。那么，保持不变的事物的本质必定是材质和形状。如果一个台球被切割成了一个骰子，它就不再是一个台球了，并且，如果一个台球被另一个替换，哪怕那个台球是用象牙做的，它都不再保持同一。在这种情况下，形状和材质都同样是本质。

让我们以蜡做的球或者面粉压成的球为例。我们能够把它塑造成椭圆形或者立方形，或者任何其他形状。但它仍旧是同一块蜡，因此，就此而言，它仍旧是同一个事物。现在，很清楚的是，形状对于事物的同一性来说是非实质的，那么剩下的只有**材质**了。

第二节 实体和表象

然而，我们也许可以反过来考虑。谁不会立刻想到赫拉克利特以河流为例所做的有效说明？① 在我们的印象中，河流是具有同一性的、永恒不变的事物；然而我们知道只有形状是永恒的，而水量则在不停变化。通过对这种相互矛盾的进程（这种 ἐναντιοτροπία［对立］）进行对比，爱菲斯的圣贤② 解释了我们在不断变化中见到的不变的事物。在某些情况下，形状的不变已经足以使我们确立这个事物的同一性了。有人也许在他的旧手杖上安装了新手柄，金属帽也换过好几次，甚至很可能在某个时间还曾经弄断过木杖并替换掉了它，尽管原材料没有任何原子保留下来，但这并不能否认，它仍旧是同一根旧手杖。雅典人几个世纪都驾驶惯上称为"忒修斯之船"的那艘船参加提洛岛上一年一度的节日。尽管这艘船相继替换了桅杆、甲板、船桨等部件，但它仍旧是同一艘古老而神圣的船。我们在此引用的这个例子也许有些微不足道，但是，我们自己的身体中发生的更加微妙而持续的转变，不也表明了这点吗？生理学家难道不是在教导，我们生命体总是在不断地更新，我们在新陈代谢的过程中吸收营养的同时也在代谢废物。即使是坚固的骨头，也在自内而外不断生长，其质料也在不断更新，数年之后——到底几年对我们来说无关紧要——除了已经没有活力的残留沉淀物，这块骨头上已经没有任何原来组成这根骨头的原子了。因此，这类事物（即有机体）的同一性并不来自其材质，而是来自它所塑造的永恒形状。

然而即使形状的永恒不变对于同一性来说也不是本质的。至少就直接的与外在的观察而言，有机体在某些环境下，其大小与形状都会发生许多实质性的变化。从橡子到橡树，这棵植物是同一个事物。我们也许可以在微观科学的意义上谈论整个变化中形状的同一性，但是我们绝对

---

① 赫拉克利特（Heraclitus，约公元前536—前470年），古希腊哲学家。赫拉克利特主张"万物皆变""万物皆动"的流变说。"人不能两次踏进同一条河流"并非他的原话，而是后人修改后用于描述他的主张。

② "爱菲斯的圣贤"指的就是赫拉克利特。爱菲斯又译以弗所，因学界通常将赫拉克利特开创的学派译为"爱菲斯学派"，故此处译为"爱菲斯"。

无法在日常观察的意义上这么谈论。此外，当有机体失去部分身体，它仍旧保持同一。有机体截去一根手指、一条手臂或者一条大腿并不会使它整个儿毁灭。但当头被砍掉时，我们就会立刻说它的同一性走到了终点，但是当一位实验生物学家切掉一只青蛙的头之后，这个生物体难道不仍是原来的那只吗？在这种情况下，界限在哪里？对于生物体的同一性来说，哪种形状的变化才是实质的？哪类形状才是不可或缺的？如果我们想要在理论上对此做出概括，那么我们应当说：当有机体在失去某些部分后，剩下的部分仍能够作为整体而活下去，那么这个事物就是和之前相同的个体。倘若如此，那么既不是在形状中，也不是在材质中，而是在生命的持续中，在功能的持续同一中，我们找到了生物的同一性。当生命持续，材质和形状也许会发生变化，但这不会使我们错误认为事物的同一性也发生了变化。在其他情况下，我们也能看到这一点，只不过我们在此并不像之前那样用"事物"这个表达方式来表述而已。甚至就人的精神生活而言，我们也把人格同一性视为某种自身完整的事物。人在生命中在极大程度上改变了其原有的观念、感觉、观点和信念，这些变化也许会是非常极端的转变——宗教上诸如"新生"的说法都表明这种转变是极有可能的，即便撇开病理学的例子，人的精神内容在其一生中逐渐发生改变也是非常巨大的。我们并不害怕这种情况出现，因为我们能依靠生命的持续来确立同一性。

我们还有另一个显著的例子，我们把民族或国家视为某种存在。同样，组成民族或民众的个体来来去去不断变化，一个世纪之后，几乎没有任何原来的成员还活着。除了世代更替，民族的同一性还受到历史事件的影响，这些历史事件使某些地区脱离而另一些地区加入。在这些情况中，我们把语言的持续作为标准。而国家则在历史文化的意义上保持同一。作为历史统一体，国家发生过相当重大的变化。它会成长，也会收缩和扩张，但它在经历内部生活形态、结构的变化之后仍旧持续存在。尽管存在所有这些深刻的改变，我们仍旧说它是原来的那个民族或国家，这不仅因为变化只是逐渐发生在我们的经验之中而使我们将名称保留了下来，尽管经历所有这些变化，我们仍然真的认为它是同一个实在，当然，这或许并不是严格依据内在范畴来说的。

当我们为了确定构成同一性的本质部分，思考所有这些我们日常所做的不同尝试，我们似乎总是根据某种确定的观点，从非本质和偶然的部分来选择本质的部分。从某种观点来看，这或许是本质的东西，但从另一种观点来看则未必如此。我们所确定的同一性的要素，根据我们看待它们的方式而不同。我们能够辨别本质与非本质而进行选择的原则，但这会随不同的科学观点而变化。我们之前提出的日常生活的例子已然表明这一点，物理学家、化学家、生物学家、心理学家和生理学家进行的科学工作同样也表明了这一点。最终，我们发现主要有三样东西能够用于确定本质：材质、形状和发展。它们解释了什么使我们形成实体概念，而实体是在经验的变化过程中保持不变的存在。时间要素（即不变与变化的关系）是用于确定事物概念的第一条前科学的思想标准。然而，随着各种科学的发展，这种关于不变的反思采取了更加深刻的概念形式，我们发现有两条主要思路。一条思路沿着从特殊到普遍的反思范畴继续前进；另一条思路沿着因果性的基本构成关系继续发展。实体概念所具有的普遍有效性建立在这些逻辑形式上，这事实上赋予了实体概念以前哲学的重要意义。

根据第一种形式，经验内容中的恒常不变的普遍要素是真正的实在，而各种表现仅仅是转瞬即逝的次等实在。这个想法来自我们经验中不断重复出现的实际关系，而这种关系似乎是变化中永恒不变的要素。最早的古希腊思想家忙于用各种方式来思考质的变化（ἀλλοίωσις［质变］）问题，它似乎时不时向我们呈现真实，并且努力表明，我们据此应当看到真正实在的不变要素的显现和消失，这些显现和消失才是转瞬即逝的。不止一位古代思想家曾向他的同伴指出过，他们在错误谈论表象事物的本原和终点。他们提出，表象只是真正实在的某种组合或分割，某种混合或分离，而真正的实在是不变的实在，没有开始也没有终结。我们看到，经验事物是组合而成的，它们会分解消失，如果有人想寻找这个意义上的不变元素，他就会发现不均等的成分和均等的成分之间有重要差异。在后一种情况下，当人们似乎接触到质的可分性的极限，他必定会认为他已经看到实在的某种永恒不变性质，真正存在的某个方面。"元素"这个化学观念便是这样被人们发现的，这尤其要归功于阿那克萨戈拉，homoomeria［种子］①这个观念也是这样被发现的，这个观念的发现似乎应该归功于亚里士多德。真正的事物是当人们能够将之完全分开时总是分开为相似部分的那些事物。根据这种观点，质的普遍概念构成了化学元素的自然实体，它们明显依赖于分析方法，这是科学的处理方式，因此，我们不会对阿那克萨戈拉认为元素数量无限感到吃惊。现代化学告诉我们存在着超过70种这样的元素，很明显，这个数量只是暂时的，受我们分离它们的手段限制。它让我们在心中始终保有终极的完全单一的基本物质观念。

但是，逻辑分析方法也许可以更有成效地做到物质分析无法做到的事情。古希腊人很快看到物质世界的化学结构和语言的语法结构之间的相似性。正如表象的多样性可以被简化为数量有限的元素，我们整个语言的极为广泛的各种形态也可以被简化为相当少量的成分，即字母表中的字母。早在柏拉图那里，我们就发现用于表述物质世界的元素和用于表述字母表中的字母是同一个单词（στοιχεῖον［元素或字母］），甚至在拉丁语中elementum［元素］一词最初的意思就是人们在学校中用于学习的字母表中的字母。事实上，柏拉图详细阐述了这种相似性，他还将这类似延伸到思想的不变元素上。当我们对此进行反思，我们注意到我们所说的每个单词都有普遍意义。当我说"这个绿的事物"，它指的并不仅是某个事物是"绿"的（"绿"可以用来谓述许多其他事物），相反，它

---

① homoomeria，即homoeomery，亚里士多德用这个词来描述阿那克萨戈拉学说，意思是"种子"，因此，阿那克萨戈拉的学说也被称为"种子说"。

本身是指示代词，我用它来直接指称个别事物，它也能将之应用于无数的其他事物。事物的所有性质毫无例外都是如此。每一个都有类的含义，这在许多个体那里都可以得到证实。根据化学的观点，物质性个体因元素的聚合而产生，因元素的分离而消散，同样，这些赫尔巴特称之为"绝对性质"的东西似乎代表着一般的、不动的实在，表象的个体则由它们的紧密结合构成。赫尔巴特正确地指出，这种类似是柏拉图理念论的基础。根据柏拉图的观点，事物是美的，这是因为美这个理念被包含在这个事物之中。当热这个理念被加到物体中，这个物体就变热了；当这个理念离开物体并让位于与之相反的理念，这个物体就变冷了。柏拉图（在《斐多》中）以完全相同的方式谈论来和去的理念，把它们看作真正的性质变化，阿那克萨戈拉也主张每个个体的性质都归于个体中的元素；相应的元素被加到了这个事物中，它就得到了新的性质，当这种元素被去除，这个事物也就失去了这个性质。在现代分子构造理论中，我们发现同样的观点以更加精妙的形式出现。假如我从某个分子中提取出溴原子，然后再用碘原子来替代它，我就会得到一个不同的实体，这个实体也相应有不同的性质。

在所有这些关于元素的理论中，不管它们彼此多么不同，它们都有一个共通的观点，那就是，真正的实在和实质都是普遍的和永远同种的，而我们在个体中所知觉到的是表象实在，其性质则是对普遍的分有。这产生出普遍主义的理论体系，根据这种理论，个体只有当普遍物与之统一时才存在。

然而，不论这些普遍实体是物质还是观念，它们实际上都只是非自然的概念：金、镭或者氧，根据它们原初的范畴结构，严格说来都不是我们称为事物的东西。我们运用普遍观念来描述精神生活的基本形式或状态，这时我们运用语词的危险性就会特别清楚地呈现出来。当我们谈到理智或意志，这种名词性实词的表述方式很容易让我们把它们当作事物，然而批判性思考则告诉我们这种想法并没有合理的依据。我们必须把这种将精神方面的普遍化观念当作真正"官能"的看法驱逐出科学的心理学,它们过于神秘,尽管它们在大众思想和公众语言之中仍旧有其用武之地。

此外,这些普遍概念不可避免地依赖于抽象活动,而这也要求我们进行越来越高的类比和对比,直至到达终极的最简单的普遍实在。因此,经过进一步检验,我们视为元素的东西被证明其实是复合物,我们发现,化学依赖于假设存在着某种基本元素;我们有段时间相信我们在氢中发现了这种元素。当然,这种观点最后被证明是错误的,然而,诸如原子重量的连续性这个事实迫使我们继续寻找某种绝对简单的元素,并将之作为真正的存在物。然而,这些普遍观念越是简单,它们也就越偏离事物原初的意义范畴,它们作为固有性质总是意味着统一体的多样化。因而,笛卡尔的广延实体观念和思想实体观念,以及,在某种程度上来说,赫尔巴特的只具有简单性质的"真实物",最终都是关于事物的非自然化概念。诸如物质、精神或者甚至"自然"这类普遍化观念也是如此。歌德在他著名的自然赞美诗中说道,自然产生了丰富的个体,但却对它们的命运毫不关心,这就是纯粹的普遍主义。自然对个体不以为意;它将它们再次吸收进自身之中,然后又再创造了他物。它只给了它们以次等的实在性。这种普遍主义的思想方式即使在科学工作中也十分常见,物质及其普遍的力、元素和规律都被当作真正的持久的实在,而个体只是暂时的现象。

某种宗教态度同这种看待事物的形而上学的方式一致,换句话说,持有这种宗教态度的人们认为,个体是有罪的、无价值的存在,他们还认为把个体吸纳进整体中才是真正的目标和所有的抱负。这种神秘的神化个体的观点,或者说把个体融合到神圣整体中的想法,就是普遍主义的宗教形态。这在中世纪的实在论中扮演了非常重要的角色。但是,另一方面,价值的观念反对上述观点。借助价值的观念,人格、对自由的意识和责任都坚持它们自己对实在和起源的感觉,坚持对"自存性"或者自给自足的自豪感。然而，即使脱离了这些感觉，在理论上也存在着大量对普遍主义的反对。普遍主义无法解决个体性的问题；它既无法合理地解释个别东西如何从普遍实在之中产生，也无法合理地解释为什么元素恰恰在这个点上、在这个时间、以这种特别的方式统一形成个别的事物。如果事物就是实体变化的产物，那么为什么会变化呢？在实体的本性之中并没有它的基础。在寻求解释的过程之中，我们发现自己被迫走向另外的更之前的个别事物，于是我们陷入了 regressus in infinitum ［无限倒退］之中。我们唯一能做的似乎只有假定，真正的实体就是一开始就存在的个别事物。这类个体主义根据其看待个别事物的不同方式而有着各种各样的形态。首先是德谟克利特的原子论，它比现代的原子理论更加个体主义。现代原子理论只承认化学上可区分的元素，这些元素可以被阴极射线分解为原子，然后再分解为电子，而这又会走向完全的普遍主义。德谟克利特则相反，他认为原子在所有的性质上都是相似的，但每个个别的原子在大小和形状上都彼此十分不同。他认为对空间的占有或者我们现在所说的不可入性是所有实在的普遍性质，然后他把个别实在描述为在"形状"上有所不同。举例来说，他谈到了钩形的原子和镰刀形的原子，他需要这些形状来使他能够解释原子之间的相互咬合。每个原子不但有着自己的独特性质，而且还有自己的初始运动，有确定的方向和速率。这种观点有段时间在文艺复兴时期的微粒学说之中得到了复兴，但是它在现代物理学与化学中没能保留下来。我们的现代科学基本上已经完全抛弃个体主义。

亚里士多德所引入的个体主义的形式，即生物学形式，更有效地坚持了自己的立场。通过隐德莱希这个观念，亚里士多德把生物体的个别的生命统一体视为真正的 οὐσία［本质］，视为与质料相结合来实现其形式的实体。用于达成这个目的的物质性元素不过是一般的可能性，它们只有在个别存在之中才获得生命的现实性。这种事物的概念非常接近于物性的原初范畴，因此，历史也已经证明，这个概念是用来解释现象的最好的观念之一。因此，我们日常所用到的个体一词和现在所说的"个体性"都已经失去了其原初的含义，即 ἄτομον［原子］，不可分的物质微粒，它现在的含义通常要么意味着有机个体，要么意味着精神个体或人格。它不再是质料，而是包含形式和功能，它是不可分的，就像部分脱离整体就无法继续存在。

我们于是便能理解形而上学的个体主义的第三种形式，它出现在莱布尼茨的单子论之中。根据这一学说，宇宙是由精神性的个别元素（即 monads［单子］）所组成，所有单子都具有同样的生命内容，但每个单子都以不同方式发展其生命内容。个体性在此就是单子的清楚性和明晰性的程度，而正是由于具有清楚性和明晰性，单子才得以成为世界的镜子。什么使得这些单子能够不同地反映世界，这个问题构成了对这套理论的主要反驳。如果每个单子只反映自身以及所有其他单子，那么在这所有相互反映的系统中我们就没有任何绝对的内容。在某种意义上来说，那也是普遍主义与个体主义之间的所有辩证困难的集中表现，两者的冲突在精神实在中呈现出最高形式。

这些困难让我们回想起，事实上，我们不可能对个体性形成一个十分确定的观念。我们为了达成这个目的所用到的所有性质其实都是一般观念，换句话说，应用于其他个体的定义也都是这样的。个体的独特性就在于它对杂多的组合。然而，我们无法用语词恰当地表述其组成的成分，由于它们具有普遍性，它们也总是可以被应用在其他东西之上。Individnum est ineffabile［个体是不言而喻的］，个体是无法被描述的，它只能被感受。对于拿破仑、莎士比亚、歌德与俾斯麦这样的历史伟人的伟大人格来说的确如此。对于诸如哈姆雷特或浮士德这样的文学作品中的伟大角色的内在本性来说也是如此。某种人格越是能够被描述或被定义，它的个体性和独创性就越少。尽管哪怕是最伟大的人，他的每种品质和成就都能够用语言来表述，但是他最优越的方面却只能被经验。因此，当人们想要用类比和对照的方式表述一位伟人的内在本性，他们就已经错失了它们，正如那位半吊子王子休斯顿·张伯伦①想要对康德所做的那样。个体与个体的性质永远不能被理智所把握。读者必须被迫以美学的方式去经验它们，他们生命的每个阶段都有独特的形态，会向心灵显现出某种诸如我们在活生生的实在中所把握到的那种统一。

  这些就是更高的科学的方法论想要解释的头等大事。然而，就问题的形而上学的表达而言，我们遇到了非常严重的问题，也就是说，在个体主义的形而上学之中，可能的理智知识有着非常显著的界限。我们能够通过对所有现象进行历史限定来构想个别自然的各种元素，并且从基因方面来理解它们，从价值论上来诠释它们。所有关于它们的这种历史表象都是理性的。但是，最终它们实质的个体性在于不可表述的统一性，这种统一性永远无法成为思想和知识的对象，而只是理解的某种假定条件，只能通过直观而非理性被感受到。因此，个体主义常常假定某种神秘的形式，从中也会产生许多问题，我们稍后处理价值问题的时候会再次对此进行讨论。现在，为了刻画出普遍主义与个体主义在这个方面的两极分化的特性，我们在此需要注意它们。两者之间的差别对于人生哲学以及对于历史研究的理论和实践都同样重要。费希特曾经说过，人们对某类哲学的选择取决于他是哪类人，他的这个说法在此得到了证实，任何满足于一般的状态和条件所带来的结果并以此来指导其人生的人，与那些确信个人感受的独特性并决心用自己的人格来影响环境的人，在根本上是不同的。因此，我们在历史学中有了情境（milieu）理论，这种理论把普遍运动看作本质的事物而把个体的活动仅仅看作整体进程中的次等的现象，这种理论反对过去的那种观点，过去认为伟人创造了历史

---

① 休斯顿·张伯伦（Houston Stewart Chamberlain，1885—1927年），英国作家。写过很多关于政治哲学、自然科学方面的著作。他还是德国作曲家瓦格纳的女婿，后来成为了德国公民。《19世纪的基础》是其代表作，发表于1899年。他与20世纪早期的泛日耳曼运动以及之后的纳粹反犹太人主义政策有关。

并代表了历史的意义。因此，情境理论十分接近理性主义，而与此同时，个体主义的历史既无法否认也不想去否认个体主义之中所包含着非理性元素。

从纯粹逻辑的角度来看，普遍主义与个体主义的对立是由事物的概念结构所直接引发的。我们明确构想的事物都由性质组成，而所有的性质都具有普遍的意义，这个特殊的事物只是由于其性质的特殊结合才与其他所有东西不同。普遍主义从普遍性质中去寻找真正的实质性实在，普遍性质是必然的，它们通过某种特殊的组合而给了表象的事物以形状和次等的实在性。与之相反，个体主义则认为，合成物本身在价值的意义上来说就是实质性的事物，而其中的性质只是可能的、具有次等实在性的可变元素。因此，关于实体的问题，普遍主义与化学-机械主义的人生观一致，而个体主义则与有机的人生观一致。它们的差别在于它们对用来组合构成事物这一经验概念的元素所做出的选择之上。

当我们跟继续追随持续的本质与可变的非本质之间的差别，这两者是**原初者**与**派生者**的关系，我们就遇到了类似的对立观点。我们经常用构成性的特性与派生性的特性之间的对立来表述性质之间的这种真正的不均。据说，某些性质属于某个事物仅仅是因为这个事物具有其他原初的性质。后者被认为是永恒不变的和本质的，与之相反，前者则被认为是可变的和非本质的。树长出叶子、花朵和果实，随后又落叶飘零。所有这些状态都给了这棵树以非常不同的性质，但没有一种性质属于它的真正的、持久的本性。这种本性才构成了这棵树的形态结构与生理功能。从本性中产生了现象的、派生的性质，它们是以环境、季节、气候等等的变化为条件的状态。我们也许可以将这种差异追溯到经院哲学家们在属性与样态（modi）之间所做的区分。属性构成了东西的本性，样态则是其表象的条件，表象来自于属性或者说表象由于属性而变得可能。因此，举例来说，笛卡尔用广延这一属性来定义物体。而物体的所有其他性质作为样态都来自这一属性。他把思想（cogitatio）作为灵魂的属性，灵魂的各种样态则是心灵的精神活动、状态、感觉和意志。然而，样态仅仅是凭借某种关系或在某些条件下来自于属性。因此，它们和事物的本性有关，而属性则代表着绝对的性质，它们构成了事物本身。我们时常在这些范畴的意义上来思考和说话。事物的构成性质有别于可变的样态和状态，我们根据样态与事物的周围环境之间的某种关系来假定它们。因此，物体的化学性质在于组成这个物体的实体的基本性质，反之，诸如颜色、气味、味道等性质则是样态，它们的产生与某种特殊的感觉器官相关。同样，我们说一个人的性格是他的真正本性，与这些持久的性质相反，我们把他的某些活动和状态称为派生的和现象的事物，即他的真正存在的样态。

很明显，只要我们将这种区分控制在经验知识及其各个部分的范围之内，这一区分就是完全合理的。它的基础就是我们关于因果依赖性的真实观点，或至少是关于它的看法和假定（这对于一个人的性格来说也是基本如此）。因此，我们要处理的并不是形式逻辑的问题，而是真正的关系，这种关系无可争辩地以经验为基础。然而，它们只不过是为了区分本质与非本质而在这个领域所采取的某种有实用功效的工具而已。如果它们超出这个范围，它们就会导致许多不可解决的形而上学的困难。属性应当代表了被知觉到的多元性质中的本质核心，它们也代表了某种能够用来假定同一性的永恒不变的事物。而且，这个核心应当使所有暂时的样态结合统一。因此，我们总是把个人的本性与他的各种状态和活动分开来谈。然而，不但在言论上，而且在思想上，我们都将这些永恒的构成性质、属性与事物本身区分开来，我们把这个事物看作**具有**性质的东西，我们区分了本质与非本质，还区分了属性与样态。谓语判断句"A是b"的语言表达没有一丁点意味着主语和谓语的同一，就像赫尔巴特所认为的那样，他从这个根本性的错误出发人为地构建起他那套关于实在的理论。我并不是说糖等同于白或者等同于甜。系词表达了许多非常不同的范畴，有时表示的是主词和谓词的结合形式，在某些情况下，比如在数学命题中，它意味着同一性，在现在这个例子中，系词则具有内在范畴的含义。我们也能这样说："糖具有甜味"——也就是说，具有某种性质。对系词的这些方面做出逻辑的解释，世界语、伊多语①以及类似的人工语言的发明者也许会热衷于将之视为更有价值的研究对象。事物既不等同于它的性质的总和，也不等同于任何个别的性质。总是有某个事物占有着这些性质，这个事物也因此区别于这些性质，人们也许也能将两者辨别开来。脱离了所有性质去描述这个事物当然也不可能。任何限制条件本身就是一种性质，即使我们把广延或者思想当作一种基本性质：事物必须具有这种性质，而且它必定与之有所区别。因此，事物就是所有性质的一个无法被定义的基质，它不能被任何性质所表象，就是τὸ ὑποκείμενον［基质］，即"物自体"；我们据此提出一个问题，但我们并没说这个问题不可解决。在这个意义上，洛克把实体看作性质的不可知的载体，对于这个实体，我们只能说它就是这样的，而说不出它到底是什么。

那么，是否有可靠的理由让我们来构想这个不可知的事物呢？答案是否定的。事实上，这个否定不但是哲学史的主流，也是实证主义力量的永恒源泉。它始于英国的观念论者贝克莱。根据笛卡尔之后的实体问题的发展，事物的概念越来越失去了其内容。洛克用思考的实体与不思考的实体接替了只装备有一个单一属性的东西，即 res cogitantes［思想的东西］与 res extensa［广延的东西］，但是他继续走向不可知的基质这个观念。在我们剥去事物的所有性质后，什么都不会剩下，因此贝克莱得出结论说什么都不存在。事物的存在和这个事物的全部性质没有区别，这种区别仅仅是经院哲学的虚构和幻觉。如果存在就是被感知（esse est percipi），那么实体就是我们无法知觉到的事物，它仅仅是我们出于习惯而想象出来的。它不是真实的。如果我从一颗樱桃中抽出所有我能够看

---

① 伊多语是以世界语为基础，针对其缺点再行改良的人造语言。这种人工语言在1900年左右被发展出来，至今仍有一群不多的跟随者。其主要使用人口分布于欧洲。

到的、触到的、尝到的和闻到的东西，那么最后什么都不会剩下。贝克莱就这样废除了物质实体。对他来说，它们只是感觉的复合，只是一束观念，正如他后来所说的。人们出于这个理由将他的理论称之为观念论。不过他把这些观念当作精神的状态或者活动。他允许 res cogitantes [思想的东西] 被保留下来。然后就是他的伟大后继者休谟。他指出对于樱桃来说为真的东西只是对我为真。它就是一束感觉。休谟在他年轻时的杰作《人性论》中详细地阐释了这个观点，然而，他在之后的作品《人类理解研究》中又放弃了这个观点，这明显是因为这个观点将会导致很大麻烦，他的同胞们在此发现他们心爱的自我被证明为不存在。休谟在他的第一本著作中表明，我们能够根据观念的联想来解释对同一性或实体的假定，那就是我们习惯于观念的恒常连结。实体无法被知觉到，它只是由相似的表象元素的反复连结聚合而成。

　　思想的这种发展或许用以下这种方式能更好地说清楚。由于经验事物具有变化性质，我们习惯把本质的、永恒不变的、原初的核心性质与非本质的性质相互区分，这使我们错误地假定我们能够对本质性质做出同样的区分并能够在核心中再发现核心。这个幻觉就是先验表象，它引领着思想通向 μετὰ τὰ φυσικὰ [物理学之后或形而上学]，通向物自体这一成问题的概念。到目前为止，实证主义的观点似乎在这个意义上得到了证实。但让我们问问自己我们是否能够满足于此。举例来说，让我们更加仔细地来考察自我这个观念。确实，我们无法定义它，并且个体在这个意义上来说也肯定是 ineffabile [难以形容的]。当一个人被问及或者问他自己"你是何人"的时候，他能说什么呢？他也许会告诉我们他的名字；如果我们问那意味着什么，他也许会向我们指指他自己的身体、他的物理上的个体性。但是，这并不是自我，它属于自我。即使撇开灵魂不朽或灵魂轮回问题不谈，任何没有成见的心灵都会将自我与它所占据的那个身体区别开来。为了进一步回答上述问题，这个人给出了他的社会地位、他的职业等等，他认为这些构成了他的自我。但是，他必定很快就会意识到所有这些东西都只是核心周围的外壳,而只有核心才能决定自我的本性。然后,我们只能在精神内容之中去寻找这个核心。但这也都属于自我,是自我的表象、观念、感觉和意愿。如果最后我们说我们存在的核心在于我们的观点和信念,那么很清楚,这些东西无法构成一个从小到大都绝对同一的自我。在精神失调的情况下,一个人好像完全变成了另一个人,但哪怕是在这种情况下,我们仍旧会说这个人是同一个人。宗教上诸如新生这类观念和说法当然意味着一个人有可能完全改变他自己内心深处的想法,但是这类观念和说法还是假定了一个终极的自我,这个自我自始至终保持着同一。我们在此不必追问这类想法——以叔本华为例——如何能够和人性不灭的观点相调和;但是,不管怎样,十分清楚的是,我们总是把自我同心灵和意志的所有倾向以及内容区别开来。自我并不是这些东西,自我具有它们。简而言之,正是这个事实造就了诸如 liberum arbitrium indifferentiae [无差别的自由决断] 这种不切实际的观念,这类观念假定自我根据其神秘本性而在自己的多种动机中做出决定,当这些动机的内容都相等的时候,自我会给出不可理解的判断,有时甚至能成功克服这些动机。没有人能够说清楚在这种所谓的"自由意志"之中到底有什么,因为我们总是根据意志对象来刻画意志活动。因此,个别意志必定总是取决于某个确定的对象或者某组对象,因而就其内容而言,它也必定被经验地当作其他东西。再次强调,个别意志不是理性的特征,但是它具有理性的特征。

  因此我们无法真的说明,区别于所有的性质与状态的自我到底是什么。然而,我们个人的感受强烈反对"一束感觉"理论,并且假定我们具有真正的统一体,哪怕我们永远无法对它做出表述。除了情感上的原因,还有理论上的原因。代表某个事物或实体的现象的统一性不可能只是某种偶然聚合,相反,我们认为它是杂多结合在一起的理由。这个核心中的核心就是容纳或聚合元素,我们可以将之应用于洛采在范畴的意义上所说的事物与实体的概念。我们不得不把共同出现在意识中的事物感受为连贯的整体。因此，事物总是其性质的联结或综合的统一体，我们不但发现它们在一起，它们还是必然交织在一起。我们因此将化学实体定义为由原子组成的分子统一体，原子并非因果地共存在一起，而是说它们属于这个统一体。原子自身就是功能的统一体，我们经常把这些功能定义为力。物理能量学用"力心"对物质做出了动态的解释。这也可以应用于隐德莱希，即生命个体中的杂多的统一，不过康德的生物理论是一个例外，他从目的论的角度，而非机械论的角度，来思考元素之间相互连结的必然性。

因此，在科学中，通过作为解释经验的基本概念形式的事物或者实体，我们理智地将杂多关联在一起，并将之变成一个永恒不变的存在。关于事物或实体的所有观念都是我们对经验中原初元素的持久连结进行判断得到的产物。只有在哲学中才会进一步提出问题，追问这种融贯性的真正本性是什么？在某种程度上来说，民众思想，甚至是科学思想，将它当作一种独立的实在，它具有所有的性质。我们必须连同洛克、贝克莱与休谟一道确信，在这种情况之下，事物自身肯定没有任何性质——换句话说，它什么都没有。那么，我们只有两种选择：要么性质在事物中的综合仅仅是心理事实或者经验习惯，因此，它仅仅是精神上的（"主观的"）转换，把联结的经验转换为连结的实在——思想综合形式的实在化，内在范畴的实在化；要么我们必须搞清楚，只有当这类思想形式具有真正的意义，当范畴所显现的连结性适用于对象，它们才具有知识的本性。那恰恰就是康德反对休谟的地方。然而，在这两种情况下，我们都必须放弃认为我们能够把事物当作实在，将事物与事物性质相互连结而成的复合物区别开来。我们无法定义这个综合的统一体，哪怕就其形式的本性而言。与它相应的杂多连结成复合物，我们也不能将之视为与这种复合物相互分离的东西。因此，对于获得知识的实践工作而言，我们要做的是去除实体概念中经验给予的连结，实体及其本质性质植根于我们在经验中所获得的事物这一基本观念。在寻找存在的本质要素的过程中，我们不得不把质与量区别开来,把内在性质与数量、大小这样的形式条件区别开来。我们由此又遇到了更深层次的本体论问题,这些问题同样属于实体范畴。

第三节

存在的量——数量与大小——世界在思想之中的简化——唯一论与单元论——一神论——泛神论、理神论、有神论——内在性与超越性——唯一性、无限性、无定性——无世界论——多元论——单子论——度量——有限论与无限论——空间与时间——万物轮回

量作为一个范畴代表了最基本的一类融贯,它有两种不同的方式。在这两种方式中,杂多融贯成特殊意识的统一始终存在着问题。为了确定量,我们需要进行区分和比较这两种相关的活动。当我们进行计数时,我们总是不得不处理许多内容,这些内容必定在某种程度上彼此相似,或者我们能够把它们归在同一类观念之下。它们必定相互不同,但我们能够把它们视为一个整体。我们从敲钟的例子可以十分明白地看到这一点,我们把钟的敲击统一为确定的数字。这些被计数的东西是一个整体,而它们中的每个元素都是计数的一个部分。但是,这个整体与其部分的数量关系,除了具有算术的形式,还具有某种能够直接运用的纯粹理智形式,或者某种特殊的形式,来帮助我们理解时间与空间的量。因此我们现在要处理的就是**数量**与**大小**。

如果我们首先来确定实在的数量,那么表象实在就会在我们的经验中呈现出不可计数的多样性。同我们所知觉到的无限杂多相比,我们有限的心灵只能把握整体中的小部分,事实上是非常小的部分。于是,我们根据已经存在于我们记忆中的东西选择了有限的一小部分,我们做出

的这个选择不但取决于我们经验的有限性，而且还取决于我们经验中的统觉。即使在不可控的精神机制之中，新旧之间的连结也通向一般观念，我们的思考方向常常倾向于通过忽略那些陌生的东西来帮我们简化世界。思想中的这种简化常常必定有着某种一般观念的形式，科学家们也是出于这个目的来使用这些观念的。但这种简化也可能具有某种一般的观点，某种精神科学所采纳的手段。不论在哪种情况下，我们都要放弃非本质的东西，概念上的简化来自选择，我们通过方法论为有各种不同研究对象和目标的科学来决定选择的原则。在哲学中，这种倾向的目标是简化全世界。这是根据以下假定做出的：只有一个世界，全部不可估量的各种事物都属于这个世界。据此我们把所有存在和所有发生的事件视为具有统一性。只有在这种统一性之下，我们才能谈论物理世界和历史世界。

至于存在，追寻世界在数量上的统一，连同实体概念，揭示出这种追寻本身就是某种尝试，这种尝试面对多种多样的前科学的日常观念，面对多种多样的前哲学的科学实体概念，假定真正的实体具有单一性。这种观点长久以来被称作一元论，或者一元论思想倾向，但这些名称在我们时代变得有些麻烦，因为在最近的文献中，一小部分唯物主义者用这个名称来称呼自己的理论，我们稍后会对此进行考察。因此我们将另选相似的术语，唯一论或单元论。在唯一论的意义上，一个真正的存在，原初的实在，包罗万象的存在，在哲学上也被称为上帝。阿纳克西曼德用神（τὸ θεῖον）来称呼无定，他认为这是万物的终极原则，在最近的哲学中，我们只需要引用斯宾诺莎、费希特、谢林、黑格尔、叔本华等人运用这个词的例子即可。我们必须承认，这个词的运用会带来许多误解，因为这个词很容易与上帝这个日常宗教观念相混淆。如果我们要为哲学家的这个习惯做辩护，我们也许可以借口说，上帝这个前科学的神秘观念与那些前哲学的武断观念在内容上相当不同，两者在某些地方甚至彼此截然相反。但是，说实话，这种说法的正确性基于宗教思想和形而上学思想的超越性具有同一性，我们在本书的第一节已经提过这一点。由于这种密切关系，主张只有一位上帝的宗教一神论是形而上学唯一论的本质因素和支柱；尽管我们必须补充到，这种一神论本身也是理性文化的产物。它的确是文明宗教的标志。原始思想不会把世界构想为一个统一体，因此初级宗教的神化想象也是彻底多元论的。后者承认各种各样的神圣者或超越世俗的力量，这就是多神论和多魔论。即使再伟大的宗教，哪怕它彻底信奉一神论，在实践中仍会在民众中对多神论做出相当的让步。即使在宗教形而上学中，为了个人的自由和责任，一神论理论也不得不承认许多与严格一神论观点不一致的形而上学思想。

我们在此并不打算讨论这些次等的动机，而是要继续对实体理论的唯一论做出纯粹理论上的论证。所有论证都基于以下这项事实：经验中的无数事物并非简单地以相互排他的方式共同出现，相反，正因为它们具有真正的密切关系，这使我们能够在思想上将它们统一。它们包含在共同的事物之流中，在运动中彼此传递、彼此混合。根据这个观点，我们经验到或能够想象到的任何事物都以某些方式直接或间接地和其他所有事物相关。机械论将这个事实归结为所有分子之间的相互吸引。康德发现这个commercium substantiarum［实体的相互作用］在其思想发展中最为重要，在他的第三个"经验的类比"中，他借由在我们与物质性事物间游走的光之间进行对此做出非常细致的阐述。甚至斯多亚学派都习惯于谈论 σύμπνοια πάντα［万有一致］，根据这个说法，事物就在它作用的地方，而万物都在万物之中。阿那克萨戈拉的术语 ὁμοῦ πάντα［万有同一］或者文艺复兴常见的词语 omnia ubique［万有无所不在］也是同样的意思。根据这个观点，所有事物实际上构成为单一的统一体。不论思想者看向哪个方向（正如泰门在古代谈论色诺芬尼那样），所有事物对他来说似乎都混同为自然的统一体（μία φύσις）。因此，它独自就足以承担起真正的事物之名或者实体之名。表象事物则不是真的实体，它们缺乏永恒性；它们流变不居，一会儿存在一会儿不存在；它们仅仅是真正实体（神）的状态或者样态。神是唯一的，万物都作为样态而属于它，因此神也是万

物是 ἕν καί πᾶν［一和万有］。我们把一神论的这种形式称为泛神论，我们在最纯粹的斯宾诺莎主义那里可以找到最简单也最有益的泛神论形式。这种理论主张上帝即自然，将多样性赋予表象而将统一性赋予实在。统一和多样的概念关系是某种固有的内在关系。作为原初实在，上帝具有自己的属性，在这些作为条件的属性中，我们有对个别事物的经验，它们是上帝的样态。我们以蜡块为例，蜡块的属性是具有广延的物质，蜡块的样态是它各种形状，或者，我们常说，人的灵魂所具有意志是灵魂的属性，而各种意志活动则是灵魂特殊的样态。如果将之应用到宇宙，那就意味着所有经验到的特殊事物在本性和本质上都是同一个，或者说，它们仅仅是这同一个的存在**样态**。正如诗人所吟诵的，实体（上帝－自然）即万物之物。从这种理论看来，次等的经验实在不过是唯一的真正事物的样态而已。

　　但是，这只是我们可以用来构想众多表象事物的真正统一的某种形式而已。除了内在范畴外，我们还有第二个同等重要的范畴，即因果范畴。当我们将这个范畴应用于此，统一性就是原因，多元性则代表它的结果。当我们开始处理一般问题的时候，我们自然需要对这个关系进行更加细致的考察。我在此只需要注意到这点就行，那就是，在应用这个范畴时，作为创造者的上帝是实体，被他所创造的并构成世界的那些事物也是实体，不过两者是在不同的意义上来说的。就此而言，某些人提出一个原初实体与许多派生实体的说法。由此，某些实体性就留给了表象事物，但是，正如笛卡尔主义的偶因论发展所表明的那样，这令人非常难以理解。另一方面，完全的实体性，即形而上学的原初性或 causa sui［自因］的自存性保留给了唯一者，即神圣者或实体。这是一神论的理神论形式或有神论形式——我们无法从历史的角度来很好地区分出这两种表达方式，我们必须从价值论的观点来理解它们。根据这种理论，个别事物只有某种更少的、派生的、虚弱的实体性。在某种意义上来说，它们是被降级了的实体。

我们由此得到唯一的基本存在和众多的个别事物之间的两种关系：根据内在范畴的泛神论关系，以及因果范畴的理神论关系。在前一种情况下，上帝是原初的事物；而在后一种情况下，上帝则是原初的原因。我们用**内在性**与**超越性**这两个术语来描述这两种立场。从第一种理论的观点来看，除了神圣者，经验中的个别事物都没有它们自己的存在，也没有本质，它们都是神圣者的样态。从第二种理论的观点来看，个别事物有着它们自己的存在。然而，这种存在不是来自它们自身，而是来自神，它们以这种方式保留了它们的实体性，特别是彼此的关系。因此，根据第一种理论，上帝与世界彼此之间并没有区别，上帝是内在于所有表象的，是它们的本质。而根据第二种理论，构成世界的东西具有它们自己的存在，尽管这种存在并非是原初的，由此它们区别于上帝，上帝超越了所有事物，并且是它们的原因。很清楚，从实体问题的角度出发，并且唯有从这点出发，泛神论提供了最简单也最成功的解决方案。困难在于，同一性假定适用于真正的事物，即实体，但是表象的事物却并不满足这个假定。因此，根据泛神论，表象的事物不是实体，而是唯一真正实体的样态。另一方面，理神论的超越性为个别事物挽救了某些实体性，但却无法对此做出令人满意的说明。因而，这些问题会引发笛卡尔学派的各种争论，其中经常会出现以下观点：上述两种对立的观点似乎仅仅是一场语词之争，争论我们到底应该称呼什么为"实体"或者争论我们到底应该说res[事物]还是substantiae[实体]。当然，在内在性和超越性这个对立中，既有普遍元素，也有价值论元素，我们在后面会考察后者。

我们在此只关注共同元素，即两种理论都同样强调原初存在的唯一性。根据这个说法，两种理论在描述原初存在的特性方面还有着第二个共同点。众多表象事物，作为我们经验的确定内容，彼此相互限制，这意味着它们是有限的。但是，不论我们将原初的存在看作原初事物还是原初原因，它都没有限定和限制——它是无限的。正如斯宾诺莎在《伦理学》中的前面部分以经典的清晰性所表明的那样，**无限性**与唯一性密切相关。泛神论的这个唯一的实体是无限的,它的有限的表象则是样态。理神论的这个唯一的世界-原因也是无限的神圣实体。世界上的个别事物,物体与灵魂,作为有限实体都与无限的神圣实体相反。最后,这些想法总会导向以下结论:表象事物的真正统一性,不论我们怎样构想它,都是唯一的、单一的、无限的实体。

如果我们考察经验事物,并从其中发现的密切关系出发,我们由此得出的思想几乎都会将我们引领到这个同样的结论。我们指的是逻辑上普遍主义的思想,这个思想产生出元素、力、观念等概念——换句话说,产生了普遍概念。我们从差异中不断抽象并全神贯注于共同之处,这是一种概念活动。然而,我们发现这个活动总是被迫超越其自身。化学实体最后假定了某种终极的、简单的基本实体;物理学的力牵涉到某种基本的力——即现在所说的"能",它可以转变成许多形式(动能、势能等等);精神力这个观念也指向某种单一意识作为它们的简单共同的元素。世界在思想中的这种简化越是继续进行选择,它所丢弃的特殊经验内容也就越多,因为这种简化清楚地遵循着以下这个形式逻辑的法则:概念越普遍,它们的外延则越丰富,而它们的内容则越贫乏。如果我们以这种方式来寻找真正的实体,我们将会终止于最普遍、最空洞的概念,外延无限(∞)相当于内容为零(0)。爱利亚学派一举达成了这个目标,他们首次发现了这一点。他们某种程度上根据辩证思路得出了存在(εἶναι)这个观念。他们得出结论说,"存在"作为系词在所有的命题中都具有同样的含义。因此,根据他们的ἕν [一] 的观念,唯一性等同于简单性。原初存在排除了所有多样性和所有变化。但是,倘若如此,我们就不能用语言表达这个简单的原初存在,因为没有任何我们所经验到的实在的谓词可以应用于它。因此,我们在新柏拉图主义和整个中世纪神秘主义之父普罗提诺的作品中发现了这个无法用语言表达的唯一者,它超越所有差别,是具有不可知特性的单一的原初存在。在所谓的"否定神学"中,同样的思想采取了另一种形式,这种神学主张,因为上帝是万物,所以他没有任何特殊的地方，所以也没有名称可以用在他身上——它是 θεὸς ἄποιος［无性质的神］。因此，原初存在超越了所有对立，我们的思想通过对立才能在我们的各种经验内容中做出分辨。正如库萨的尼古拉①和布鲁诺②所说的那样，这是 coincidentia oppositorum［对立统一］。另一方面，斯宾诺莎的 substantia sive dues［实体即神］（这个空洞的内在范畴具有无限数量的属性，但是它自身则什么都不是）就是例证，说明所有的个体如何消失在唯一者这一思想之中。因此，不但对于我们的心灵，甚至就其自身来说，全即一都是"无定者"（ἀόριστον），它也就等同于"无限者"。我们现在看到无限与无定这两种特性如何在我们的观念之中合二为一，阿纳克西曼德的学说似乎就是如此。无论如何，如今我们将无限的上帝和作为概念上有限之物的总和世界进行对照，这里就存在一个问题：一方面，上帝的无限性是量上的谓述，另一方面，上帝的不能用言语表达的则是质上的谓述，我们需要追问的是，人们是否能够将这个名称赋予所有质上谓述的否定者。我们发现无限的神这个概念在所有神秘学说中都特别具有威力，都足以发展成为宗教情感的对象，而且这个空洞的无定性也尤为适合。因此，举例来说，施莱尔马赫③就将虔信派对依赖性的简单感受和斯宾诺莎主义的全即一联系在一起。

---

① 库萨的尼古拉（Nicholas de Cusa，1401—1464年），中世纪晚期的哲学家。他出生于特里尔附近库耶斯（库萨），去世时是布里克森的红衣主教。他的哲学提供了对中世纪理性活动有趣而又全面的认识。代表作有《论有学问的无知》《为有学问的无知辩护》《论猜测》《与门外汉的三篇对话》、《论非他》和《智慧的追逐》等。

② 乔尔丹诺·布鲁诺（Giordano Bruno，1548—1600年），意大利思想家、自然科学家和哲学家。他勇敢地捍卫并发展了哥白尼的日心说，并把它传遍了欧洲，被世人誉为是反教会、反经院哲学的无畏战士，是捍卫真理的殉道者。1592年被捕入狱，最后被宗教裁判所判为"异端"烧死在罗马鲜花广场。主要著作有《记忆术》、《太一的理想》、《论原因、本原和太一》、《论无限宇宙和众多世界》、《论英雄气概》、《驱逐自然野兽》、《论单子、数目和形状》和《诺亚方舟》等等。

③ 弗里德里希·施莱尔马赫（Friedrich Schleiermacher，1768—1843），德国哲学家、新教神学家。他深受康德哲学的深刻影响；其间又受德国浪漫主义的影响。他力图将美学、哲学、文化和宗教意识相调和。他综合了斯宾诺莎、莱布尼茨和康德的思想，把宗教意识等同于"绝对依赖感"。其代表作有《论宗教》、《独白》和《批判至今为止的伦理学原则》等。

然而，不论这个概念是多么契合于人的情感，但它却并不能使理性的渴求得到满足。世界即实体这个观念的空洞性使它对我们的思想毫无用处。这个观念的唯一性使它不适合用来解释经验的多样性，这个观念的简单性也使它不适宜用来解释经验的复杂性。爱利亚学派用极端明晰性和对后果几近奇怪的毫无关心来指出这一点。他们否定了多样性和复杂性。他们甚至否定了变化和运动的存在。唯一者无法产生它们。它们只是某种幻觉，这种幻觉是如何可能的呢，我们在爱利亚学派的学说中找不到任何线索来解释。这就是所谓的无世界论：经验世界消失于真正的实在。正是这样的思路否定了它本应当要去解释的东西。原初存在如何代替它创造出各种各样多元化的表象，这个难以解释的问题更加含糊不清地潜伏在唯一论的其他形式里面，尽管困难并没有因这些形式而减少。斯宾诺莎如何才能解释为什么他的无限实体在这些有限的样态中表象了它自己？他是否能够在神学上解释，为什么超越世界即原因恰恰创造了有限事物的多元化和多样化？他总是通过谈论神圣意志的某种不可理解的安排，某种无动机的任意行为，来规避上述困难。但是，借助"自由"一词，我们只是把问题隐藏起来，而没有将之解决。费希特论述到，全即一将自身限制在经验内容的无限丰富之中是一种任意的自由行为，他很清楚知道这意味着他放弃了对此做出解释。为了解释这种一向多的演变，通过逻辑运算的方法（当然，否定作为纯粹形式的析取运算必定在这种方法中起首要作用），哲学家们提出了许多思想，而所有这些思想——不论是新柏拉图主义的逻辑论证还是黑格尔主义的辩证法——都没有能够达成从无限得到有限、从无定得到确定的目的。

这就是唯一论的限制，同时也是唯一论的反面，多元论的起点。在这方面最有启发性的是赫尔巴特的本体论和同一性哲学之间的对照。赫尔巴特提示我们，当我们假定单一的、简单的事物作为原则，我们就无法从中得到多样性和事件。我们无法从统一性中得到多样性，我们也无法从简单性中得到复杂性。相反，所有经验中的表象杂多都基于事物之间关系的多样性。事物的所有性质都相互关联，也就是说，一个事物总是与其他事物相互关联，某个事物永远不只和一个事物有关。诸如颜色之类的物理性质假定了某些条件的关联，诸如亮光与光照；精神性质意味着心灵和意志对某种确定内容的倾向，等等。如果事件只是单独发生，它也就是不可知的。那么，这也就没有运动的开始，没有运动的方向，没有运动的对象，除非我们将之和其他事物关联起来思考。任何运动只有作为反作用才能被思想。世界，以及世界中的各种各样的事物及其运动与反作用，构成无数个体之间的一张关系网。

赫尔巴特的这种对同一性哲学的反对，很明显受到进化论观点的启发，最早的古希腊研究者们从爱利亚学派的形而上学中获得这种科学理论。同一性哲学从简单实在中排除运动和多元性，但是运动和多元性的确是不可否认的事实，我们无法在逻辑上将它们驱逐出世界。因此，对于像恩培多克勒、阿那克萨戈拉和留基伯这样的人来说，我们只能通过多元化来保留同一的存在观念及其永恒不变的性质。为了能够把简单性留给每个个别的存在，为了能够将现象事物及其变化解释为实体多元性的各种组合，他们放弃了数量上的统一性和唯一性。

这就导致了各种有科学头脑的多元论思想。我们可以把元素、种子或者原子看作真正存在的事物，这些科学观念长久以来都能满足我们进行科学研究的需要，即使我们在哲学上无法最终解决它们。因而，早期的化学曾经满足于物质这一观念，认为物质就是能够被分成许多均等部分的物体。物理学，特别是机械论，曾经满足于原子这一观念，认为原子所具有的性质仅仅就是占据空间、不可入性和惯性，也许还有引力与斥力。只要物理学想要研究的仅仅是那些与其化学结构无关的物体的运动和关系，那么这些观念还是令人满意的。然而，费希纳[①]自己就曾在他

---

① 古斯塔夫·西奥多·费希纳（Gustav Theodora Fechner，1801—1887年），德国哲学家、物理学家、心理物理学的主要创建人。文中所说的他的著作指的应该是《物质原子论和哲学原子论》（1855）。他的其他代表作还有《南娜》（1848）、《心理物理学原理》（1860）、《信仰的三个动机》（1863）、《美学入门》（1876）、《白昼观察与黑夜观察的对比》（1879）。

关于原子的物理学哲学的著作中指出，这些各种关于原子的观念都并不令人满意。自那以后，物理学化学上的困难和电力研究所引发的问题都呈现了出来，如今我们无法找到任何一种原子概念既能适用于物理问题又能适用于化学问题。从最一般的观点来考虑，我们无法根据不同的理论来诠释物质的结构。这是一种幻觉，一种对于科学假设与哲学问题研究之间关系的幻觉。我们并不需要等待特殊的研究来处理这些终极问题。我们应该怎样构想基本原子，对于这个问题，那些从事研究苯衍生物或者流体静力学法则的人并不一定要采取某种立场。这是一个哲学问题。

然而，哲学上的实体理论除了要满足那些化学物理学问题，还不得不满足其他观点。于是就产生了其他的多元论体系，尽管比起更加关注在思想中对世界进行科学简化的一元论体系来说，多元论体系在数量上更多，但多元论体系并不那么令人印象深刻。然而，即使是在精神的经验领域中，我们仍有可能将世界－实在归入某些同类别的力量之中，而非集结在唯一领导之下。事实上，具有理智特性的创造性理论或者具有个别观念的独创性理论不时地带领多元主义倾向在形而上学理论中占据上风，这似乎与模糊不清的唯一论背景并不相互矛盾，正如宗教史经常向我们表明的那样，多元论体系经常注入唯一论的血液。举例来说，叔本华的形而上学，还有他的许多追随者，比如班森，都是如此。

我们在赫尔巴特的关于实在的理论中看到了最好的多元论形式。这一理论主张，只要简单的、不可变的物自体为它们提供某些理由，经验的多样性和变化是可知的。我们因此不得不在关系中思考这些不可知的实在，通过这一方式，我们可以理解表象的性质及其变化的多样性。这也意味着实体的"变化不定"，阿那克萨戈拉以此或多或少明白地谈及他的种子，柏拉图也是这样谈到他的理念。然而，在赫尔巴特那里，这些关联被提升为最空洞的抽象，而恰恰由于这个缘故，这一最最迂回曲折的、毫不成功的且几乎被人完全遗忘了的形而上学体系最为明白地向我们表明，所有多元论体系都具有不可避免的困难。我们不得不在"可知空间"中去寻找理由来支持实体的"变化不定",它们被认为是真正的事件。赫尔巴特的那些话是否在说,或者是否可能在说——最后相互关联的心灵维系了可知空间,而实在则在其中获得了它们彼此之间的关联,否则,它们之间的关系就只是一种偶然——我们并不打算对此多说什么。无论如何,经验的表象空间使诸如元素或者原子这类的物理事物之间的组合与分离成为可能,而我们在这一类比的基础上构建了观念。因而,我们看到,我们构建多元论都是为了解释经验材料的多样性与变化,恰恰因此,任何多元论理论都预设了一个综合的统一体,所有的这些情况都是在这个统一体之中发生并且变化的。在物质实体那里,空间扮演了这一角色,因此,原子论者们都迫不得已得把实在性归给空间(爱利亚学派的μὴ ὄν[非存在]),正如将之归给存在物;把实在性归给空(κενόν),正如将之归给满(πλέον)。我们从这里开始知觉到,某些事情真的在发生,事物彼此相关,或者如洛采所说的那样,事物注意到彼此,这些事实都表明,它们全部都属于一个单一的整体。原子在不同的空间盘旋回转,它们彼此之间没有任何关系。这是反对纯粹的多元论、支持单元论的主要论证。

这些反驳导致了某种体系的产生,这种体系结合了单元论和多元论。这种体系还试图调和普遍主义与多元论的同源要素,我们能在莱布尼茨的单子论中找到这种体系的最佳形式。当然,这种体系的基本观点可以远溯至库萨的尼古拉和布鲁诺。这是一种令人印象深刻的单一性观念。抽象的统一性不能产生杂多。从统一性之中无法产生出多元性。但是,散乱分离的多样性之中同样也无法产生统一性。只有统一性与多元性都是原初的,这两者才能和谐共存。我们必须把世界看作本质上是**多样性中的统一**。

统一——τὸ ἕν[一]——这个词有许多含义,它们使得爱利亚学派的理论陷入危机,而且自那以后始终纠缠着形而上学,因此我们现在有了另一个词。除了"唯一性"和"单一性",我们现在有了"统一化"这个观念,它意味着我们必须把世界看作多样性中的统一,同一性不能产生多样性，反之亦然。这种情况非常符合我们自己的理智本性，甚至完全符合。意识的每种状态，不论是最简单的表象知觉还是最抽象的思维，都包含着多元性和内容的多样性，好像它有着不同的元素。这种多样化的意识内容结合某种形式就会成为真正的、不可分的统一体。康德对这一综合的本性进行了描述，这一本性既不在于形式产生内容，也不在于内容产生形式。事实上，这种形式对内容的统一化是典型的意识结构。如果我们如同莱布尼茨单子论所要求的那样，把世界看作根据我们自己的意识中的综合模型对杂多进行的统一，我们就会看到莱布尼茨与康德之间真正的、深刻的密切关系。这就是《人类理智新论》[①] 对从《就职论文》开始延续到《纯粹理性批判》的批判理论[②] 都有影响的根源。

在单子论的形而上学发展中，我们得到了部分与整体的关系以及部分与整体的平等原则。宇宙是多样性中的统一，它的每个部分都与整体平等，因此也与所有其他部分平等。但是，平等并不意味着同一。我们在现代原子论中得到的是同一性（正如我们前面所看到的那样），既然所有的原初实体在量上都是等同的、不可分辨的，那么它们就只有在位置上有所不同，而位置对于它们来说又是非实质性的、非本质的。与之相反，单子论则主张每种实体性的存在都是某种特殊的形式——正是在这个意义上我们将它们称作为单子——它们无法重现，也无法统一世界的所有平等的内容。这一方面考虑到普遍主义与个体主义的因素，另一方面也同样地考虑到了唯一论与多元论的因素。宇宙的生命-内容也应当同样密切相关，其每个部分都是独特地、原初地结合在一起而形成特殊的统一体。因此，所有这些部分都与整体平等，它们也彼此平等，每个部分都具有自己的存在。平等性与统一性在于内容，多样性与多元性则在于组合的

---

① 《人类理智新论》是莱布尼茨的代表作。
② 这里指的是康德的理论。康德于1770年任哥尼斯堡大学教授，发表了就职论文，题目是《论感性世界与知性世界的形式与原则》。一般来说，康德的哲学可以分为两个时期——"前批判时期"与"批判时期"，就职论文标志着他的哲学思想从前批评时期的理性主义独断论转向批判理论。1781年首次出版的著名的《纯粹理性批评》则是康德批判理论的集中体现。

形式。因此，每一个部分都是具有特殊特性的世界的一面镜子，每个个体都是一个微观宇宙，一个小宇宙。这是现代思想家们的特征，其中一位思想家的思想非常接近于莱布尼茨，他就是洛采，他给自己最重要的作品起名为《小宇宙》。

莱布尼茨称这个体系为"前定和谐"，这个体系假定每个事物都表现或"表象"每个事物之中的全部。但是，一个实体如何能够存在于其他实体之中，或者表象其他实体？只有一种方式才能使我们借由经验来想象这种情况：当这个实体"呈现"出另一个实体，它便表象了另一个实体。表象者（représenter）和表象（représentation）这两重含义（莱布尼茨完全识别出它们）具有十分可靠的基础。每个单子表象了世界，在这个意义上来说，世界，即所有单子的总和，被包含于每个单子之中也被每个单子所表象。因此，我们必定得将单子视为精神性的存在。它们表象的内容在每个地方都是一样的，这就是宇宙。它们在表象的强度上有所不同，这取决于表象的内容与意识统一体的相关程度。

这个极具独创性的天才理论仍被某些困难困扰着，但我们在此并不打算考察这些困难。我们只需要指出我们经验的某个要素，它给了我们关于这个抽象观点的具体例子。我们经常谈到人的心灵、时代的精神、文明的意识。我们在这么说的时候，到底指的是什么样的精神实在呢？经过再三考虑，我们的意思并不是说，这些"民族精神"就是实体性的实在，是外在于个体并凌驾于个体之上的存在。相反，我们指的是某种统一的生命-内容，它对于众多会思想、会意愿的个体来说都相同。然而，每个人只有以他自己的方式才能感觉并理解这个共同的东西。他在他的意识中根据他自己的职业、年龄、地位、发展等等经验到它，特别是他个人的性情使他能够如此。大多数的这类普遍内容可能并不为人所知，但有的人则意识懵懂地掌握了其核心。很少有人完全意识到它，而在这少部分的人中间，有些人意识得更多些，有些人则意识得更少些。整体无法以其全部的程度和力量被完全地表象于任何个体之中。哪怕伟人们，比方说歌德、俾斯麦，总的来说代表了他们的时代，但是他们的杰出也仅仅是因为，那些构成生命中真正有价值的共同元素在他们身上变成完全的意识或有意识的活动。所有这些伟人的心灵都代表着这个共同的生命-内容的某些有限的、分离的部分，他们过着某种共同的、统一的人生，这些生命不断分层渐变，其各个部分又相互交织，形成了相互关联的整体。这就是众所周知的多样性中的统一，我们在其中不断经验到了单子论的意义。

单子论引导我们把实体构想为有知觉的存在，因此它也帮助我们理解了存在的量的关系，我们之后会对此进行考察。但是在此之前，我们必须先处理存在的量的方面的其他问题，即实在的**大小**问题。对现象世界之中事物大小的鉴别，首先，是一个印象问题，我们总是在印象中对经验进行比较。我们仅限于做出比较，这个事实不但在实际上而且在方法上都非常重要。我们有信心在大小上做出判断，我们能够说出大小上的差别相对来说是大还是小。但是，为了对大小做出十分确定且有用的评估，我们就需要度量，一种计算活动，它表明一定量的事物作为部分在整体之中占有了多少比例。这类对大小进行数值测定只有一种可能的形式：空间跨度的比较。在所有直接或非直接的度量中，所选定者在给定的整体之中所占比例总是确定的。因此，我们通过匀速运动物体的运动来度量空间的大小，甚至是时间的大小。再者，我们还通过运动所分布的空间跨度来度量力之类的东西的强度大小，我们通过物体的膨胀来度量热的强度大小，等等。我们是如何做到的，如何证明这是合理的，这都是各种科学方法论所要考察的重要主题。一般而言，每个人都不得不在心中牢记以下几点：所有这些都依赖于确定的和已知的知识；我们的假定或多或少都在兜圈子；此外，物质的统一性在所有情况下都只是任意地约定俗成。我们必须得通过热来认识物体的膨胀，以便我们再通过物体的膨胀来度量热。我们必须得知道电磁阻力的欧姆定律，以便我们通过刻度表的运动来度量电磁力。为了对时间的大小进行数值测定，我们需要物体进行匀速运动，但是，我们无法知道一个物体是否在做匀速运动，除非将之与另一个物体进行比较，等等。只有所有这些物体做完全的匀速运动才能保证这些假定为真（然而，我们也许会偶然注意到，比起天体的运动来说，比如地球绕着太阳所做的运动来说，我们的时钟走得更加匀速）。即使在对空间的度量上，我们所用的单位也是任意的；一英尺或者一码，或者某些科学上的惯例，诸如米就是赤道至北极之间土地的四分之一的一千万分之一。在对诸如热、光、音等强度大小进行度量上，我们总是根据之前的知识来决定度量的单位。

我们看到，在明显十分简单的度量这件事情上，实际上有着许多或大或小的问题，但是，我们特别注意到，如果度量大小的活动不能够用比较空间的延展来表达，任何度量就都是不可能的——任何对大小的数值表达都是不可能的。不管所有的心理生理学家们的作品怎么说，对于精神的大小来说就是这样。感觉和意愿的强度是不可度量的，哪怕是间接地度量也不行,（我们日常所做的）类比的表达,例如说某种特殊的疼痛，比如牙疼，比另一种疼痛要厉害两倍、三倍或者十倍，这种说法没有任何可知或有用的意义。我们由此进一步得出，即使在物质性事物中也没有对大小的绝对测定。既然所有的度量都与某种任意选择出的标准有关，它们就都是相对的。在最近的自然哲学之中，为了确定相对于所有运动的恒定的光速及其位置，提出了某些不可证明的假定，而我们竭尽全力想要替那些假定做出辩护。

因此，当我们谈及真正的实在的大小时，我们指的不是我们通过度量所获得的数字上的、比较而来的确定值，而是指一个可以被理智所解决的问题，即，考虑到实在的大小明明白白地超越了我们所有的度量和计算能力，那么实在的总量到底是有限的还是无限的。在我们所能够回顾其历史发展的相对较短的时间之内，人类思想在这方面已经经历了非常有意思的某种转变或者逆转。这种转变既与理论因素有关，又与价值论因素有关。通过纯粹理论思想，我们很早就看到，原初实在，即世界的实体性存在，必定是无限的。泰勒斯被形而上学的冲动推向无限的海洋（ἐπ' ἀπείρονα πόντον）。驱使他在水中寻找原初物质主要是他关于海洋的想法，这种想法又用想象得以润色，这种想法是，作为民族的生命要素之海洋，始终做着永不停息的运动，有着无尽的可能变化，潮起潮落，吞噬着大地，创造着它也毁灭着它。与此类似，阿那克西美尼在这之后望向无限的无所不包的空气之海，试图在其中找到原初物质。在这两人之间，阿纳克西曼德理性地表明，世界，即唯一者，必须就是全部，必须被看作无限，否则，它就会在无限的变化和生长中穷尽自身。这种无限论（顾名思义这是主张世界无限的理论）必然与单元论有所关联。晚期爱利亚学派的学者，麦里梭，就认识到了这一点。他提出，唯一者中存在的任何限制都会不得不归因于第二存在。有限存在无法成为唯一的存在。与爱利亚学派的创始人色诺芬尼或者巴门尼德相比，麦里梭在这点上更加一以贯之。当这些被表象的存在成为宇宙中的圆形球体，它们表述的就是某种彻底的古希腊观念。所有的实在都具有形式和形状，因此即使是最高的实在，最完美、最真实的实在，也必定具有形状。这样的话，只有确定的、完全的事物才能是实在的。无限的、未完成的或者无定的事物永远都不是实在的。无限对我们来说不仅是不可思议的，它不但不能与心灵的眼睛相分离，而且它本身就是如此。这类不完全的事物不应当被称作为实在，至少不能被称作为真正的、最高的实在。因此，对于爱利亚学派及其追随者们来说，无限的空间是不存在的。在这个意义来说，无限仅仅是可能的、未完成的事物，然而，这一个确定的可能性正是现象世界的条件。因此，毕达哥拉斯认为，宇宙由世界之力吸入和流出虚空产生；此外，原子论者们则把无限的空间看作事物运动之所在。真实事物本身总是有着某种外形，不论是形式还是形状，柏拉图称之为ἰδέαι［理念］，德谟克利特称之为σχήματα［原子形式］。因此，无限再次与无定一致，我们由此就能够理解，为什么古希腊单词ὅρος［尺度］既可以意味着限制又可以意味着概念特征。量的无定性也属于无限的空间，它意味着黑暗、空虚、无物。因此，柏拉图提出，这一非存在，即空的空间，既不能被知觉又不能被思想，它是完全不可想象的，但它又为所有事物，所有接受者（δεξαμένη），提供了可能的形状（ἐκμαγεῖον）。无限和有限的混合因此作为次等的实在而存在。在亚里士多德那里，同样地，物质，作为纯粹的可能性，是无限的和无定的，而真正的实在则只能够在纯形式中被发现，在上帝之中被发现，它们是个别的、确定的和有限的存在。我们完全可以把所有这些理论看作古希腊科学和古希腊艺术之间的某种连接环节，毫无疑问，它们都是起因于古希腊人对形式的热爱。古希腊真是眼睛的造物，他们靠着眼睛而生存。他们的所有知识都是视觉的，对图形的知觉。他们的艺术也是眼睛的艺术。艺术以形式之美取悦于人，或者说，以实在的有限实物带给人们幸福的生活。

于是，古代的思想家们把有限的事物当作真正的实在，把无限的事物当作只具有次等存在的、不完满的、不完全的实在。自亚历山大时期开始，情况完全发生了转变。宗教上的动机开始在这方面发挥重要作用。古希腊的诸神具有严格而清晰的形象。随着时间的推移，神明逐渐退居幕后。经验世界的超越者变得越来越遥远、陌生、神秘、无形以及不可言喻，最后直至到达"否定神学"中的上帝，即没有任何性质的、无限的和无定的唯一者。除此之外，在神秘主义那里，极大的宗教兴趣使得人们开始把意志，既包括人的意志也包括上帝的意志，看作为最高的和仅存的实在。理智是有限的、确定的；而意志则是无限的、无定的。因此，我们认为绝对意志就是上帝的全能，而人类又把一定程度的意志归给了他自己；他感觉的到他的意志是有限的。个人可以意愿或者愿望任何东西——当笛卡尔提出，意志因其无定性和无限性而成为人之中相似于上帝的力量、神圣的力量，他说的就是这个意思。根据这个标准的现代形而上学的说法，无限的实体与有限的实体相对立，有限性在于广延或者意识的限度。但是，由于无限的意志，精神实体反映了神圣的无限性。我们由此开始完全习惯于把无限想作为并且说成为上帝（即绝对实体）

之中的本质，与此同时，把现象的事物设想并且说成有限的事物。

然而，即使在并不那么强调上帝与世界之间的对立的那个时代，我们也很可能把有限的事物之总和当作为某种无限的事物。理神论的超越理论十分推崇这种观点。亚里士多德是第一位明确阐述神超世俗特性的人，即使是在他那里，世界也应当被看作有限的空间范围，但是他认为时间没有限度。只有到了之后的一神论的宗教独断论中，借由世界的起始和终结、创世以及最终审判这些观念，时间的无限性才日渐重要起来。另一方面，自从文艺复兴开始，新柏拉图主义的泛神论思想开始复兴，这一思想主张，如果宇宙万物是无限的，而上帝又等同于宇宙，那么即使是他的表象形式必定也是无限的。然而，库萨的尼古拉已经由此推论，如果我们注重于评价本质和存在的区别，注重于评价存在和表象的区别，宇宙的无限性就必定不同于神的无限性，并且低于神的无限性。他由此而将 Infinitum［无限］与 Interminatum［无定］区分开来，后来其他人也开始将正面的无限性和负面的无限性区分开来，或是将好的无限性和坏的无限性区分开来（黑格尔）。上帝的无限性意味着他超越了时间和空间，或者至少外在于时间和空间，或者说没有空间和时间的谓词能够用于其上。但是，世界的无限性意味着时间与空间没有边界。在这个意义上来说，我们必须小心地把永恒、无空间性或者永恒这类神圣的谓词与时间无始无终的绵延这个观念分辨开来。当我们在日常表达中将时间与永恒对立起来，我们几乎总是误解了无限性，把它们当作无边的绵延。极少有人在无限性的真正的含义上理解永恒这个观念。

我们一直把唯一论上帝观念中的无限性这个假定视为理所当然，我们几乎完全看不到其中有任何问题。因此，当我们谈到有限论与无限论之间的对立，我们产生出以下问题：我们凭什么把世界看作有限的事物在时间与空间之中的总和。众所周知，康德在纯粹理性的二律背反之中已经讨论过这些对立，在他看来，既然有限论与无限论两种相互矛盾的回答都可以同样地被证明并且同样地被驳倒，这就是问题提错了，或者至少说这个问题超越了人类的能力范围。我们必须强调，这里的问题指的是时间与空间的实在性，而我们已经毫无争议地假定了时间与空间的无限性。

时间与空间的无限性并非我们直接经验到的事实，而是我们对所有经验的一个自然预设，借此我们相信我们知道现象的实在的一些情况。我们具体知觉到的永远是空间的有限部分。我们经验不到空间的无限性，即使是在天象的广袤无垠中也不行。天象是不可度量的、难以言喻的巨大现象，然而它们总是相对的，我们总能够想象更加广袤的空间超越它们。我们所无法直接经验到的空间本身的无限性，连同它的统一性或唯一性，都是我们心中基于分离的知觉力所产生的假定。唯一论和无限论在此达成一致。

我们对空间比例所有转瞬即逝的知觉在同一视野之中的关联性，或者我们对触觉的各种知觉在同一触觉范围之中的位置，是我们形成空间的唯一性和统一性观念的第一步。视觉和触觉是构成空间观念的两种基本感觉，两者的共同作用导致我们把视觉空间和触觉空间看作同一个空间。普通人把这种一致视为经验的结果，在他人生的最初时光，当他发现他自己的肢体所碰触到的事物和他所看到的事物是相同的时候，他就认识到视觉和触觉的这种一致性。那些天生的盲人无法自发地产生这种同一性的认识，他们必须通过学习才能认识到这一点。于是，我们把我们对空间的持续经验——不论这里还是那里，昨天还是今天——都定位在相同的普遍空间之内。我们在自然空间中知觉到的所有事物都只是这个空间的一部分。在日常生活中，我们还把对不同个体所具有的空间的各种经验视为相同。我们把所有这些空间都看作同一个无限的空间，我们这样做就舍弃了每个知觉者的个体空间所具有的中心点，因而空间变成无限的。任何人经验到的任何空间都属于同一个无限的空间。但是，我们无法直接知觉到这种唯一性与同一性。它们只是一种假定。尽管许多人从来没有意识到这个假定，只有当人们想起，他每次试着寻找某个位置或者方向的行为都基于对整个空间关系的假定的时候，他才会认识到这一点。这恰恰就是康德谈及空间观念的先验性时想要表达的意思。他指的不是某种心理上的先验性，好像我们生来就带着以下观念：空间是个无限巨大的盒子，其中装着世界中的所有事物。他的意思是，当我们说到空间相邻，或说到空间的有限范围，又或者说到一个封闭空间与另一个封闭空间的界限，我们总是**假定**这些彼此有限的东西，或者封闭和开放的空间，都只是同一个无限空间的部分而已。因此，"世界是个统一体"这样形而上学假定总是包含着"一个无限空间"的假定。

这些观察结果同样也可以应用于时间。时间的唯一性和无限性并不是直接知觉的问题，而是植根于我们知觉的某种真实的假定，这个假定起因于以下观点：所有的存在和所有发生的事件实际上都属于同一个世界。个体直接经验到的总是零散的有限时间上的多少和关系。对于任何人来说，他的个体的（"主体"的）时间就是他的意识状态之总和，这些意识状态在内容上彼此有所不同。这些分离的元素彼此相随，例如，睡醒和入睡彼此相随。只有通过日常生活和交谈，我们才会知道在我们经验到的各部分之间还有其他的时间，在某些情况下，部分和部分之间甚至间隔着相当长的一段时间。我们再次把时间的各种经验综合成无限的时间，所有人知觉到的一切时间上的多少和关系都只是无限的时间的一部分。仅仅是因为物体的运动也属于共同的客观时间，而我们基本上通过物体运动所经过的空间来确定它们，因此我们把连续性要素叠加在时间上，而时间本身是从我们的原初经验中所获得的不连续的观念。最重要的是，我们要清楚地认识到，空间观念和时间观念之间在此有某种本质上的差异。空间的统一性本身是连续进展的统一性，但我们对时间的经验则是我们对分离的意识活动的经验，我们通过假设连续性这个特性来把这些分离的意识活动组合成我们所熟悉的时间过程，时间的连续性只是和空间的连续性类似。因此我们也就理解柏格森的错误所在，他在这个类似于空间的时间概念中发现所有自然心理学和形而上学（尽管他这么做是出于相反的理由）。无论如何，我们现在可以承认，自莱布尼茨和康德以来的哲学都完全平行地、宛如对待双胞胎似的来处理时间和空间，这种做法绝不是毫无问题。

这两者之间的另一个区分是它们在和空这个观念的关系上有所不同。对于虚空的空间，我们都有一个早已存在的观念，我们通过这个观念向我们自己描绘出事物在空间中的位置变化。然而，这个假定并不是不可或缺的。不仅爱利亚学派在科学上的后继者们，而且笛卡尔及其学派，特别还有最近的某些自然哲学理论，都反对空的空间，因此，他们不得不把每个个体的运动都看作是整体运动中的片段。不过，当康德（在他的先验感性论的证明之中）说道，我们能够思考任何脱离时间和空间的事物，但是我们无法构想时间和空间不存在，这种"必然性"对于空间来说为真，但是对于时间来说则并不为真。完全是空的时间是绝对不可构想的。我们个体时间的各个元素之间有间隔，如果我们用物体在客观世界中的运动所给定的事件来填补这一间隔——如果我们对时间长短的评估，或对任何运动的速度的评估，或对一段时间或长或短的评估，总是基于我们在我们自己或其他事物上所经验到的变化所进行的比较，那么我们就有了绝对时间的观念，就像牛顿所定义的那样——tempus est quod aequabiliter fluit [时间是均匀流动的东西]，以及某些匀速运动在其中发生这个假设。如果这种运动或所有发生的事件都停止了，时间就不再是空的，而是会消失。我们无法按照字面的意思来谈论虚空的时间，但是，我们可以类比于空的空间来谈论空的时间，也就是说，尽管我们并不知道有什么运动或者什么其他的进程填补其中，但是我们心照不宣地假设某些这类进程的确填补其中。

然而，就日常用途来说，为了生存，我们以类似的方式预设了空间和时间。因为对我们来说，所有的实在呈现出的都是满的空间或者满的时间，空的空间和时间只是在此基础上的某种可能性而已，唯一的无限一如既往始终只是无限杂多的先决条件。空的空间和空的时间什么都不是，然而我们却需要它们来作为所有一切的基础。要是没有这两个什么都不是的东西，我们就无法构想任何实在。我们关于空间和时间的朴素观念就是把它们看作两个巨大的盒子，里面部分地填充了个体和有限的事物，除此之外，我们不但经常把这两个什么都不是的东西当作实在，而且甚至还把它们当作真正的力量。在机械论的理论中，正是两个原子之间空的空间大小，决定了它们相互吸引或相互排斥的程度。所有尝试把这种空的空间构想为充满以太或类似的东西的动机都在于此。人们普遍认为时间减缓了物体的运动，这是由于摩擦或与之类似的东西。我们还会说时间的破坏作用，或者"时间的治愈作用"，等等。然而，只有实在才会造成时间进程中的这些结果。时间的作用实际上属于那些在时间**之中**的事物。

这些反思很自然地会引发以下问题：这样的空间和时间——也就是空的空间与空的时间，其中填充着某些事件，其本身是否具有形而上学的实在性？和上述问题中提到的朴素观念相反，我们在科学的讨论中——比如，在亚里士多德那里，发现了另一种处理空间和时间的思路，就是把它们当作实在、存在或事件的某些关系或方面。但是，这总会导致我们去怀疑我们对世界的统一性和同一性的假定，这个假定体现在唯一无限的空的空间和唯一无限的空的时间这类观念之中。

于是，在莱布尼茨和康德看来，除了他们两人的哲学理论外，别无选择。他们的哲学理论都有关知觉的形式，而非关于朴素意义上的形而上学的实在。连续性和空的问题似乎产生于知觉及其需求的对立，而不会产生于实在。无限性被当作某种功能时尤其如此，它似乎不再需要未完成或者不完全的实在这种观念，这个事实支持了上述观点——我们在此稍稍触及某些知识论问题。然而，另一方面，有人也许会问，把这些问题归于主观领域，这到底是在规避问题还是在解决问题。对于个体来说，空间的大小和时间的长短当然是作为现象实在以及不同的表象实在而被给予的。如果我们假设它们就是如此，它们没有形而上学的实在，而只有现象的实在，那么我们就必须把它们归因于真正实在的许多不同的关系。如果我们承认我们对这样的实在关系一无所知，我们就会得出，在每种量的体系之中，这种不可知的真正关系的多样性也包含了连续性和非连续性的问题，一如它们包含了有限性与无限性的问题。因此，通过这种对相关原则的重复，我们得到结论说我们能够构想出真正的实在之中类似于时空现象的特征，但是我们在提出这种现象上的借口之外毫无所获。换句话说，我们没有解决问题，我们只是把问题推回到了不可知的领域中而已。

对于这方面所产生的大量的困难，还有另外一种思路，我们必须对此加以考虑。在哲学史的各个阶段，都有人对空间现象的本性做过断言，这些说法都适合于唯灵论的形而上学体系，我们在讨论质的问题时会对此进行讨论。但是，另一方面，却很少有人对时间现象的本性做过断言，此外，这些说法也更加难以维持。这些说法会立刻遭到以下反驳：精神状态和活动的相互关联无疑具有某种时间上的关系，尽管它们并不具有空间上的关联。事物的性质在某种程度上会转变为相反的性质，这些转变分布在不同的时间阶段，我们现在看来这再自然不过，如果我们如同把性质归给实体，也把所有的变化归给一个没有时间连续性的实体，那么它们就都会变成明显的自相矛盾，我们就不得不面临更加严重的困难。coincidentia oppositorum[对立统一]也许适合世界是统一的这种神秘观点，但它并不适合真实存在的多样性这种理性概念。总而言之，时间的形而上学的实在性似乎和意志没有任何恰当的关系。既然所有行为和意愿都是指向未来的，时间的变化不在事物的本性之中这种说法似乎成了某种幻觉。没有时间的世界就是在其中什么都做不了的世界。在这个世界中，意志及其所有的努力，不论成功还是失败，都变得毫无意义。

另一方面，这种对时间的形而上学的实在性所尝试进行的构想，恰恰与意志相关，引发了有限论和无限论之间对立的全部困难。有限论的观点意味着时间的终结，因此也就意味着发生的事件、变化和意愿活动的终结。无限论则正好相反，意味着无限事件在无限时间之中，因此也就意味着意志能够永不停息。不同的人根据其性情而分别对这两种观点有所偏好。但是，如果我们更细致地考察它们——意志的绝对静止这种观点还是意志永不停息这种观点，我们就会发现，很难说哪种观点更令人难以忍受。在涉及经验实在和我们对此的各种不同经验的有限时间方面，这两种观点各有各的价值。在运动不止的观念长久地占据主导地位后，静止观点曾经一度很受欢迎。尽管只要不要持续地太久，运动不止的观点也尚可忍受。斗争的观点极受人们的欢迎，哪怕斗争是永无止境的。然而如果我们把事物的这种状态视为绝对，这就可能会使意志本身变成幻觉。因此，我们看到，当那些在有限经验世界中无疑是实在的事物转变成形而上学思想中的绝对实在，它们也就变成了不可能的东西。

有限论和无限论的另一对立的形式与世界中实在的大小或者数量有关，无论我们把这些实在看作原子、元素、隐德莱希、单子、真实的存在还是其他什么。它们事实上都是不可度量和不可计算的，因此我们只有通过理论或辩证的论证才能解决这个问题。一般而言，古代先贤们在这个问题上都倾向于有限论。到了现代，出于我们上述给出的那些理由，无限论占据了主导地位。尽管有一些理论，诸如杜林的形而上学或者雷诺维叶的新批判理论，仍旧依据的是有限论的思路。

这些理论在空间和时间的问题上截然对立、相互反对，我们在这里再次看到，相互不同、有所差别的确定的无限性引发出数学上的重要困难。我们可以用简单的说明就能让外行人理解这一点。假如我们想象一根线段 a—b 超越 b 延伸至无限，那么这根无限长的线在一个方向上比在另一个方向上更长。在纯粹的思想中，这似乎是不可解决且不可避免的自相矛盾。

在这种情况下，事件的相继发生最为重要。无限论主张，原因链不可能会有开端，哪怕这绝不是必须的，与此相反，这似乎是不大可能的。另一方面，数学上的概率原则迫使有限论主张，作为初始条件的实在元素集合，在极其漫长却又总是有限的时段内，必定会重复出现。因此，古代的有限论体系总是倡导"宇宙轮回"，或者说事物的每个阶段都会轮回再现。此外，诗人尼采在他人生的最后几年中也在道德上转向了某种对轮回说的缅怀。当我们更仔细地研究这个问题，无论其中所包含的强大力量是否达成了它的目标，我们都必须说这是极为不可能的。因为，如果意志的状态会在有限的时间中重复，它必定已经在有限的时间中出现过，而这也就假设了某种宿命论的特征，通过这种对不可避免的必然性的麻木感觉，我们平复了对轮回的恐惧。

如果我们就这样把物质的数量看作有限的并把时间看作无限，那么这类自相矛盾就会出现。如果我们根据各种不同的方式把有限性和无限性应用于空间、时间和实在的数量，我就得到其他的自相矛盾的说法。除此之外，我们将转向另一种普遍的考虑。为了澄清这些自相矛盾的说法，我们会像康德所做的那样，指出我们获得知识的方法，即感觉和理解力之间的相互对立。困难在于，这样做也许会起到正好相反的作用。一方面，我们可以指出，通过感官所知觉到的任何事物，由于其巨大的多样性，表象了某种不定的事物，它在每个方面都超越了自身；而理解力则是概念的确定原则，是心灵根据作为综合形式的范畴来安排自身并且受制于自身的原则。另一方面，我们可以断言，我们从感觉表象所获得的知识总是给我们一个有限而确定的形态，只有理智对此所做的反思，因其独立性和自发性，才会无所限制。无论是否如此，我们都可以看到，一方面本体论问题将我们带到发生论问题，另一方面本体论问题又将我们带到知识论问题。

第四节

**实在的质的规定——原初性质与派生性质——第一性的质与第二

性的质——科学家们的量的观点——物质世界和意识——作为生命力量的灵魂和作为意识载体的灵魂——理智主义、意志主义和情感主义——无意识——心物平行论——唯物主义和唯心主义（观念论）——理论上的二元论与价值论上的二元论——一元论

表象实在展现了无限丰富的各种各样的性质，凭借着这些性质事物彼此之间才有所区别，并且，即使是同一个事物之中的性质也会不时发生变化。正是后一种情况，即同一个事物时而表象出这种性质时而又表象出另一种性质，这种 ἀλλοίωσις [质的变化] 的情况，引起实在的真正和真实的性质这个问题。如果我们先考虑经验范围之内的问题，我们就会经常看到，我们的心灵是如何习惯于把事物作为原初性质的不变性质和作为派生性质的可变性质区分开来。元素的发现使事物这一朴素的观念在化学上得到修正，这也受到这个目标的指导。事物由元素的混合或组合而成，但它们的性质却和组成它们的成分的性质十分不同。我们知道，水由氢气和氧气以某种比例组合而成，然而我们发现水和组成它的这两种气体有着完全不同的物理和化学性质。根据这个情况，我们假定，我们大概有权利进行假定，复合物的性质来自它们的成分的性质，并比它们所组成的那个事物的性质更加重要。但是，无论我们在原则上对此多么相信，在具体问题上，我们对此都难以理解并做出解释。没有人能够说出，为什么组合可以给出一个具有这种特别的颜色、味道和气味的物体。我们能够做的只是确立这个事实。理智上或者演绎推论上的无能为力同样也可以应用于诸如结晶作用、原子重量、熔点、电学性能这类性质。哪怕我们现代的原子结构理论都无法解释这些事物，大致来说，我们的理论并没有比恩培多克勒的理论更加先进。恩培多克勒提出，单个的事物都是由四种元素（火、气、水、土）组合而成，并从中获得其性质，举例来说，血的优势在于它是这四种元素最为精细、最为完美的混合。然而，恩培多克勒也无法说明某些组合如何导致了某些性质的集合。

然而，这对于质的组合条件来说有着重要的参考作用。据此，我们看到，科学家们不断努力想要把事物性质在质上的不同简化为量上的不同。这种倾向使得人们试图通过把事物的物质性质和我们的知觉器官，即我们的感官，联系起来从而解释这些性质的实在性。他们给每种感官都分派了某组性质，这些性质只属于这种感官，这种感觉也局限于这些性质。如此一来，颜色属于眼睛，因为没有其他感官能够经验到它们，而另一方面，我们把眼睛所特有的感觉称作颜色。耳朵和声音，鼻子和气味等等，都有着同样的关系。我们把这种关系称作感觉器官的比能①，现代生理学根据进化论的思想在某种程度上对此解释，某些运动对感觉器官做出了恰当的刺激——光波对于眼睛，声波对于耳朵，等等。我们的感觉神经末梢非常适于接收并传导这些运动。即使古代的思想者们，也在这些各种感官的特定性质和对空间形式、位置、物体运动这类共通的知觉之间做出了区分。当然，这些共通知觉首先属于视觉和触觉，不过它们也和其他感官的活动有关。因此，人们假定有某种"通感"（κοινὸν αἰσθητήριον, sensus communis），而且，人们赋予它比特殊感觉性质所具有的价值更高的价值。人们很早就注意到，特殊的感觉性质并不是事物本身所固有的性质，而是它们对正在知觉的心灵的作用。我们的日常语言甚至把开心和不开心都当作事物的性质，很明显它们只是事物作用于能知觉、能感觉的存在者的结果，因此，我们有必要对日常语言进行纠正。毕达哥拉斯学派似乎最早发现，音乐中的情况也是如此。不过，自从普罗泰戈拉、德谟克利特和柏拉图以来，人们普遍认识到，所有特殊的感觉性质都具有主观性。此外，尽管人们在中世纪为了支持与亚里士多德相反的观点而将这种观点弃置一旁，但到了现代早期，科学界的领袖们，比如开普勒、伽利略、笛卡尔和霍布斯，都复兴了这种观点，洛克、罗

---

① 比能，是一个物理学概念，一般而言，指的是每单位质量（或者每单位重量，或者每单位体积）所具有的能量。作者在这里可能是在类比的意义上使用这个概念，指每种感官和感觉性质之间的关系。

伯特·波义耳甚至还把这种观点明确地表达为**第一性的质**与**第二性的质**之间的区分。

作为刺激因素的运动和它们所激起的感觉之间具有某种规律性的关联，我们对规律性关联的日渐熟知让这种理论更加巩固。最有名的例子是音乐和琴弦的振动或空气的波动之间的关联。我们必须承认，我们把这些关联确定为事实，但是我们却无法理解它们。质对量的依赖是综合问题，而非分析问题。没有人能够说出，为什么每秒4500亿次的以太振动会产生红色的感觉，或者每秒6400亿次的振动会产生蓝色的感觉[①]。然而，这种实际上的协调正是以下这种科学理论的基础：只有量的规定才是绝对而首要的，它属于实在的本性；而质的规定则是相对而次要的，它属于意识中的表象。例如，客观来说，实在是琴弦以一定速度在振动；主观上来讲，我可以看见这种振动，听见这种振动，并在某种意义上通过指尖感觉到这种振动。颜色表明物体表面的某种结构，使它能够压倒性地反射某类特定的光波，只有从这个意义来说，颜色才是物体的某种真实的性质。根据这种（费希纳所谓的）"黑夜理论"，物理世界本身是没有颜色也没有声音的，它仅仅是原子在空间中进行的无意义运动；所有各种各样的向我们呈现出来的活力都只是在我们的知觉意识之中所形成的现象。

我们会在知觉的均等要素之间做出选择，也会对质与量之间的差别做出判断，倘若我们想要寻找这种选择和判断的动机，我们可以在数学理论的需求中发现主要动机，因为数学理论需要可度量的等级，因此人们认为能够用量的形式来表述的东西才是真实的东西。开普勒、莱奥纳多以及伽利略都明确地提出了这种说法。此外，笛卡尔（在他的第六沉思中）也主张，就物体而言，的确，一个人能够用理智清楚分明地（clare et distincte）构想，但是他无法用想象模糊混乱地（obscure et confuse）构想。

[①] 近代以来有一种物理学观点主张光波是由一种假想介质"以太"的振动而产生的，因此，颜色也是以太振动的结果。爱因斯坦在1905年提出狭义相对论开始，这种观点就走向消亡，在当代物理学中不复存在。

于是，我们又会因进行选择的权利而回到科学理论那里，此外，我们也能够理解，如果对此没有专门的兴趣或根本没有兴趣，他们也就不会对此有任何认识。因此，尽管康德和歌德出于不同的理由，但是他们都反对上述的"黑夜理论"。康德认为空间和时间的规定只是人类知觉的形式，因此，它们只是现象而已。歌德在他的颜色理论中用生命来对抗理论，我们通过抽象而得到量的性质，歌德则赋予量的性质与质的性质以同样多的实在性。我们可以在他对牛顿的厌恶中看到这种典型的对比，我们也许可以追溯发现，如黑格尔和叔本华这样正好相反的思想家，甚至是如费希纳这类谢林学派的自然哲学家们，都赞同这种我们在歌德的颜色理论中所发现的典型对比。

然而，所有争论中的各派都预设，哪里有表象，哪里就必定不但有表现出来的事物，而且有表象这个事物的那个人。于是，在物理性质中什么是存在、什么是表象的各种观点之中，意识的实在性和实在的内在性得到了完成与实现。据此，我们假定，和物质世界相比，意识有某种完全不同的性质，因此它也就具有某种完全不同的实在性。我们由此在关于实在性质的哲学理论中获得了主要的问题和对立的观点。

根据实在论的观点并按照字面意思的实体观点，**意识被称作灵魂**，于是接下来的追问就会直接指向灵魂和身体之间的关系。我们在生命之谜中发现灵魂这个观念的来源。生命和无生命之间的区别当然是极为原初的、异常鲜明的，人们在他非常年幼的时候就会注意到这个区别。这也是基于以下事实得出的结论：当某个事物在运动，它不是在这样运动就是在继续某个其他运动，那么在我们看来，它就是有生命的。无生命或死亡的事物只有在其他运动的作用下才会进行运动。有生命的事物则与之相反，它具有自我运动的力量，我们把自发运动的原则称为灵魂。从柏拉图在《斐多》或《法篇》中所做的论证，我们明白地看到这种原初的关联。在所有民族中，有人基于此形成了以下观点：正如睡眠和死亡所象征的那样，生命之力也许会离开身体，随后再回到身体中，或者明确地遗弃这个身体。因此，它与身体十分不同，身体仅仅是它临时的居所。

但是，当这种生命的力量离开身体，很显然，它也带走了发挥所有诸如表象、感觉、欲望（一言以蔽之，所有心理活动）这类功能的能力。睡着的身体，特别是死亡的尸体都表明，我们习惯于把这些现象当作意识状态的体现或者意识状态的结果。因此，灵魂观念从最初就包含着**生命的力量**和**意识的载体**这两种特征；这两种特性密切相关，它们是有方向性的感觉能力，有目的性的活动能力。在原始民族的思想中，这两种元素在最初就相互交织，然而，在科学研究的进程中，它们却越来越彼此相互偏离、背道而驰。亚里士多德对植物灵魂、动物灵魂和人类灵魂的三重划分在低级的生命力量和心灵之间做出明确区分，新柏拉图主义者们也明确地区分了两种灵魂，一种灵魂与物理世界相关（也称作 φύσις［自然］），另一种灵魂，真正的灵魂，则与超自然的世界相关。中世纪学者特别是圣维克多的神秘主义学派① 主张这种二元论，主张生命的力量完全属于身体而真正的灵魂则属于超感的世界。在此之后，人们渐渐形成某种固定的习惯说法：灵魂（mens spiraculum［心灵的"火花"］）只代表意识的占有者，而生命之力，或者说生命的力量（spiritus animals［精气］），则代表纯粹肉体的东西或力量。我们在笛卡尔的哲学中也可以看到过类似的表达。

但是，随着时间的推移，对于科学研究的目的来说，生命之力变得越来越不那么必要了。许多明显是自发的运动，结果却被证明是出于外力的影响。诗人们经常抱怨这种原始"万物有灵论"的崩坏，科学把灵

---

① 圣维克多学派是12世纪在巴黎市郊圣维克多修道院所形成的一个学派，他们按照奥古斯丁的传统制定一套像苦修士一样的规矩来生活，以神秘主义著称。其中最重要的人物是圣维克多的雨果（Hugh of St. Victor, 1096—1141年），其代表作有《论基督徒信仰圣礼》《灵魂独语》《论诺亚方舟》《论世俗之虚幻》以及百科全书般的《博闻教学》。此外，还有他的学生，圣维克多的理查德（Richard of St. Victor, 1123—1173年），其代表作有《论状态》《论人内心的培育》《论静观的心灵准备》以及《论静观的恩赐》。

魂从自然界中驱逐了出去：

> 现代学者解释，太阳不过是
> 没有生命的火球，在那儿旋转，
> 以前却说是日神赫利俄斯，
> 驾着黄金马车，沉静威严。

席勒[①]在他的《希腊众神》中就是这么说的。即使在研究有机世界的科学中，事实上，物理的力量和化学的力量对灵魂力量的替代也取得了持续的进步。科学越进步，我们就越有信心假定，即使是在有机运动中，除了我们在无机世界中所找到的那些力量和规律，我们再也没有其他的力量和规律了。尽管有不少有人试图去证明这是普遍的真理，然而尚未有人成功。生命之力仍旧萦绕着严肃的科学，这并不令我们感到奇怪。尽管活力论的理论也可以很好地谈论离子和电子、谈论优势力量和决定因子，但是这类理论总是要回到老路子上，也就是说，某些独特的原则导致了有机体的统一。然而，科学的普遍倾向则越来越把生命的力量踢出研究领域。事实上，灵魂即便是它的第二种特征（即作为意识的载体），有时候似乎也遭到同样的命运，被宣判为毫无必要的多余。但是，哪怕真是如此——我们之后会再回来对之进行论述——我们也应当承认，意识的精神生活有着自己的实在性，不同于物质的实在性。

我们在此有了实在的第二个领域，和物理世界相同，它也表现出无

[①] 约翰·克里斯托弗·弗里德里希·冯·席勒（Johann Christoph Friedrich von Schiller，1759—1805年），德国著名的诗人、作家、哲学家、历史学家和剧作家，德国启蒙文学的代表人物之一。席勒是德国文学史上著名的"狂飙突进运动"的代表人物，也被公认为德国文学史上地位仅次于歌德的伟大作家。文中所引用的《希腊众神》是1788年的作品。在哲学上，他的著作主要有《论秀美与尊严》（1793）、《论崇高》（1793）、《审美教育书简》（1795）、《论朴素的诗与感伤的诗》（1796），此外，他还写过一些哲学诗，比如《艺术家》《理想与人生》等等。

限丰富的多样性质。无论是事物或实体，还是"灵魂"，它都有着无数的性质。在这种情况下，这些性质在本性上毋宁说是某些功能，或向我们表象为某些能力、力量、活动等等。面对这种多样性，我们再次发现，我们试图分辨出本质的性质和非本质的性质、原初的性质和派生的性质，我们还试图把灵魂的实体性与灵魂暂时的表现和影响分离开来。这也是在思想中对世界的简化，这类似于我们对外在世界所做的简化。根据这种关联，我们首先得出**理智主义心理学**与**意志主义心理学**之间的对立。古老的经院哲学争论——utra potentia major sit, intellectus an voluntas？［哪种能力更主要：理智还是意志？］——总是伴随着我们，双方观点都存在着大量论证。如果我们反思，每种意识活动都指向被表象的内容，即使它是感觉或者意志的对象，我们就会认为，表象是基本的功能，而感觉活动和意愿活动只是表象之间的张力或关系，因此它们也依赖于表象。这就是赫尔巴特从18世纪到19世纪所引进的理智主义心理学的主要观点。另一方面，如果我们强调，意识作为活动，它与身体运动的不同就在于它**被意愿**，那么我们就会认为，意志是基本的功能，而表象则是意志为了对象化自身所用到的偶然方法。康德创立的德国哲学发展出的全部思想体系都包含这类意志主义心理学，叔本华的理论体系就是最为典型的例子。最后，现代的情感主义则试图调和这两种相反的理论，他们认为情感是原初的现象。而且他们想要表明，意志和表象都同样为情感所内含，它们始终彼此相关地从情感之中产生。这差不多就是赫伯特·斯宾塞[①]的观点。如果他的意思是说，这三种基本的功能都不是孤立的活动或者行为，而是同一个有机体及其活动的不同方面，那么也许这种观点

---

① 赫伯特·斯宾塞（Herbert Spencer，1820—1903年），英国哲学家。他最著名的观点是，他将进化论运用在有机的自然界上，并提出一套社会进化理论，把进化论的适者生存原则应用在社会学上，尤其是教育及阶级斗争，他因而被称作"社会达尔文主义之父"。此外，他在很多方面都有所贡献，这些方面包括形而上学、宗教、政治、修辞、生物和心理学等等。代表作有《第一原理》（1862）《生物学原理》（1864—1867）《心理学原理》（1870—1872）《社会学原理》（1876—1896）以及《道德原理》（1879—1893）。

才是接近于真理。

如果没有这个猜想,现代心理学的反理智主义理论就会导致奇怪的逻辑论证,并且还会导致这个理论的基本观念的自我毁灭。举例来说,如果我们把表象看作意志或者情感这些基本功能的结果,这些基本功能本身就必定是某种无意识的东西。许多心理学的其他研究早在一个多世纪以前就已经提出关于无意识的状态或活动的理论,如今人们对这个理论极为强调,人们甚至经常把无意识用来作为精神生活的最最基础的东西,并且把意识的领域仅仅当作这个基础上的上层建筑。无意识的理论明显与历史发展的成果背道而驰,因为后者总是把思想(cogitatio)当作灵魂的本质,哪怕它不是唯一的本质。如果我们想要对灵魂下新的定义,我们就必须切记,无意识是我们永远无法经验到的,它永远不会在思想中被给予,它仅仅是我们为了解释意识的进程和状态所做的假定。倘若没有这个假定,我们似乎就无法理解意识的进程和状态。因此,只有当我们完全无法把精神实在假设为那些意识状态的条件,因而我们不得不用无意识来解释它们的时候,我们才应当使用这个假定。其中包含着方法上的和真正的困难(如果不是不可能的话),这要对心理学这门科学的不完美状态负主要责任。它们还有某种形而上学的后果,也就是说,它们最后将会迫使我们在物质领域和精神领域之外还要去建构一个第三领域,即无意识的领域。无意识的领域和其他两个领域都不同,它具有独立的实在性,尽管就其本性来说它并非是意识中被给予的东西,我们只是就其内容,按照精神领域来类推地做出这样的假设。

这些困难和普遍观念没多大关系,而且经验心理学家们也很少有人对此有所关注,除了这些困难,大多数人都认为心理活动的**唯一**属性是意识;而非"思想"(cogitatio),片面的理智主义者经常不太准确地将意识翻译为思想,但是笛卡尔和斯宾诺莎通过枚举与反思,都充分表明,意识是难以定义的、终极的东西,是所有诸如感觉、判断、推论、感受、选择、欲望等等这类活动的共同因素。而且,意识完全不同于物体及其质的性质。因此，笛卡尔主义，在个别实体这个朴素观念的基础上，对广延的东西（res extensae）和思想的东西（res cogitantes），物体和灵魂或心灵之间所做的区分，完全符合一般信念，而且我们能够毫无困难地赞同斯宾诺莎的想法，即广延和意识是神的完全分离的两种属性，或者赞同斯宾诺莎主义的想法，即物质和精神是神的完全分离的两种属性。它们代表着我们从各类性质中逻辑抽象出来的终极的普遍概念。没有它们，抽象出来的就只是一个空的"东西"，无定的实体，纯粹的范畴形式。然而，在我们关于世界的知识中，不论我们提出的是物体与精神之间的对立，还是可感与超感之间的对立，又或是物质与非物质之间的对立，二元论始终继续存在。这些都意味着两个真的不同的和有所区分的可知觉的实在领域。与之相对，根据一般用法，我们将知觉和可知觉的知识在形式上区分为两种不同的类型，即**外感觉**与**内感觉**。在"感觉"和"反省"这两个概念下，洛克认为，他将笛卡尔主义实体的形而上学二元论简化为了单纯的心理学二元论，并且将这种二元论假定为人类知识的基础。他将内感觉的知识对象称为"有思想"的实体而将外感觉的知识对象称为"无思想"的实体。

现在，这两类在质上不同的实在之间到底是什么样的关系？我们是否能够满足于二元论？在前科学的心灵看来，二元论是理所当然的。不过，正如我们已经看到的那样，在科学思想中，更别说在哲学中，都有一个基本观念——世界统一的观念，统一化的冲动。我们很自然地会产生上述疑问，这也意味着我们必须努力将这两种实在简化为某种统一的东西。我们可以有两种办法来完成这项简化工作，要么我们把这两种实在中的一种看作原初的和本质的东西而把另一种看作它的现象；要么我们将这两种实在追溯到第三种实在，哪怕我们对于这第三种实在一无所知，哪怕它甚至是不可知的和不可言喻的。我们还可以将第一种办法划分两种情况：要么我们把精神性的实在当作物质性的实在的现象，那么我们就是把物质性的实在当作真正的和原初的实在；要么与此相反。这样我们就得到了我们十分熟悉的唯物主义与唯心主义之间的对立。

我们可以先来看唯物主义的两个主要论证。一个论证是形而上学的论证，它主张所有的实在都完全同一，因为它们都是空间中的存在。对于普通人来说，实在就是某个事物存在于空间中的某处。这也适用于心理活动及心理状态。它们在某个人之中的某个地方，在他的大脑之中，在他的神经系统之中，等等。甚至当一些人认为灵魂是非物质的、可与身体相分离的东西，他们还是假设了灵魂在人死后仍然生活在星空上的某个地方。人们可以通过媒介而将灵魂从它们遥远的住所中召唤回来，这些被召唤而来的灵魂在空间中的某个地方以物质性的形式显现它们自身，某些特别有天赋的人甚至还可以把这些地方拍摄下来。宗教上的想象，事实上，并没有非常严格遵守"上帝本性是超越空间的"这个说法，人们无可避免地想象他占据了全部空间。任何对这些观念进行严肃思考的人都会看到，正如康德在他的《通灵者之梦》①中很好地指出的，空间中的任何东西都充斥着空间，物体也是如此。出于这个原因，古代的原子论者们都是唯物主义者。斯多亚学派也是如此，他们明确主张，实在和物质是同一个东西。自他们以后，甚至教父德尔图良②和阿诺比乌斯③，在不影响他们的宗教教条的情况下，都采纳了唯物主义。在当今时代，最能代表这种斯多亚式的唯物主义的是霍布斯，他主张空间是真正实体的现象形式（Phantasma rei existentis [存在事物的现象]），因此他认为所有哲学应该都是研究物体的科学，这些物体还包括人工物体，比如国家，由于国家也存在于空间之中，因此它们也具有实在性。

---

① 《通灵者之梦》（1766），全名是《通灵者之梦——以形而上学之梦为例》，这是康德早期所写的一篇很奇妙的长文。也有人将之翻译为《视灵者之梦》。

② 德尔图良（Tertulianus，145—220年），基督教护教士。他以激烈的言辞批判了古希腊哲学，主张"在欣赏了福音书之后，不再需要探索"，以信仰反对理性与哲学。著有《护教辞》、《反马吉安论》、《驳帕克西亚》和《灵魂的见证》。

③ 阿诺比乌斯（Arnobius，260—372年），基督教护教士，拉克坦西的老师。公元300年左右著有七卷的《驳异教者论》。他较为全面地比较了基督教与古希腊哲学的异同，并认为两者都具有理性的基础，只是所包含的真理在程度上不同。

第二个主要的论证是人类学论证。这个论证的基础是"灵魂"对身体的依赖，在灵魂的所有功能中，无论是正常功能还是非正常功能，我们都能够发现这一点。所有的心理状态，既是永久地又是暂时地，都由年龄、性别、健康或者疾病和身体的生长程度所决定。我们不需要作为区别于物体的原则的特殊灵魂来解释有机体的活动及其有目的的活动。从17世纪开始，对反射运动的研究格外强化了这个观点。在很大的程度上，反射运动不仅表现出目的的痕迹，而且还表现出适应和进化的痕迹。这些现象极大影响了笛卡尔及其学派，以至于他们把动物身体的机体运动全都当成了反射运动。但是，如果情况就是如此，即在动物之中没有任何"不朽的灵魂"，那么人类为什么不能也是这样的呢？拉美特利在他的《人是机器》中，对笛卡尔进行反讽似的提出了这个问题，并极力主张唯物主义。所有之后的唯物主义者们——《自然体系》的作者①、19世纪法国的唯物主义医生卡巴尼斯②和布鲁塞、德国的福格特和摩莱肖特③——在这点上都追随了他。他们顺便用化学观念替代了早期生理学家们所提出的机械的神经振动，此外他们一视同仁地看待心理活动和其他的器官分泌物。

到了19世纪中期，这些形而上学论证和人类学论证在费尔巴哈的唯物主义中合二为一，黑格尔主张自然是心灵的自我异化，而费尔巴哈的理论则把黑格尔的这个理论彻底颠倒了过来，他主张心灵是自然从自身

---

① 《自然的体系》的作者是霍尔巴赫，全名是保尔·亨利·提利·霍尔巴赫男爵（Paul-Henri Thiry, baron d'Holbach, 1723—1789年），原名亨利希·迪特里希（Heinrich Diefrich），18世纪法国启蒙思想家，哲学家，无神论者、唯物主义者，"百科全书派"的主要成员之一。《自然的体系》（1770年）是其代表作之一。

② 皮埃尔·让·乔治·卡巴尼斯（Pierre Jean Georges Cabanis, 1757—1808年），法国生理心理学家，18世纪法国唯物主义的开创者。他的代表作有《物理学与人类道德学的关系》（1802）以及《文集》（1821—1825）。

③ 福格特（C. Vogt）和摩莱肖特（J. Moleschott），唯物主义者。他们对18世纪法国唯物主义向德国的传播起到了重要作用。福格特的代表作有《轻信与科学》（1854）和《关于人类的讲演录》（1863）；摩莱肖特的代表作有《生命的循环》（1852）。

而来的异化。19世纪下半叶泛滥的唯物主义思潮全都来源于此。作为典型的例子，一方面有毕希纳①的《力与物质》，另一方面有杜林的作品。此外，大卫·弗里德里希·施特劳斯②在《新旧信仰》中假设了这一体系的最精致、最出色的形式。

正是这些对唯物主义更加精致的表达表明，在"所谓的"心理活动中我们应当至少具有某种特殊的物质或者物质的功能。这类似于施特劳斯使用的黑格尔的说法——在这些精神活动中"自然超越了其自身"。很早以前，德谟克利特就在火原子中发现了精神性事物，这些精神性事物更加精细也更加活跃，因而我们能够分辨出它们。《自然的体系》解释说，普通人所谓的灵魂活动其实就是原子的微妙的、不可见的运动。奥斯特瓦尔德③近来主张意识是能量的一种特殊的形态，就像热、运动、电，等等。然而，意识或者心理活动只是某种高级的物质性的存在或运动而已，这是十分武断的说法，它想要赋予词汇以不同寻常的含义。我们的直接经验不断告诉我们物质实在与精神实在在根本上是不同的，面对这一点，唯物主义立场就成了一个悖论。有人可能会说：苹果是某种梨，或者，一只狗是某种猫。对于精神和物质的同一不可能提出任何合理的质疑。但是，我们不可能从一个得到另一个。就像我们不可能把精神状态当作物质的产物那样，我们也不可能从物质性的元素的某种微妙组合中演绎出精神状态。运动和意识在本性上是异类的。不论一个人多么想要通过提炼这个简化那个把它们合二为一，他总是无法从原则上在两者分离的鸿沟上架起桥梁。一些最最杰出的科学家已经对此有所认识，比如，杜布瓦雷

---

① 毕希纳，（L. Büchner），德国19世纪哲学家，唯物主义者。
② 大卫·弗里德里希·施特劳斯（David Friedrich Strauss, 1808—1874年），德国历史学家，充满争议的新教神学家。代表作有《耶稣传》（1853），其他作品还有《基督教教义》（1840—1841年），《新旧信仰》（1872年）是他的最后一部作品。
③ 弗里德里希·威廉·奥斯特瓦尔德（德语：Friedrich Wilhelm Ostwald，拉脱维亚语：Vilhelms Ostvalds，1853—1932年），出生于拉脱维亚，之后成为德国籍物理化学家。1909年，由于在催化剂的作用、化学平衡、化学反应速率方面的研究有突出贡献，他获得诺贝尔化学奖。

蒙①在他的"Ignorabimus［我们将来一无所知］的演讲"②中就表达了这一点。而关于"分泌物"的说法不过是粗俗的类比，不能信以为真。关于刺激和感觉之间的关联，或者知觉和目的性的运动之间的关联，根据我们思考和说话的方式，我们的经验研究所能够确立的是，这种关联至多只是因果关系，一种状态与另一种状态分明是相协调的。如果我们更加仔细地继续研究，我们就几乎不会敢于冒险谈论因果性了，而且我们就会将我们自己限制于只谈论某种恒常的关联。无论如何，我们都无法提出，意识状态本身就是物质运动的状态。问题完全不在于两者是否同一，而仅仅在于两者的关系，这种关系很有可能是因果关系。不过，我们只能在经验研究中确立这种因果关系，我们无法在逻辑分析中这么做。某种生理-化学的刺激产生出某种对颜色的感觉，没有人能够解释这是怎么发生的。

在对唯物主义提出质疑的过程中，我们不得不提出这些困难和不合理，事实上它们在几十年前终结了唯物主义思想的统治地位。攻击唯物主义理论会带来恶果，这是十分分愚蠢的。然而，事实上，人们一直以来常常都这么做，不幸的是，这种做法始于柏拉图本人。不过，诸如德谟克利特，甚至还有伊壁鸠鲁，这类人已经充分地证明，理论上的唯物主义和某种高尚的、纯粹的道德文化是一致的。此外，18世纪和部分19世纪的英国思想，比如普利斯特里③的典型的思想，都向我们表明，唯物主义和宗教信仰可以相互统一。

---

① 杜布瓦雷蒙（Du Bois-Reymond，1818—1896年），德国物理学家以及生理学家。他发现了神经作用电位，并且创立了实验电生理学。

② Ignorabimus，拉丁文，直译是"我们将来一无所知"。这出自拉丁文的一句格言"ignoramus et ignorabimus"，意思是"我们现在一无所知并且我们将来也一无所知"。1880年，杜布瓦雷蒙在德国科学院做了一次非常有名的演讲，内容是关于他称之为七大"世界之谜"的，在这次演讲中他引用了上述拉丁文格言。他的说法后来成为了19世纪科学知识的范围有限论的一个代表。

③ 约瑟夫·普利斯特里（Joseph Priestley，1733—1804年），英国化学家、牧师、教育家以及哲学家。他著有《哈特利根据观念联合原则的人类心灵学》(1775)《对物质和精神的探究》(1777)、《哲学必然性论》(1777) 以及《唯物论的自由争议》(1778)。

纯粹理论上的批评表明，唯物主义无法支撑意识和物质状态是同一的这种主张。然而，与之相应，只要 mutatis mutandis [作必要变更]，我们在唯物主义相对的理论（即唯心主义）也有着难以克服的困难。我们所说的唯心主义指的是这种理论，它把物质世界看作精神实体的表象。我们通常习惯于将之称为观念论①，不过这个表述十分含糊，容易引起歧义，我们最好还是尽可能避免使用它。人们首先在反唯物主义的意义上使用观念论这个术语，也就是说，物体只是心灵的表象，或者按照17世纪和18世纪的说法，物体只是心灵的"观念"。这就是贝克莱和马勒伯朗士所说的意思，没有人会反对这个词的这个用法。不过，"观念"这个词原来就有十分不同的含义，到了现代更有许多不同的含义。柏拉图的理念论是关于纯形式的更高实在的形而上学理论，他把它们看作非物质的东西，但是它们又不是意识的状态或意识的活动。康德及其部分追随者的观念论则主张，我们必须在"观念"中才能找到世界的意义，这些观念不是作为知识的对象而被给予的，而是作为人生的价值和目标而被设定的。最后，如果我们把"理想"这个次等的含义看作心灵追寻超自然的态度，我们就是把观念论当作是实证主义的反面，因为实证主义主张的是心灵将自己局限于事实这种态度。这种含义的多样性，以及价值特征的多元化，都使观念论这个词变得含糊不清、容易产生歧义，这都迫使我们在理智工作中尽可能避免使用这个词，因此我们必须找到更加准确而又不那么模棱两可的词来替代它。

就这个词的第一层简单的含义而言，贝克莱的"观念论"主张，物质世界中的存在不过意味着被感知而已（esse=percipi）。对于作为性质载体的不可知的实体，洛克不得不痛苦地承认它们就是物自体，（不过在贝克莱看来）它们只是学术上的虚构。樱桃只是其性质的集合，这些性

---

① "观念论"，idealism，在国内也存在许多不同的翻译，比如："理念论"，"唯理论"，有的直接将之翻译为"唯心论"，还有的翻译为"理想主义"。由于作者在后文中更多地强调"观念"这个概念在这一理论中的重要作用，因此，译者在这里选择了"观念论"来翻译这个术语。

质，这些"观念"，只是 res cogitantes [思想的东西]，即心灵的状态或活动。那么这些东西——一个无限的神圣心灵和许多有限的心灵，我们根据经验认为它们中也包括人类心灵——都是单独的、实体性的实在。因此，在形而上学中，我们最好还是将这种理论称为唯心主义。除了某些神学独断论的形式，唯心主义的其他形式还有莱布尼茨的单子论的唯心主义、费希特的先验哲学以及黑格尔的辩证形而上学。他们的主张不尽相同，特别是体现在以下问题：我们究竟在哪里才能找到精神实体，在个别的精神性的存在之中，在"一般意识"之中，在普世的自我之中，还是在世界-精神之中？而且，在这些唯心主义者之外，我们还必须加上意志主义的形而上学家，他们把意志看作真正的实在，而把物质世界仅仅看作它的现象，比如叔本华、比朗①等等。

对于唯心主义的所有这些形式，奥古斯丁和笛卡尔给出了最主要的论证：我们关于外在事物的所有知识都是不确定的和可变的，然而我们关于我们自己作为精神性存在的知识却是绝对的和确定的。不论是在理智中还是在意志中，我们都原初地经验到我们的精神性存在，这都无关紧要；无论我们是使用"Je pense, donc je suis [我思想，故我存在]"这样的表述，还是使用"Je veux, donc je suis [我意愿，故我存在]"这样的说法，这都无关紧要。不论是哪种情况，我们对精神实在的经验都是原初的，因此在形而上学理论的意义上，它们就是真实的、真正的实在。

然而，唯心主义的所有这些形式也都遭到了一种反驳，这种反驳十分类似我们在唯物主义那里看到的反驳，只不过正好与之相反。我们总是碰到以下这个无法回答的问题：物质世界和心灵是完全不同的两类实在，那么心灵是如何获得关于物质世界的这些"观念"的呢？举例来说，

---

① 梅恩·德·比朗（François-Pierre-Gonthier Maine de Biran，通常也被称为 Maine de Biran，1766—1824年），18世纪法国哲学家。他一生思想多变，早期是像孔狄亚克和洛克那样的感觉主义者，后来转向理智主义，最终成为神秘主义的神智论者。代表作有《论思维剖析》（1805）、《人的肉体与人的精神的关系》（1834）、《论心理学基础》（1812）。

笛卡尔主义的理论越是强调,自我意识这个实体中没有任何广延属性,因而也就没有任何可能的广延样态,这个理论就会遭遇到越多的不可解决的问题。没有人能够对精神性的心灵中的物质观念的来源给出合理解释。贝克莱肯定不行,他认为有限的心灵从无限者那里获得这些观念,不过他也无法合理地回答,为什么纯粹精神性的神会有这些关于物体的观念。莱布尼茨也不行,在他看来,物质状态是单子的最低级意识,这同唯物主义正好相反。在这两种情况中,μετάβασις εἰς ἄλλο γένος [种类转换] 都是十分任意武断的。费希特也不行,他将经验的感觉要素看作对自我的无目的的、自由的自我限制,因而他只承认自我在自身中发现另一个不可知的东西——非我。黑格尔也无法做到,他主张的心灵在他者之中的辩证发展无法解释多种多样的自然现象。

因此,我们既不能把物质的东西当作精神的东西的一个形式,也不能以任何方式从精神的东西那里得到物质的东西。唯物主义和唯心主义面对的恰恰是同样的反驳,尽管它们有着不同的应用,唯一的出路就是承认物质和精神都是实在的基本内容。事实上,这正是我们看待问题的一般方法,我们通常也将之称为二元论。不过,我们必须要问,探究实在的同一性是我们思想的不可分割的要素,如果没有这种探究,我们如何能构想这种二元论?二元论无疑是多元论的最显著和最确切的形式,它也面临着我们在前几页已经提出的全部一般性反驳。然而,当我们更加仔细地考察世界以及灵魂与物体之间在理论上的对立,我们反而会确认这种二元论。在世界中,我们看到到处都是斗争和冲突。赫拉克利特将战争誉为万物之父,并教导我们把世界看作分裂的统一。伦理-宗教的价值二元论所表达的价值论经验强化了二元论。在人类生活的各个阶层,我们都可以发现善与恶、安分守己与无法无天。此外,在自然界之中,我们也会发现,到处都既有合目的、合理的东西,也有无意义、无目的、不合理的东西。古希腊思想的简单直白从来没有试图通过各种独断论来把这些对立解释清楚。倘若亚里士多德所引用的内容真实可信,恩培多克勒提出了提出世界-力量这种理论的二元论,他需要以此来解释他所提出的元素的混合与分离,与此相应,他还提出了价值论的二元论,根据这个说法,爱是善的原因而恨则是恶的原因。每个人都知道柏拉图以下这种经典说法:既然神作为善而只能是善的原因,他就无法成为所有事物的原因,因此我们必须假设另一个原因,即不完满或者恶,我们由此得到一个善的世界-灵魂和一个恶的世界-灵魂。亚里士多德以同样的方式区分了形式与物质,把它们分别作为目的性原则与无意识的必然性原则。这种观点在古代思想中继续得到发展,最后在二元论的宗教中,特别是在摩尼教中,发展到顶点。原始的神秘主义主张天与地、光明与黑暗彼此对抗斗争,而(毕达哥拉斯学派和阿那克萨戈拉所做的)科学研究则对此进行了确认,他们发现,统一和秩序、美好和完美都只存在于天上,而人间则充满了冲突与邪恶。

随着宗教观念在亚历山大时期的发展,这些价值的对立与形而上学思想中更高级的理论的二元论逐渐合二为一。人类历史上最重要的思想合成之一就是人们把精神与物质看作善与恶,看作理智与非理智,并因此开始把它们看作对立的东西。禁欲主义心态的结果是,人们开始将肉体视作罪恶,人们开始鄙视、戒除并抑制物质性的事物,人们开始在对自然的恐惧和逃离之中、在对物质世界的憎恨之中寻找幸福。这种理论上的二元论与价值论上的二元论的混合,尽管在心理上可以理解,但又十分危险,直到文艺复兴,凭借其合理全面的生活,凭借其艺术和科学,人们才在原则上消解并克服了上述这种混合。不过,这种混合仍旧会不时地、不怎么讨人喜欢地在我们的时代中突然出现,因此我们不得不时刻牢记这两种二元论并不是一回事。我们的精神(即灵魂)中既有善也有恶;它们彼此的相关性是多么紧密啊!在自然界,无疑有许多不合理的、无目的的事物,不过也有许多合理的事物,许多真正的、美丽的合理的事物!

我们在此不得不先离开价值论上的考虑,而从纯粹理论上的观点来看，这两类实在，即物质世界与精神世界，仍旧有所区分。我们几乎不可能将它们简化为统一体，或者从它们得到另外一个统一体。它们仍旧是不可否认的、二元的事实，哪怕我们试图把两个方面的恒常连结、不可分离的关系构想为我们无法进一步进行定义的第三类东西。我们可以在斯宾诺莎那里找到这种尝试，此外我们还可以在德国哲学的新斯宾诺莎主义那里找到这种尝试的某些变型。这种尝试近来呈现出一种特定的形式，并被称为一元论。

的确，当笛卡尔试图把意识和物质这两种基本性质归给两类不同实体，他在某些方面走得太远了。既没有形式的理由也没有真正先天的理由禁止我们把这两种性质归给同一个事物。意识的存在为什么不能具有广延呢？物质性的存在为什么不能思想呢？形式逻辑的规则断言了迥然不同的异类特征的相容性——这个规则断言了它们可以被统一在同一个概念中——这与其说是赞同上述假定还不如说是反对它。"要么有意识要么有广延"，这个选言命题或者析取命题，从笛卡尔那个时代起就被认为是自明的，它并不自相矛盾；不相容性早已被证明。在斯宾诺莎那里，实在的全体，即唯一的自然或实体，同时具有这两种属性。最近这个思想伴随着无意识理论沿着同样的道路继续发展，无意识不是在经验中被给予的，而是我们在物质的和精神的事物之间所假设的第三类东西。哈特曼[①]的《无意识哲学》就是沿着这类思路而发展的，它是无意识一元论。

如果上帝或宇宙真是如此，实在的某些个体成员也极有可能真的是这样。培根曾说过原子具有知觉，自费希纳以来，最近自然哲学的极为主流的观念就是主张所有的实在都既是物质的又是精神的。如果我们从这个形而上学观点出发采纳一元论，那么就没有什么可以用来反对这个

[①] 哈特曼，全名是卡尔·罗伯特·爱德华·冯·哈特曼（Karl Robert Eduard von Hartmann，1842—1906年），德国哲学家。《无意识的哲学》(1869)是他的成名作，引起了很大的轰动。之后，他又撰写了大量著作，其中有《从遗传学的观点看无意识》(1872)、《道德意识的现象学》(1879)、《精神宗教》(1882)、《美学》(1887—1888)、《范畴学》(1897)、《形而上学史》(1900)、《现代物理学的世界观》(1902)以及遗著《哲学体系大纲》(1909)。

思想倾向。我们确实发现这个倾向在不止一个方面都基于我们理智的本性。但是，仅仅靠假定我们的心灵具有统一化的冲动，这并不能消除实在重复出现的困难。为了消除这些困难，有些人提出二元性属于现象世界，并且认为事物的唯一实在性仅仅在于我们假定在人类理智中有着外部经验与内部经验的区分。这些人忽视了以下事实：如果这样做，理智中的这种二元性就会成为问题，我们因此会再次被推回到形而上学的困难之中。当人们宣称最原初的存在及其所有成分表现出的二元性都是真实的，现代一元论就开始面临最严重的反驳。真正的困难并不在于两类属性间的关联，而在于当属性发展成样态时，我们的理智之中究竟发生了什么。如果我们认为这两类属性是同步发展的，那么描绘它们的最简单的方式是假设一个系列是另一个系列的副产品、副现象。因此，现代一元论倾向于把物质系列当作原初的东西，并且把精神系列当作依赖于物质系列的东西。然而，不论事实是否如此，这都是绝对的唯物主义。因此，当我们开始处理发生论问题，我们还将回到这些问题。于是，我们会再次看到，本体论问题总是将我们引领至发生论问题或知识论问题。

第二章　发生论问题

在本体论问题中，事物或实体是其核心；而在发生论问题中，其核心则是最好被称为"事件"的范畴。这是古希腊语 γίγνεσθαι［事件］的一般表达。比起使用存在与生成之间的对立，使用事物与事件之间的对立要更好些。因为"生成"只是发生过程的一方面，发生不仅意味着某个之前并不存在的事物的出现，而且还意味着某个之前存在的事物停止存在。古老的神秘主义学派使用我们已经不再使用的词 entwerden［湮灭］来称呼这个与发生正好相反的过程，我们最好还是用"停止"或者消亡来替代它。因此，在事件中，某个事物变得与它之前有所不同，我们可以（像赫尔巴特所做的那样）在变化这个标题下来重新处理发生论问题，古希腊语 μεταβολή［变化］，要么指的是位置变化、运动（περιφορά［位移］），要么指的是性质的变化（ἀλλοίωσις［质变］）。然而，"变化"很明显指向变化的事物，我们在此指的是连续经历各种状态而仍旧坚持其实在性的事物。这样看来，我们要么重新回到关于事物的问题，要么重新回到宇宙，它是所有变化的唯一主体。

第五节

事件——时间中的相继发生——事件的连续性与非连续性——内在的事件与超越的事件——时间中相继发生的必然性——因果关系与目的关系

在所有事件的一般要素中,我们立刻会将我们的注意力集中到两个基本并同样本质的问题上:(1)在时间之中清楚地规定出一系列状态(它们因而必定至少有两个),一个状态必定相继于另一个状态,以及(2)这些相继发生的状态之间的关系,我们由此可以将它们的多样性简化为统一性,我们称之为"事件"。

因此,在事件这个范畴中,我们首先有了时间之中相继发生这一确定的特征。但内在范畴并没有这样的特征。性质在事物中的共存就其本身而言是与时间无关的;只有通过方法上的关联,我们才能在我们的经验中以不变的同时性为线索去寻找认识实体的内在性。让我们趁此机会考察一番,内在性并不必然预设一种空间上的关系。当然,我们在关于物质性事物的最初概念中可以发现这种空间上的关系,并将之视为一种共存形式,不过那些关于心灵的概念或者关于神圣实体的概念则完全排除了空间要素。与之相反,事件则绝对蕴涵着时间要素,一个事件确实在另一个事件之后,这个顺序是不可变更的。举例来说,某个环境给了我们一个经验中的标准,根据这个标准,我们能决定我们在意识中相继知觉到的杂多到底是真的相继发生还是同时存在。

如果没有时间要素,事件就是不可想象的,因此,没有时间的实在也就会是没有事件的实在。当我们 sub specic aeterni［在永恒形式下］来看待世界,那么其中就什么都不会发生。倘若如此,很明显,时间的现象性理论有着非常严重的困难。在超越了时间的物自体之中,什么都不会发生。诸如新生、人的理智特征或内在本性的完全改变这类宗教概念,都与理论的现象主义不可调和，不论是康德的现象主义还是叔本华的现象主义。这在赫尔巴特那里也是一样，当他为了解释表象事件而宣称"实体在可知空间之中的来来去去"是真实事件的时候，我们看到，当我们的心灵处理事件的时候，我们无法将之与时间剥离开来。除此之外，我们的意志要求我们把世界看作一个领域，在这个领域中某些事物会变得有所不同；换句话说，其中会发生一些事情。所有这些理由都清楚地表明，倘若我们想要把时间要素从事件中剔除出去，那么就没有什么可以称得上是真正的事件了。我们因此就会看到，因果关系从开始就遮蔽了我们对事件的所有考虑，如果我们可以把时间要素从这一关系中移除，那么剩下的关系，就不是的原因与结果之间的真实关系，而只是前件与后件之间的逻辑关系。正如斯宾诺莎所说的，consequi[结果]是一种数学关系，这就像平面三角形的内角和等于两个直角是三角形的一个结果。

然而，事件中的时间要素在实在的两个领域中有非常不同的形式，我们在对本体论问题的审视中已经仔细地考察了它们：外部世界和内部世界。空间中的任何事件都是运动，或者说，都是物体的位置在空间中的变化。这是在化学世界和生物世界中发生的所有事件的终极类型。物体从 A 点到达 B 点，必须穿过两点之间全部的连续空间，因此空间中的事件也是在时间中相继发生的。另一方面，我们之前就注意到，在精神事件中却从来没有这样的连续性，精神事件给了我们对主观时间的经验；个体所经验到的意识的相继活动都是离散的、非连续的元素。因此我们无法在联想和想象中，在逻辑推演中，或者在情绪变化中来谈论渐变。当我们在我们的内在经验中从这个印象跳跃到那个印象、从这个思想跳跃到那个思想、从这个动机跳跃到那个动机，这些各种各样的元素绝对是彼此分离的，在它们之间并没有什么事物真的从这个时刻横穿到了另一个时刻。精神上的知觉时间显然是非连续性的。我们听到一个声音在另一个之后，我们看见运动着的画面，从听到到看到之间的转换、从看到到触到之间的转换，等等，这些事情的发生并没有任何可想到的从这个到那个的转变。没有任何诸如一个球从A点滚到B点所经历的时间间隔。因此，我们所经验到的时间是非连续性的。我们只是假设了客观时间是连续的，因为它来自我们在不同的空间点所测量到的物体之运动。因此，我们在这里再次看到，连续性是在空间之中。当我们将时间投射到空间，我们就从非连续的经验中得到了 continuum quod cequabiliter fluit [连续是均匀流动的东西]。我们由此就会得出，我们会发现事件的观念在时间中产生分化，这取决于它们在其典型的形式中到底是与内部事件相关还是与外部事件相关。

然而，时间中确定的相继发生尚不足以定义事件。有人在房子里说出一个单词，紧接着一辆通行而过的火车发出了汽笛声，然而这并不足以成为一个"事件"，不论我们有多么客观地确定两者之间的这一相继发生。它们缺少真正的关联，因此，不管它们是否相继发生，它们都不会构成杂多的统一体，不会构成我们所谓的事件。如果我们问这个统一体是由什么构成的，我们会得到各种回答，这部分取决于它们与实体范畴的关系。一种情况是事件发生在**一个**事物之中。在同一个事物A中，状态a1和a2相继出现。换句话说，这个事物从它的一个状态转变到另一个状态。我们将这种转变称为**内在事件**。根据我们的经验，它们主要出现在我们的精神生活中，在那里，在同一个意识主体中，一个表象或者情感相继地随着另一个表象或者情感而发生。不过，这个状态的内部变化也可以出现在一个物体中：比如，由于惯性而以某种速度向着某个给定方向做持续运动的物体。但是，通常来说，物质事件所具有的是另一类事件：它发生在一些不同的事物之中。事物B的状态b作为事物A的状态a的一个清楚而不变的结果而与之相关联。如果我们称之为**超越事件**，因为它从一个事物传递到了另一个事物，那么就我们必须承认，我们在不同的灵魂之间经验不到这样直接发生的事件。如果一个事件是从一个灵魂传递到另一个灵魂，这就必须借助物体作为媒介才能完成；而且，我们因此会有两种类型的超越事件——在两个物体之间的物质事件，以及在灵魂与物体之间或者物体与灵魂之间的精神事件。如果内在事件的统一性基于事物的同一性,那么在超越事件的情况下,事件的统一性又在哪里?在这种情况下,什么把不同事物不同状态统合在一起成为一个统一体?当我说统一体的时候,我的意思是,这个结果不只是一个事实(就像我们先前所举例子中的单词与汽笛声那样),而且一起构成了事件的这些状态必然在其结果之中相互关联。因此,事件意味着状态的清楚而不变的相继发生的**必然性**。我们据此假设,一个状态没有在序列中与之相关的另一个状态就无法为真,或者像康德在他的"经验的类比"之中所说的那样,一个状态规定了另一个状态在时间中的存在。这是一种**真正的关系**,时间的关系不同于理念的关系或者逻辑的关系,这种关系本身并不受时间影响。

这种真正的关系构成了关于事件的问题,因为它同样也适用于内在事件。对于同一个事物不变的状态序列,我们要么认为这些状态中的一个状态必然决定另一个状态在时间中的存在,就像在反思、演绎、结论中相继发生的状态那样;要么认为,就像在我们的知觉序列中那样,通过超越的事件——也就是说,通过其他事物关系的变化——同一个意识存在的各种状态变成了必然。

在谈论事件及其相关问题的时候,我们还有必要再多说一点。构成事件的这一明显的、不变的和必然的状态序列,从时间的本性上来看,可以被划分为两种不同的甚至相反的类型。时间的线性特征或者一维特征让我们无论从任何给定点出发都只能向前或向后来度量时间。从每一个当下出发,我们都只能向一个方向前进,不是向过去就是向未来。因此,对于序列的必然性,我们要么认为前项决定后项在时间中的存在,要么正好相反,认为前项被后项所决定。在前一种情况下,我们说:如果A存在,那么B必定随之而存在。而在后一种情况下,我们说:为了让B而存在,那么A就必定要先在。在前一种情况中,A是原因而B是结果;在后一种情况中,B是目的而A是手段。因此,同一事件的两项之间所存在的必然性，要么是**不可避免**的，要么是**不可或缺**的；并且，两者之间的关系，要么是**因果**的，要么则是**目的**的。我们之后会有机会进一步考察这个区分，以防我们对此产生误解。我们在此正式宣告，它是事件之本性的一部分，我们只需先记住在下文考察中它所展现的多种可能性。毫无疑问，有科学头脑的人可能十分熟悉这些真正关系的形式，因此让我们由此出发来研究事件问题。

第六节

因果性——因果关系的四种通常的形式——原因的多样性——主因与偶因——世界同一性的假设——因果律——能量守恒——精神生活中的新元素——因果等式——因果关系的不可理解性——活动的经验——时间相继的普遍性——自然与规律的一致

原因与结果之间的范畴关系是我们最为熟悉的关系之一，不过正是由于大量的误解，这种关系在我们的思想和言谈中却也最为含混不清。它造成了许多极其困难却又非常重要的问题，而且还造成了许多虚构的问题。在日常用法中，我们几乎把任何事物都看作原因与结果。这对范畴的应用特别错综复杂，在某种程度上，这是因为它与我们经验之中肤浅的事物观念相关，更为重要的是，知觉所给予我们的从来都不是一些简单要素，而总是它们的复合物，我们早已根据内在范畴把它们中的大部分都放入一些对照组之中。因此，因果关系在应用上的各类含混不清，一方面在于这些复合物，另一方面则在于组成这些复合物的元素。如果我们想要试图在通常使用的那些观念的带领下穿过这片混乱区域，我们就不得不把内在范畴当作我们的向导，而那些内在范畴又恰恰要对这一混乱状况负主要责任。在这个基础上，我们首先区分出因果关系的四种类型。

1. 一个事物是原因，而另一个事物则是结果。这就是因果关系最初的应用形式，我们主要能够在有机的生命中发现这一形式。花朵来自于植物，果实来自于果树，卵子或者孩子来自于母亲。我们在因果关系中使用了"来自于"这个介词，同样的表达还有发源于、产生自、出生于等等，这类语言见证了包含着因果性最初形式的印象。不过，如果我们进行科学的审视，我们就会确定这一关系只适用于现象事物，只适用于瞬间知觉到的内在–复合物。真正的事物，即实体，既不会开始存在，也不会停止存在。阿那克萨戈拉曾经说过，"希腊人错误地提出，事物开始存在并停止存在；事实上，有的只是不完全的元素暂时的混合与分离。"这种观点早已成为科学界的老生常谈，康德也以差不多相同的形式归结出一套实体持存的规律，实体的量既无法增加也无法减少，在如今的科学界，如果有人谈论一个实体产生另一个实体或者一个实体被另一个实体所产生，人们通常都会视此人为微不足道、可以忽略不计之辈。只有在宗教形而上学中（正如我们之前所看到的那样），在对终极因或者万物的创造者的追寻之中，这种古老的观点才有其立足之地。笛卡尔的理论提出，一个无限的实体创造了有限的事物，而莱布尼茨的观点则认为核心单子创造了所有其他的单子，并在最初就把它们对世界的反映传递给了其他单子，在这两种理论中我们可以发现上述的因果性的理神论形式。

2. 我们把一个事物看作它的状态和活动的原因。于是，在某种程度上，我们会说一个人是其行为的原因，我们会说灵魂是其各种功能的共同原因，我们会说物体——特别是有机体——是其运动的原因。随着这些观念的发展，我们在一个事物及其多种多样的结果之间置入了某些**力**，实体依靠它们才能发挥其因果作用。我们由此也就能够理解某些一般的性质、能力或者**力量**；此外，我们有时候也在这个意义上将属性称为样态的原因。在内在世界中，我们把意志当作意愿的原因，把理智当作意见的原因，等等。在外在世界中，我们则用重力、惯性和生命力来填补间隙。

我们明确把力定义为运动的原因，我们因而把它看作事物、基质、物质、实体的性质。从逻辑的角度来看，所有这些力都是普遍概念，我们假定它们是各种功能的原因。我们很容易就能看到，这个普遍的事物，即力，从来都不是上述活动的唯一原因。为了逐渐变成特殊功能，它总是需要某些活动作为偶因。因此，我们区分了**动力因**（causa efficiens）与**偶因**（causa occasionalis）。很清楚，这两者共同构成了全部"原因"；就像三段论的情况那样，结论的全部基础在于两项前提（即"大前提"和"小前提"）的组合。这也是我们十分熟悉的看待事物的方式，此外，它还有许多变化。不过，它从最初就向我们表明，这些真正的原因，即动力因、偶因或者两者共同作用，的确非常不确定。

3. 与前面那种类型正好相反，状态和活动是事物的原因。举例来说，人们经常说，风（它是运动的一种状态或方式）产生了云。许多人还说，下雨产生了昆虫，我们把下雨本质上当作了一个进程，而不去探究那个运动的事物。我们通过许多活动搭建成一所房子；这些活动是非物质的，它们作为功能是这所房子的直接原因。如果我们以这种方式来处理功能，把它们与施放它们的事物分离开来，作为其他事物的原因，最后我们就会得到一套完全分离的力与功能的理论。康德和谢林所主张的自然动力学就属于此类。引力和斥力是原初实在的力量，而物质仅仅是它们的产物。这套理论在谢林的自然哲学那里发展出一套更加复杂的形式，这类动力学理论在普通人看来似乎是彻底矛盾的。它要求事物的力就是功能。我们认为这些功能产生了事物，而这些尚且悬而未决的功能对普通人来说没有任何意义，然而许多哲学家可能喜欢看到其反面，以便教导民众进行哲学思考。没有人比费希特及其追随者们更加强烈地想要这么做了，对他们而言，行动是首要的东西，而实在则是行动的产物。在费希特那里，我们可以特别清楚地看到，他如何得出这个观点——从他对内在事件的经验得到。如果从内在世界的领域中来谈论一个精神实体是真的有意义的话，自我从一开始就不是像原子那样的持续存在且严格自明的事物，而是观念、感觉和意愿这些在知觉进程中——也就是说，在接受任何新事物进入精神的过程中——发挥功能的一个有机的、相互关联的复合物。然而，通过行动，自我的所有元素都得到沉淀，因为它的内容仍旧持存、生动、活跃并能够吸收同化。自我等同于它的历史。在这种情况下，我们必须承认实体存在，它是由状态和活动所形成的，而且，我们无法在任何被给予的经验中找到这些状态和活动的原初基础。因此，实体和功能的关系在内在事件与外在事件中根本不同。物质上不可想象的东西在内部世界中却是一项事实：实体产生自并来源于功能，功能是其原因。自然动力学的观点将这种内在经验的因果方案推广到外部世界。我们在现代能量学中能够发现这一点，这种学说把原子隐入运动，而且丝毫不追问运动背后的东西。我们在海因里希·赫兹①的《力学原理》中可以清楚地看到这些东西。

4. 因果关系是状态和状态间的关系：一个状态是原因，另一个状态是结果。这种情况既适用于内在事件也同样适用于超越事件。在第一种情况下，它是精神的因果关系，比如当我们说知觉（通过联想）导致记忆，或者说对目的的意愿是对手段的意愿的原因（决断），或者说对理由的认识是对结果的认识的精神上的原因（推论）。不过，即使在物质的内在事件的情况下，特别是在有机体这类复合结构中，我们都可以看到这种形式的因果关系。举例来说，我们把消化理解为血液形成的原因，或者我们把神经末梢的刺激理解为大脑中核心进程的原因。从纯粹物质的角度来看，的确，这类进程可以分解为从部分到部分的超越事件，并最终分解为从原子到原子的超越事件。正是在这些机械的超越事件中，我们发现了因果关系的第四种形式的最为简单的式样：推动物体的运动是原因，而物体被推动的运动则是结果。我们也许会说，从伽利略开始，我

---

① 海因里希·鲁道夫·赫兹（Heinrich Rudolf Hertz，1857—1894年），德国物理学家。他于1888年首先证实电磁波的存在，对电磁学有很大贡献，因此频率的国际单位制单位赫兹是以他的名字命名的。《力学原理》是其代表作。

们就已经认识到因果关系的这种形式并把它作为科学中使用的唯一形式。既然现在我们已经把实体从事件发生的进程中剔除出去，事件的发生独立于实体，因为实体既不开始存在也不停止存在，那么，关于物质世界中的事件，我们必须处理的问题是：哪些运动状态是另外的运动状态的原因？对这个问题的回答构成了我们所说的自然规律。它们赋予我们所有事件的节奏，因为它们规定了实体变化中的状态序列，不论是超越的物质事件还是内在的精神事件。

如果我们回顾因果关系在我们日常精神生活中的这四种非常不同的应用形式，我们就会看到它们是如何根据事物和状态之间关系的不同而有所不同；此外，如果我们进一步假设与我们日常经验相关的总是复合物，而非事物或状态的变化，那么我们就会察觉到，根据我们的在方向和选择上的不同，同一事物的原因或许会变得非常不同。当我们清楚地理解这一点后，我们就会看到解决所有关于因果问题的争论的方案，这一因果问题已经引发大量不必要的麻烦。举例来说，有一个关于时间要素的问题曾一度引发大量的讨论：原因是在结果开始时就停止了存在，还是原因在结果中继续存在？不言而喻的是，如果我们（根据上述第四种类型）把原因看作一些状态，它们是另一些状态的前提条件，时间要素仅仅就是它们互动的那个时刻；当被推动的物体开始运动时，作为推动者的物体就停止了运动。另一方面，如果我们（根据上述第二种类型）在力中寻找原因，那么很清楚的是，这种力作为某种普遍能力在它产生某种特定事件之后仍旧继续存在。

原因多样性的情况也是如此，这种多样性在于我们经验的复杂性，它不可避免地在现代方法论中造成了许多严重的困难。根据我们日常的思考方式和谈话方式，我们从这些复杂特性中选出了各种要素，以便我们将注意力集中在它们上面，非常有可能的是，当一些其他动机，而非对因果解释理论上的兴趣，不时地影响到这一选择时，我们就无法清楚地从这些不完全的部分中探寻出实际上适用于所有部分或适用于相互关联的那些部分的因果关系。当我们同时根据第2种类型和第4种类型来考虑事件，困难就显得特别巨大。全部原因总是只在于力及其活动的偶因。不过，正如柏拉图区分出 αἴτιον［原因］和 ξυναίτιον［从属因］(后者是真正的原因的前提条件)，我们现在也区分出主因与偶因。然而，对于这一区分，我们总是无法确定什么是主因什么是偶因；我们经常任意地决定它们，此外，当原因需要承担责任的时候，这种不确定就愈发明显。在一场爆炸中，我们要有火药，即能够产生这场爆炸的材料，还要有点燃火药强大威力的火花。那么，在它们中，究竟哪样是主因，哪样是次因呢？需要对此负责的，究竟是把火药放在那里的人，还是点燃火花的那个人呢？很明显，在不同情况下，我们可能会给出非常不同的回答。让我们以洪水为例对此进行说明。有人破坏了水坝，或者忘记关掉由他负责的水闸。他是洪水造成损害的原因，而且他需要为此负责。我们在此把两种因果关系的形式合二为一，但是我们无法忽视以下事实，从物质角度来看，洪水才是（损失的）主因，在某个给定的时点释放洪水只是次因；但是，从法律的角度来说，这与人类的行为有关，对水坝的破坏或对水闸的疏忽才是需要承担责任的主因。许多关于伟大历史事件的争论都是沿着与此相同的思路进行：修昔底德[①]在他的著作《伯罗奔尼撒战争史》提问道，什么是这场战争的原因，什么又是它的偶因。直到如今，我们仍旧以同样的方式争论着俾斯麦的埃姆斯密电[②]。

原因与结果的量的关系亦复如是。笛卡尔质朴地采纳经院哲学的原则，即原因中的实在性必定不少于结果中的实在性。自伽利略以来，力学就一直接受两者（causa cequat effectum［原因及其结果］)的对等原

[①] 修昔底德（公元前460或455—前400或395年），古希腊历史学家，著有《伯罗奔尼撒战争史》。
[②] 1870年，德法局势紧张，威廉一世把他和法国大使交谈的内容，从埃姆斯向柏林发出一份急电给德国首相俾斯麦，而俾斯麦则修改了这封密函，以激起德、法之间的民族仇恨，借以激怒拿破仑三世，令其首先宣战，最终普法战争爆发。历史上这一事件通常被称为"埃姆斯密电"。

则。然而，在日常生活中，我们经常听到人们说起"大事件的小原因"，或者，我们认为具有极大力量的装置只产生出非常小的结果——nascetur ridiculus mus［生出一只可笑的老鼠］①。在任何情况下，这些大小差异都取决于我们称什么为原因和什么为结果。这些只是因果范畴的肤浅应用。在它们的背后，我们才能找到真正的、科学的事件概念。

这个方向上最重要的一步当然是把存在或实体与其发生的过程分离开来，对于外部世界我们首先注意到的就是这些发生的事件。现代科学认为追问实在来源毫无意义。然而，我们很难摆脱这种古老的观念，我们习惯于借助这些观念来把事物想象为结果，经院哲学在这方面的尝试也许会对我们有所帮助。当我们把自存性归给实体，并称之为causa sui［自因］的时候，我们就是将原因观念应用于某个不能如此应用的东西。实体没有原因，换言之，我们这么说的意思是，它"属于它自己"并且它是它自己的原因。我还有其他一些例子，比如，我们常常把原初事物当作外来的、偶然事物，但我们其实不必通过其他事物就能描述原初事物。

就某个事件是另一个事件的前提条件而言，我们在事件中看到了真正的必然性。我们可以在超越的事件中清楚地看到这一点，在那里作为原因的运动和作为结果的运动似乎彼此直接相互关联。在普通观察者看来，将它们统合成为一个统一体的，似乎很明显是从一个物体到另一个物体之间的可见的运动传递。当一个物体被撞击时，撞击它的那个物体的运动就会停止。如果我们谨遵这个观点，就像笛卡尔在他的机械力学中所做的那样，那么我们就会得出，运动应当是某种独立的东西，它不属于三种物体中的任何一种，而是来自一个物体而又传递到另一个物体。因而，当不同物体的两种运动是同一的，而且正因为这一点，它们构成

---

① nascetur ridiculus mus，拉丁文，直译是"生出一只可笑的老鼠"。这个短语出自一句拉丁语格言：parturient montes, nascetur ridiculus mus，通常译为是"临盆的是山，生出来的是可笑的老鼠"，比喻巨大的原因最后产生的结果极小。其含义类似于我们中文常所说的"雷声大雨点小"。

了一个事件。因此,这种观点的终极基础就在于对世界自身同一性的假定,我们在前面对实体定义的分析中已经遇到过这一假定。撇开所有表象的变化不论,世界仍旧是同一个。世界不但在实体上保持同一,因为实体并不真的开始并停止存在,而且世界还在运动上保持同一,因为运动构成了表象领域中的事件。我们当作结果的新运动,其实是我们当作原因的旧有运动。这种同一性的假定植根于我们对因果性和因果关系的普遍原理的渴求,我们出于这种渴求而断言:每个事件都有原因。就时间而言,这种同一性假定,既可以向前应用,又可以向后应用。当我们经验到某个新事物时,我们就会问:它从哪儿来?我们因而暴露出一种信念,那就是,它必定以某种形式来自之前的某个地方。当某个事物离开了我们经验范围的时候,我们又会问:它去哪儿了?它变成了什么?我们再次认为似乎它不会消亡。在这个意义上,我们甚至可以把力学的因果性观念修正为:原因是结果之前所具有的实在性形式;而结果则是原因现在所呈现的实在性形式。如果两个事物及其运动都持存着,如果我们在运动的持存原理(笛卡尔)之上再加上实体的持存原理(康德),我们就得到了能量守恒原理的现代形式,因果原理的真正意义似乎在于世界中没有任何新事物,或者说表面上为新的事物实际上总是旧有事物。当莱布尼茨-沃尔夫哲学从同一律推导出充足理由律,这不仅仅是形式逻辑上的一项壮举,而且就其真正的意义而言,这还是所有形而上学的典型表达。

因此, nil novi in natura[自然中无新事]!不过,我们这样不就将所有合理的含义从事件中排除出去了吗?如果所有这些变化都没有任何新事物出现,如果永恒的原初实在始终保持同一,那么为什么还会有事情发生呢?为什么这一永恒的同一存在没有终结一切呢?为什么这一存在在其自身中有一个事件,而这个事件不会发生任何改变呢?还是说,这一永恒的存在是不完全的吗?难道它需要在时间-事件中变得完全吗?这些严苛的问题似乎只具有纯粹理论上的意义。不过,为了使我们的意志所寻找的事件成为可能,时间的实在性对我们来说似乎十分必要,当我们想起这点，我们就重新认识到，这些关于存在和发生的事件的终极而不可解决的问题在价值论上具有相当重要的意义。

让我们从这些思考中返回到纯粹理论的角度来看，事件的意义在于自身保持同一的事物的组合变化。现在我们要进一步追问：变化从何而来，旧的形式和新的形式之间到底有什么关系？这些位于机械因果性背后的问题更为重要，因为与它们背后的、终极的、始终保持同**量**的存在和发生的事件相比，我们人类更加关心它们的组合及其变化。我们自己的心理经验在本质上依赖于新要素。事实上，我们可以说，我们所要寻找的内在事件与超越事件之间的重大的、决定性的差异就在于此。在我们最简单的感觉中，出现了某种新事物：这个事物之前并不存在，并且只可能意味着某个之前的事物发生了转变。在精神事件中，新事物真的会出现；精神事件的这个特征在我们感觉到的**自由**之中达到了巅峰，尽管它也不过意味着一个精神事件，这个精神事件尚未出现在另一种形式中。于是，这就产生出我们人生哲学中的那些最为重要的对立中的一组，即机械论与自由之间的对立，这也就是决定论与非决定论之间的对立，这一对立产生于物质事件与精神事件这两类根本上不同事件的本性之中，因此我们在发生论问题中遇到了我们在本体论问题中所发现的同样的一组平行的对立。

然而，原因和结果的这种同一性假定，明显与我们所知道的理智本性相反。当我们在日常生活中或在任何特殊知识领域中来思考因果关系的时候，或者当我们在科学中谈论各种因果律的时候，我们用来综合组成事件的那些状态，进程的起点与终点，它们彼此之间似乎完全是毫不相似的。在纯粹的机械事件中，运动从一个物体传递到另一个物体，它们彼此最为相似。在化学变化或其他进程中，它们则非常不同，比如电闪似乎是雷鸣的原因。摩擦起电与小球跳动，日光普照与冰雪融化或花朵怒放，枪声叫声与动物的防御动作，挥动手杖与赶跑小狗——在这些原因与结果的例子中，我们看到两者越来越不相似。不过我们发现，它们越不相似，它们的关系就越不可理解。这种不可理解性很大程度上由关于因果性问题的著作所造成的，不过在本质上，这种不可理解性还是因为没有任何逻辑分析可以帮助我们从原因构想出或者构建出结果，又或者从结果构想出或者构建出原因。另一方面，如果原因和结果相似，比如推动和反推动，施压和反施压，从一个到另一个的变化似乎就没有那么多困难，我们因而也就更容易理解它们。就此而言，假如我们有一个十分复杂的进程，这个进程的起点和终点离得很远，如果我们能够把它分解为几个进程，我们可能会更加容易理解它。因为原因与结果在这几个进程中相对来说更加相似，因而困难也似乎变得更小；就像运动从一台机器的车轮和气缸之间传递到这台机器的其他部分。如果我们能够把不相似的因果关系分解为一些相似的因果关系，我们也就能够更好地理解它。因而，在科学中有一种不可避免的倾向，那就是，用机械力学的术语去解释物质世界中所发生的每件事，或者把所有事情都简化为从原子到原子的运动传递。我们把热理解为并诠释为分子运动；我们把光以及电简化为分子的振动，等等。**渴求理解就得假定同一性**，此外，自然现象在某种程度上是可知的，只要它们能够被分解为一些因果相似的简单形式。对生命或有机体的机械解释的所有问题也许都可以被放在这一原则之下。

在精神进程中，原因和结果彼此之间的关系也是如此。复合表象如何组合其构成要素的内容，这似乎简单得完全不成问题。不过，一旦我们比较反思活动的长串序列中的起点和终点或者复杂动机过程中的起点和终点，我们就会看到这两者是极为不同的，以至于我们不得不问怎么会这样。然而，如果我们开始着手详细研究这一进程的各个阶段，那么我们就不会再对此感到惊讶。所有"心理学"的诗歌、小说等等，都提出过以下问题，英雄是如何从普通人的经验状况通向超凡的理智状态或者情感状态，而后者才是读者和作者的兴趣所在。因此，我们认为复杂人性中所有的因果进程都是可知的，如果我们能够把它们分解成某些我们所熟悉的、基本的、因果相似的部分的话。

这就是为什么完全的因果相似性在原则上是不可知,而这也是笛卡尔学派的问题所在。它质疑的并不是物质事件或者精神事件的可理解性,而是心物事件——也就是指,物体的状态和灵魂的状态相互之间的因果关系——的不可理解性。从这一点开始,问题变得越来越严重,阿诺德[①]进一步发展了这种因果关系的不可理解性。这种不可理解性意味着,在原因和结果的逻辑关系上,一个事物的内容并不在另一个之中呈现。而且,这种分析的不可理解性也适用于从一个物体传递到另一个物体的运动。为什么一个状态必然跟随着另一个与其实在不同的状态,不论两者有多么的相似,这在逻辑上都是不可理解的。在这一点上,内在事件是如此,超越事件也是如此。因果关系在任何情况下都具有某种综合的特征,因此它也是不可理解的。我们无法在理智上确立它,或者通过分析来证明它,我们只能综合地经验它。只有以某种方式经验性地知道因果关系的构成,我们才能à priori［先天地］预知和构建出完全新的结果;而即使在这里,也只是因为我们提前知道所有因素。因此,在分析的意义上来说,因果性最终是不可理解的;我们在因果关系中将同一性假设为原因和结果之间的链接,但是同一性在理智上是不可认识的。

让我们从这一点出发,审视现代思想家们在因果问题上所采取的各种立场。我们总是认为,实际经验中具有合理的因素,如果我们撇开这些合理的因素,剩下的就只有时间-关系,我们真正地经验到它。我们所经验到的是post hoc［在此之后］,而我们是否有权将之转变为propter hoc［因此之故］仍是个问题。与其说我们是从序列中知觉到某种必然性,不如说我们把事物知觉为将属性统合起来的链条。因此,我们既不能通过

[①] 阿诺德(Arnold Geulincx, 1624—1669年),比利时哲学家。其代表作有《各种问题》(1653)、《被修复的逻辑》(1662)以及《论美德》(1665)。他是一位笛卡尔主义者,致力于通过引入神圣的干预作为所有原因的真正来源,从而来解决心物互动的二元论问题,这一理论也预示了马勒伯朗士的偶因论。

理性也不能通过经验来知道因果关系，由此我们似乎可以得出，它根本就是不可知的。我们在大卫·休谟那里看到这种观点。严格的实证主义也主张，确定时间中的序列是我们所能够合理从事的全部。即使我们认识到时间中的序列经常重复发生，这种知识也只限于综合的关系之中。因为，如果在个别情况下光凭时间–序列给不了我们任何必然性，那么它也就无法告诉我们任何东西，不论它多么经常地重复发生。因此，对于严格的实证主义来说，我们在科学认识中唯一能做的只有记录下这个序列中详细的事实以及经常重复出现的序列这个"一般的事实"。

然而，毋庸置疑，我们能够在时间的序列中分辨出某些所谓的因果关系，并把必然性归给它们。我们可以以各种方式使自己适应于此，我们因而对因果观念中的不同因素给予了不同程度的重视。休谟就是沿着其中某条思路前进的，既然原因这个观念既不是理智所给予的也不是经验所给予的，既然我们既不能分析地理解它也不能感性地理解它，他只有在内部经验中来寻找原因这个观念的来源，而这种内部经验来自相似序列的重复。我们习惯了 A 和 B 在表象中的相随，这种习惯很容易使我们产生从 A 到 B 的联想，因此当我们关于 A 的印象再次出现时，我们就会感觉到有股冲动让我们去思想 B 的观念。这种冲动的感觉就是必然性这个观念的来源，我们假定了因果关系中的必然性并不在于 A 与 B 的表象之间，而在于 A 与 B 之间。但是，我们真正经验到的是，我们表象中一个必然地把另一个带入意识中。于是，我们内在地经验到某种活动，这种活动使得原因决定了结果在时间中的存在。之后其他的经验又把休谟所指出的对活动的经验推到一边。一个人在记忆中寻找某个东西，他想找的东西就会出现。在这里，我的意志就是这个观念的原因，尽管我不知道它是如何完成这一过程的，但是我对它的经验是一个事实。此外，我想要举起我的手臂，然后我就这么做了。再次，尽管我并不知道我是如何做到的，但我确实经验到了它——这个活动就是个事实。在另外某些情况下，我的意志遇到了阻力，这一阻力部分来自我自己的身体，部分来自其他物体。

我并不知道这个阻力是否还有什么其他的原因，但是我经验到了它，它是一个事实。在这两种情况下，在这种经验中，我都内在地感觉到原因产生结果所伴随的必然性。事实上，这就是力这种观念的真正来源，如果根据它在我们关于外在世界的知识中所起到的重要作用，我们想要将之定义为运动的原因，那么我们只有借助内部经验才能对外部经验给出一个真正的诠释。严格说来，外部经验给予我们的全部就只有时间中的序列，其中某些序列或经常或不那么经常地重复出现。实证主义的机械主义，就像德国的基尔霍夫[①]和马赫[②]所代表的理论那样，会将自己局限在对时间中相继发生的个别事实或一般事实的描述之中。这种理论会将力和功这样的观念排除在关于物质世界的科学之外。

与此相反，必然性表明它本身就是原因和结果之间的关系的决定性因素；因为它本身把各种要素组合成事件这种统一体，而且仅凭它我们就能从大量的时间-序列中选择出我们描述为因果关系的特定关联。正如我们之前所看到的那样，这种必然性主要是心理上的感觉活动给予的。不过，它也有逻辑的一面，那就是**时间-序列的普遍性**。当我说A之后必然地跟随着B，这意味着这两种要素之间有某种真实的、毫不含糊的关联。它蕴涵着以下结果：无论何时何地只要A出现，那么B必定作为它的结果而出现。在因果必然性的意义上来说，无论A只出现一次还是会出现许多次，无论序列AB会重复出现还是不会，这都无关紧要。因此，如果有人认为，因果关系的逻辑方面由于进程不可重复而无法证实，这样的反驳是毫无用处的。因果必然性总是包含着以下假设：如果A重复出现，那么B必定不可避免地会跟随其出现。因此，因果关系就是一般的时间-序列的那些特例。我们知识的方法论特征证明因果关系的这种逻辑意义。直观知觉经常让我们把对相继序列的一个单个经验直接转变为一组因果关系。这

[①] 基尔霍夫（Gustav Robert Kirchhoff，1824—1887年），德国物理学家。
[②] 马赫（Ernst Mach，1838—1916年），奥地利—捷克物理学家、心理学家、哲学家，马赫主义的创始人。其代表作有《感觉的分析》(1900)。

在某些情况下具有某种直观上的有效性,不过,另一方面,这样做也会带来许多幻觉和谬误。为了避免这些错误,我们除了最后诉诸观察重复发生的序列,别无他法。同样的 post hoc[在此之后]越是不断地重复出现,我们就越有信心宣称它就是 propter hoc[因此之故]。然而,我们必须重申,我们从这种重复出现中得不到任何对因果关系的分析性证明。规律性的重复出现让我们有机会并有权利去假定这种因果关系,这只是因为它本身是事实,根据因果关系的一般规则,我们必须为一项事实而假定一个原因。这个原因也许就在总是相继出现的两个现象间的因果关系之中;不过,它也可能在更远的因果关系之中,这种较远的因果关系是这一时间中的组合的间接来源。因此,两个事件的恒常相继(熟悉的例子是白天和黑夜),并不由此而具有因果的特征,因果性仅仅是我们出于方法论上的理由做出的假设;另一方面,我们感觉到我们自己有理由从单一的观察中得出因果关系,但这也并非不可或缺。举例来说,化学家毫不犹豫地期待在某些实体中能够找到同样的反应,他的实验正是依据于此。因此,在我们看来,从单独的实验得到必然性因素似乎可以被一般原理(即相继发生的规律)所证实。正是在这个意义上,康德将因果关系定义为"根据一般规则,一个决定了另一个在时间之中的存在"。根据这条一般规则,我们才能够把原因和结果这两种因素统合成一个统一的事件。

我们通常把这类规则称作**规律**。因此这种特殊的关于因果的观点指出某种因果规律。根据这条因果规律,某些状态和另一些作为其后果的状态相关联。由于这种关联,根据因果原则,每个事件都必须有原因。这一因果原则采取了以下形式:**自然的一致性原则**,或者说自然和规律的一致。对于现代科学思想来说,这一关联在时间进程中已然变得相当明显,以至因果性公理和一致性公理经常可以相互替换。就其本身而言,它并非必然如此,它取决于我们如何规定因果范畴。举例来说,就活动的意义而言,因果关系主要适用于孤立的情况,它不会重复出现,因此也就完全忽视甚至是无视自然的一致性。就像科学界普遍地谈及因果性,创造和奇迹这样的观念同样也不否认因果性。这些观念明确涉及世界开端的原因或某个超凡离奇过程的原因。它们所否认的是，在个别事件中有某种同规律的一致与相符。同样，我们也不能把历史进程中的孤立事件总合起来，并赋予这种一致性以因果性。在世界－进程中，任何事件都具有不可重复的、个别的结构，这使"世界受制于规律"这种观点对于所有这些孤立事件来说毫无意义。我们把经验到的众多复合状态当作一个整体，在这些状态中我们找不到任何规律性的重复和相似，只有在组成复合物的因素之中我们才能找到它们。它们表现出可比的重复性和相似性。某种事物的所有可以表现出来的性质都具有普遍特征，而个体就是具有一定数量的这些普遍特征的独特而不可重复的组合。同样，事件，就其被经验到的总体而言，是由各种关系所构成的。这些关系也许可以在其他不同的复合物中重复出现，因此，就有了规律的意义。既然个别性质具有某种永恒不变的存在，比如普遍概念或柏拉图式的理念，我们从现象事物的多样性中将它们提取出来。因此，因果规律，作为普遍原则，表明了不同状态之间的时间－序列的必然性，我们必须借助抽象知识从真实事件的丰富多彩、各种各样的个别复合中将这些因果规律提取出来。只有在这样的知识中，规律在其普遍性中包含着个别事件得以完成和实现的理由。不过，这个假设是我们对未来现象的所有预测的根本，是我们所有的归纳思想、调查研究以及证明的根本。就此而言，因果性的假设与一致性的假设是相吻合的。必然性决定了时间中的序列的因果关系，这种必然性主要在于能够恒常的重复，即一致性。

我们在规律这个观念中所构想的特殊与普遍的关系，是因果原则的逻辑形式，我们必须用它来取代那种原因与结果之间的分析性关系，我们一直徒劳无益地寻找着那种分析性的关系。必然性统合了事件的各种元素，而普遍的综合则是必然性的本质。因此，我们在因果范畴中找到了统一在一起的、不可分离的两种要素：对活动的个别经验以及对特殊与普遍之间的关系的逻辑假设。片面强调这两种要素中的任何一种，都会在日常生活和各种科学中带给我们不同的原因观念。

第七节

机械论与目的论——自然规律的可转换性——机械的整体与有机的整体——行动的来源——目的和设计——合理的目的论与伪目的论——无意识的目的论——目的论与生命力——发展——为目的论服务的因果性

我们越是仔细地考察因果范畴在科学上的应用，我们就越是必须放弃那些肤浅的观念，即把这些事物看作直接的、自明的经验材料。特别是，我们必须摆脱以下假设：原因与结果之间必定存在着诸如相等性或相似性这样的简单关系。实在有着难以言喻的多样性，对此最重要证明恰恰在于因果关系具有无穷无尽的多样性。因此，我们越是小心地应用这一因果关系，我们就越确信我们在外部世界中发现所有有序的、合目的的活动形式，我们似乎在我们自己的理智生活中不断地经验到它们。物质世界这一概念，作为合目的力量的舞台，是人类最古老的也是最流行的观念之一。生命的现象，即有机世界的现象，及其演变和构架，特别是在普通人看来，似乎是一个合目的性事件的领域。然而，对于它们与运动的无目的因果性之间的关系，我们可以采取许多不同的思路来进行反思，语言上的误解遮蔽了其中的一些思路。在对事件的一般特征进行考察的时候，我们就已经指出了这方面的一个根本差异，尽管这个差异决不符合机械论与目的论之间的区分这一流行的观念。

每个事件在本质上都是时间中的毫不含糊的相继发生，这让我们能够在以下两个选项中做出自由选择：起点决定了终点，或者，终点决定了起点。我们之前说过，必然性要么不可避免，要么不可或缺。我的意思是说，在第一种情况下，给定A，那么B就必定跟随其后；而在第二种情况下，为了产生B，A必定在先。这两者并非总是一回事，因为B有可能跟随着C或者D。运动有可能由推、压、热、磁性或者设计所造成。实在的关系和逻辑的关系在这点上相同：给定其原因，总会伴随着结果，不过原因并不总是与结果一一对应的，因为同一个结果有可能来自各种不同的原因。我们也许可以将此追溯到自然规律的可转换性这个有意思的问题。我们完全有非常充足的理由假定同一个原因总是产生同样的结果。不过，同样的结果是否必定总是具有同样的原因，这却是一个完全不同的问题。然而，我们将它假定为自然的一致性原则的一个必不可少的部分，这个原则是我们所有的归纳思维和推理的根本预设。这在极大的程度上可以清楚地应用于事件的最一般的形式，应用于我们经验的最错综复杂的复合状态。因此，这一相互转换成为我们在日常生活和科学研究中最为熟悉的东西。在物理学和化学领域中，我们很自然地用机械论的术语来进行表达；在生物学领域，我们使用的则是目的论语言。当氧原子和氢原子以1∶2的比率组合，我们就得到了水，不过，我们也可以说，如果要有水的话，那么必定要有氧原子与氢原子，等等。另一方面，我们会说，如果一个有机体对光具有不同的感觉，那么它必定具有某种类似于眼睛的外部结构。在这种情况下，相反的机械论表达就无法达成我们的目的，除非我们在表述因果关系的可逆性时加上"只有"这个词。于是我们会说：只有在适合的温度下，有机物才会产生，因此，如果要产生有机物，那么就需要适合的温度。这种表达形式在描述复杂的、孤立的历史事件中最为常见。只有当我们有像18世纪的德国那样的精神环境并且有像歌德这样的天才，我们才可能会有《浮士德》；为了要有《浮士德》，我们需要这些那些，等等。

在我们探究这些表达是否正确之前，我们必须首先弄清楚它们的含义。让我们以有机体这个经典的例证来说明这点。只有凭借它的这些确定的器官以及它们的同样确定的功能，这个有机体的生命活动和它的生长才有可能。不过这些确定的器官和功能,反过来,也只有在这个有机体中才是可能的。因此,产生出结果的这个整体,决定了它所需要的部分。部分只存在于整体中;并且整体只有通过部分才得以可能。根据整体和部分之间的这一相互关系,康德给了我们一个有机体的经典定义。钟表是一个整体,它由许多已然存在的齿轮等部分组合而成。但是,有机体必须自己产生出构成它自己的那些部分。我们由此得到构成整体的两种基本类型:机械的和有机的。一方面,在机械的整体中,部分先于整体,并且部分通过组合而产生整体。另一方面,在有机整体中,整体则是部分的前提条件,并且部分只有在整体中才得以可能。因此,在有机的整体中,它所产生出的终点,决定了起点。

初看之下,后一种形式似乎并不适合我们日常的因果观。终点决定了起点,这似乎是矛盾的而且是十分不可能的。先在的东西决定了现存的东西,这似乎是理所当然的,尽管这并没有乍见时那么自明。不过,尚未存在的未来能够做什么呢?它如何能够决定事件的进程,它的存在不是仅仅来源于这个事件吗?这似乎不但是不可理解的,而且是不可能的。然而,通过某些一般的考虑,我们也许可以立刻削弱这些反驳的力量。首先,我们已经表明,某些先在的东西决定了结果,尽管这似乎是常识,但如果经过深入研究,我们就能够在逻辑上证明这是不可理解的。此外,还有另外一点。举例来说,如果我们把时间-关系当作现象,我们就会看到先在的东西或者后存的东西只是我们有限理智的某种思想-形式。这应该既不会过多也不会过少强调目的关系的矛盾,因为我们发现这种看待事物的方式对于现象世界中的某些东西来说是不可能的。亚里士多德和谢林都强调这一不可或缺性原则,而费希特则非常清楚地认识到,应当所是就是所有存在的理由,他指出对目的论的偏见的来源:它是基于实体的概念和与此有关的假设,这个假设认为,如果有什么东西要开始存在,那么必定要有某个东西先在。而相反的概念则认为,**初始行动**是直接指向其成就的,因此它被后者所决定,这种相反的概念就是确实的、真正的好人纯粹的关于世界的有机的目的论。

不过，μετάβασις εἰς ἄλλο γένος［种类转换］已经歪曲了整个问题。未来的实在对先在的东西有所影响，这个问题似乎被弃置一旁，因为行动并做出决定的，不是未来的实在本身，而是关于它的观念——起作用的不是**目的**，而是**设计**。关于未来的观念，加上相应的意愿行为，共同决定了意愿的内容在时间中的存在，这似乎是某种我们根据自己的经验而推知的未来所进行的行动；也就是说，我们预先构想出这个行动并意愿着它。然后，这个行动便能够产生出来，因为它作为观念或意愿已经在那儿。不过，这一设计先行于结果；它因而也是某种原因，因此这种目的论仅仅是一种因果的形式——设计的因果关系。

为了表述清楚，我们必须将这些东西非常仔细地分辨开来。正牌的、真正的目的论是关于目的的；它断言了未来的实在这个目的，这本身决定了先于其实现的手段，而目的对于手段来说是必要的。冒牌的、反常的目的论则是关于设计的目的论，它只不过断言，在所有先于结果的原因中，有些原因是关于未来实在的观念并指向它们的意愿行为。在康德的《判断力批判》中，我们能非常清楚地看到，把这些东西区分开来有多么困难，而把它们混在一起又有多么容易。康德的哲学只认可对事件的**一种**科学解释——机械论的因果解释。现在，我们需要澄清，不仅鉴于人类获得知识的实际手段，而且作为原则问题，理所当然，我们不能通过机械的因果性来理解有机生命的目的性。在这种情况下，事实上，目的所产生的未来形式，对于产生这个结果的手段是前提条件——目的是实现手段的前提条件。我们从因果上理解它的唯一方式，是根据人类的技艺活动来类比假设，力伴随着目的而发生作用——这是人类日常生活中非常熟悉的因果关系形式。不过，自然界，甚至是有机的自然界，都是无意识的王国，其中没有设计。所有我们知道并能理解的原因都是机械的。因此，如果禁止我们去假设力伴随着目的而发生作用，那么面对这一目的性结构，我们只好放弃知识的观念并"认为似乎"自然就是根据它们中的某种设计而进行运作的,除此之外我们就别无选择。康德发现他自己被迫得出这一超验的观点,仅仅是因为,他无法把真正的目的论,即未来真的决定了先在的东西,纳入他的范畴体系之中。这是因为他的体系建立在牛顿主义机械论哲学基础之上。

现在,如果有人不准备认可真正的目的论,不认可亚里士多德和谢林所得出的那种目的论,而且他也并不满足于康德体系所提出的"似乎"这样充满问题的说法,那么,正如我们在现代活力论中所看到的那样,他唯一的选择就是,在有机的自然中去假设无意识的目的活动。我们因而再次进入无意识这一中间领域,我们认为它既不是物质的也不是精神的,既不能被经验也不能被知觉,它仅仅是我们为了解释我们的经验所引入的假定。无论我们引入无意识是作为心理的假设还是作为形而上学的假设,根据我们在莱布尼茨、费希特以及哈特曼那里发现的各种含义,它总是意味着,如果想要解释经验中给定的进程,我们就需要假定它们是无意识的,然而我们又不能把它们当作物质的东西。我们并没有轻易认定,不在意识中的任何东西都是无意识的。有段时间,知觉生理学进展得相当不错,它假设了无意识的推理以及类似的表达,但那不过意味着人类满足于语词。从心理学观点来看,我只看到两条思路让我们似乎有必要去假设无意识。一方面,无意识是心灵可以回想起的那些心理内容的前提条件;那些内容不是有意识的,我们既不能把它们看作什么都不是,又不能把它们当作大脑中某种能够解释印象再生的物质结果。另一方面,我们的某些意愿和感觉状态缺乏有意识的动机,在这种情况下,我们极可能陷入对我们自己的感觉和观点的自我欺骗。因此,既然在心理学上我们有理由去假设无意识这一中间领域,我们也许可以谨慎地将之推广至自然哲学和形而上学。如果有机物的目的性迫使我们去假设一些条件,这些条件既不能被看作是物质的东西,并且,就我们所知,它们也不是意识的进程,我们似乎有理由认为它就是无意识的目的性力量,不论我们将它们称作生命力、隐德莱希还是别的什么。不过,我们必须澄清，不论在哪种情况下，无意识都只是我们与心理相类比中假设出的某种东西，除去这一类比的特征，没有人能够说出它实际上到底是什么，它只是个未解问题的名称而已。科学中因果－机械思想必定总是努力想要找到走出困境的道路，因此它拒绝生命力和所有这类假设。

我们可以同康德一样，以另一种不同的方式来阐述目的论问题。合目的总是原子的许多可能的一种组合。存在怎样的组合，这在逻辑上无关紧要，因此我们只是在目的论的意义上，即在其不可或缺的意义上，才可以认为它是必须的。在这方面，在康德之前，人们就已然经常指出这点，现在仍旧如此，因为根据概率原理（特别是根据有限论），和其他所有组合相同，合目的的组合必定会在某个时刻产生。我们一直以来指的都是星辰世界合目的的规律性，而恩培多克勒很早以前就指出了有机世界中的这一规律性。此外，费希纳的理论主张自然倾向于稳定，特别是有机世界；简而言之，这就是达尔文的适者生存理论。对于许多人来说，目的论问题似乎可以通过这种方式得到机械地解决，或者得到机械地解释清楚。然而，这是否只是在玩文字游戏，我们仍然抱有疑问。这一关联中的目的到底是什么？在天文学中，合目的性仅仅意味着规律性，它导致其内部的稳定性；在生物学的进化论理论中，目的就是生物借此保存自身及其种族——适应性。适者生存，这并不完全令人惊诧。这些理论只不过意味着最适合的才能生存下来。有人认为这种理论进一步向我们提供了某些综合知识，我们会有这种幻觉是因为我们赋予了"合目的"这个词以另一种含义。它是一个价值观念，它意味着某种事物的实现，如果不考虑生命的适应性，这种事物符合某种观念、对象和理念。我们认为，适者生存理论的发现已经证明，就这个词的广义内含而言，所有合目的的东西都是机械进化的结果，而且是对最适者的挑选。情况却并非如此，合目的性作为价值观念与作为适者生存这一生物学原则，这两者并不相同。生物学的必然进程经常导致某些生物结构存活下来，我们在这个意义上必须将之描述为和睦的——为了适应生命的目的。然而，在价值的意义上，它与合目的性没有任何关系。现代进化论的生物学理论与哲学理论中的主导因素似乎体现出自然乐观主义的某些幸存下来的残片，这种乐观主义认为，自然事件 eo ipso［就其本身而言］是合目的的和有价值的。

在这方面，含糊的术语制造了很多的麻烦。通过**进化**（除了数学上的进化观念，比如分数或者正弦级数），我们大体上理解两类紧密相关的事件，我们必须将它们彼此清楚地区分开来。首先，我们把进化称为进程，在这个进程中，给定的复合物有着各种可能性，而所有可能性都以它们的某些形式得以实现：这个进程中纯粹的因果关系与任何价值观念都完全不相关。就此而言，初始的气团进化成为丰富多样的星系，我们据此区分简单物与复合物。不过，我们日常看待这些东西的方式使我们倾向把越复合的状态看得越高级，也就是说，具有更高的价值，因此我们认为进化的过程是从较简单、较低级向更复杂、更高级的进步。这实际上就是赫伯特·斯宾塞构建出来的进化论理论的全部结构。事实上，如果我们因此把可能性的展开看作渐进的"进化"，我们就必定要以某种方式引入价值观念来作为标准。举例来说，假如我们说有机物比无机物更高级，假如我们在有机世界中区分出生命的低级形式与高级形式，我们就是在逐渐逼近精神生活以及人类标准的进化理论中断言了价值观念。如果进化是朝向目的的进程，而不是纯粹物质的发展，我们就可以从价值评价的角度出发来看待事件。目的为我们提供了判断变化和发展的标准，当因果变化成功地适应目的，它们就是进步，在这个意义上来说就是进化。这既适用于植物学和动物学，也同样地适用于政治学、文学或农学。我们唯一需要做的事情就是弄清楚我们应当把什么当作目的和判断的标准。并非所有意味着发展的变化都是进步；当奥古斯都·孔德提出"进步"就是社会历史的"目标"的时候，他达到了用词含混的顶峰。

进化总是借由因果进程实现的，这样我们就进入我们现在必须进行分析的最后一个问题。当我们说，如果 B 发生，那么 A 必定先于它，我们就是以目的论的方式颠倒了因果关系；我们这么说的意思是，A是B的唯一可能的原因。因此，为了表达这种目的论的关系，我们必须知道，或者至少认为我们知道，两者之间相互的因果关系。所有对我们达成目的之手段的反思都与已知的因果观念有关。我们把A当作达成B的手段，因为我们知道或我们假设A是B的原因：我们现在是就一般意义而言的，我们也可以在任何特殊例子中这么说。因此，所有目的论都意味着有意识的和具有某种意志的因果关系。

我们因而用因果性服务于目的论，事实上，机器就是我们十分熟悉的一个例子。机器的功能是目的性的，因为我们完全控制了它们运作的因果进程。众所周知，这似乎是17世纪最伟大的自然主义者们所提出的解决形而上学目的论问题的方案，比如波义耳和牛顿。他们把神圣活动的目的论与我们前面所定义的真正的目的论相互混淆。这些哲学家中的莱布尼茨，以及最近的洛采，为了调和普遍的机械论和同样普遍的目的论，都采纳了这种观点。这里的关键因素在于以下两种关于自然的理论之间的对立：一种理论完全摒弃价值，而将无差别的因果性归给自然并作为其本质；而另一种理论则主张我们知觉到了，或者我们认为我们知觉到了，自然的合目的性。当然，没有很好的理由，我们最好还是不要假设这一自然秩序的合目的性。对不偏不倚、中立公正的观察者来说，这似乎总是有所限制。因此，正如我们之后将会看到的，实在是无目的的，这个事实与神正论问题的发展产生了冲突。我们又被带回到了我们在前面所谈到的二元论，不过，这里是目的论与决定论之间的对立。古老的思想家们的坦率直白使他们在这个问题上满足于说，世界在可能的范围之内（κατὰ τὸ δυνατόν）是最好的。此外，在所有那些通过奇迹而特别强调从善之必要性的宗教形而上学那里，我们都能听到这种二元论的回声。我们确实把世界看作所有机器中最完美的那台，不过，即使是最好的机器，有时也多少会发生故障，因而需要圣神的工匠来帮把手。

第八节

心物事件——精神事件与物质事件——心物的因果性——心物平行论——能量守恒——作为副现象的意识——反射运动——作为 asylum ignorantiae［无知的庇护所］的大脑——精神事件的非连续性——作为表象的心物二元性——泛灵论——无意识

在不断重现的二元对立的思想中，哪怕是关于事件的问题，最重要的对立也是物体与灵魂之间的对立。事实上，在物质事件与精神事件之间有着非常深刻的差异，这使它们的统一和互动形成了哲学家们长久以来所面对的、将来也会继续面对的最困难的问题。

当我们去概括这两者最重要的差异，我们首先想到的是它们在连续性上的差异。物质事件作为运动总是连续的，因为它是空间中的位置变化。当物体从 A 运动到 B，它必定通过了两点间的所有空间。很显然，在精神事件中，没有这样的连续性。意识的相继活动都是离散事件，在它们中没有渐进的转变：对它们来说渐变毫无意义。我们听到一个声音接着另一个声音。每个声音都是独特的，与其他的无关，就好像一个球从左滚到右，它的每个位置都是独特的。因此，我们个人所经验的时间只是离散点的总和，但是，我们的外部经验迫使我们在我们个人经验到的时间要素中插入一些事件，为了理解这些事件就产生出客观的、连续流动的时间这种观念。于是就形成了我们看待这些东西的方式：时间并非停驻不前，物体也并非在空间之中，相反，在或长或短的一段时间中，停驻不前是我们的意识。我们在日常生活中对时间的估算就基于此，我们将我们自己经验到的那部分与连续的客观事件进行比较。如果在一小时内我们经验到许多东西，那么我们就会觉得这一小时很短；如果我们什么都没经验到或只经验到很少的东西，我们就会觉得这一小时很长。

第二个主要区别就是空间性实体的运动是外在的——不论我们说的

是可见物体还是原子，当运动结束时它们就不再运动，但是，不论我们具有的是何种类型的经验，精神事件的内容却都保留了下来。在这两个极端之间存在着某种中间物，我们在诸如有机体这样的物质性复合物中发现了某种类似于精神性的东西——功能的某种痕迹或某种习性在事件之后被保留了下来。它被称作记忆。然而，真正的物质性实体，即原子，没有任何变化。不论怎么运动，它都始终如一，当它离开它之前一段时间内所属的那个复合体，它仍旧还是从前那样，好像它从未经历过任何运动。因此，物质性实在具有不变性、持续性，而我们称作观念的实质内容的东西，精神性存在、感觉的统觉团以及意愿，只出现在我们的精神性经验过程中。在个体和整个文化发展中，都有来自事件的恒常续存。因此，正如我们已经好几次所看到的那样，灵魂并非物体意义上的实体，如果我们明确仅在物质意义上使用内在范畴，那么心理学就必定"没有灵魂"。就外部世界而言，如果我们想要对功能、事件有清楚的观念，我们就不得不假设在事物的本性中有某种东西存在。就精神生活而言，事实上，事件才是基本的经验，我们要把实体性的实在当作事件的产物。这在社会-心理学中显得非常清楚，最近这门学科再次获得"大众心理学"这个不怎么适合的名称。日常想法很容易会在物质性的有机体中找到个别灵魂的基质。就那些我们归给民族精神或时代精神的一般状态和运动而言，我们使用这些术语并不意味着有任何实体能被我们证明存在其中或被我们理智所确定。众所周知，在那些例子中，实体性的表述只具有功能上的价值。

根据我们对"进程"定义的方式，我们可以发现物质事件与精神事件之间的另一个区别。从物质的角度来看，进程完全依赖于位置和运动的空间特征。从化学、物理学甚至生物学的角度来看，位置和运动都是关键因素，决定着接下来是运动还是静止，是不变还是变化。另一方面，在精神事件中，后果取决于先前的事件，根据的是理性关系，这与空间条件在原则上毫无关系。在进行联想的时候，支配要素是相似性与对比性；

在进行判断和推理的时候，支配要素是心灵内容之间的真正关联；在进行确信和意愿的时候，支配要素则是手段与目的的关系，等等。这些事件发生过程的差异使我们认识到，这两种事件系列（即物质事件与精神事件）相当不同，这与我们的常识观点，例如我们根据感知具有的观点，相去甚远。

最后，另外一个极大的差异在于，各种简单要素或基本要素构成这两类事件的方式不同。在物质世界中，我们具有的构架可以被表述为力的平行四边形。构成要素消失在合力中。[代表合力的]斜线也许等于[代表分力的]侧边之和，但是无论哪种情况，我们都无法从斜线分辨出它的构成要素。相反，在意识中，复合观念的构成要素保持不变，它们只是根据某些关系形式而被组合成新的统一体。这与精神事件的特征极为一致，由于精神事件的所有要素都存续不变，因此如果它们进入另一个事件，那么它们也不会失去它们的同一性，而是仍旧保持不变。这也许是这两类事件最重要也是最极端的差别。

正如我们所看到的，普通人通常认为相似事物的因果性是可知且自明的，这两个系列的因果性，即运动的因果性和意识状态的因果性，只要每个系列本身是完整的，似乎不存在任何问题。只有当它们彼此交叉，或者相互干扰，我们才会发现心物之间的关系存在着很大问题，因为严格说来，不相似事物之间的因果性是不可理解的。我们首先注意到，我们经验到的心物的因果性就和我们经验到的其他因果性，即精神的因果性与物质的因果性，其实是同样多的。事实上，我们经验的和我们理解的在程度上也是同样多的，也就是说，它们无法进行更多的分析。对于我们的知觉来说，知觉活动中刺激物的变化或目的行为中设计的变化，同物质运动从一个形式到另一个形式的转变或从一个精神状态到另一个精神状态的发展，是同样确定的；但是在每种情况下，原因与结果之间的关系的真正本性却都是不可理解的。

我们主要在我们自己之中经验到了心物的因果性，这基本上是人类学的问题。对于笛卡尔及其直系弟子们（即偶因论者们）来说，事情似乎就是这样的。在他们看来，意识的世界与广延的世界这两个世界之间一般是分离的，而心物的因果性似乎是一个例外情况。然而，人们很快就发现，这个例外实在是头等重要的形而上学问题。一方面，借由心物的因果性，表象、感觉和意愿的状态进入意识，它们从来不会仅仅产生于意识自身。笛卡尔认为重要的是要把灵魂中所有的模糊混乱的东西、所有的错误以及罪恶，都追溯到物质世界对纯粹理智的干扰上去。另一方面，人类通过目的行为来回应外部世界的影响，这种目的行为导致变化，这些变化光凭物质世界自身的机械运动是无法产生的。如果没有心灵的介入，物质元素是否还会统一形成房子和城市、大桥和船只、缝纫机和飞艇呢？只要心灵关注世界，心灵就会产生变化；同样，心灵对世界发挥作用的地方，就是世界发生改变的地方。这些都是不可否认的事实，因此我们不得不调整我们自己去接受非相似事物之间的因果性，不论它们是多么不可理解或者甚至看起来是多么不可能。

科学最近发现了避开上述困难的道路，这一理论起始于格林克斯[①]和斯宾诺莎，随后又被费希纳引入到现代心理学和现代形而上学之中。这个理论假设，精神的世界与物质的世界这两个世界事实上各自都是完整的，它们彼此没有任何相互作用，但这两个世界的事件向前发展的步伐保持完全一致，因为，这是同样的第一实体在演变、表述自身并出现在每个序列之中。我们将这一理论称作心物平行论。也许我们更应当将之称为心物对应论。我们现代的许多科学工作者都十分小心地将之仅仅视作可行的假设，这种假设有助于我们研究精神和物质之间的关联，但我们不能更进一步将之应用于其他事物之上。然而，在研究过程中，这一假设很自然地变成了一套形而上学的理论，这套理论对世界的解释就像斯宾诺莎主义们曾经做过的解释一样。这种理论主张，两个世界，即

---

① 阿诺德·格林克斯（Arnold Geulincx，1624—1669年），荷兰哲学家。笛卡尔的追随者之一，他试图以更详尽的方式重写笛卡尔的哲学。他是偶因论的代表人物之一。代表作有《伦理学》（1663）。

cogitatio［思想］的世界与 extensio［广延］的世界，精神性的世界与物质性的世界，每个世界都根据自身的一般规律而经历了各种阶段，但是两者彼此之间却并无影响。换句话说，即便另一个世界完全不存在，这个世界也会有同样的进展。因此，心物的因果性只是表象，这仅仅因为一个世界的每种样态都完全一一对应于另一个世界的每种样态。从实在的角度来看，灵魂和身体之间的关系就应当如是；此外，从功能的角度来看，意识和运动之间的关系也应当如是。

过去几十年围绕这个理论产生了大量讨论——这些讨论广泛到几乎不可能产生任何新的哲学观点——我们从这些广泛的讨论中就足以找到用以支持心物平行论的主要论证。与此同时，它还向我们引入了一对最普遍的对立关系，此外它还引领我们从植根于问题之中的人类学因素走向终极的形而上学问题，我们需要据此决定接受抑或反对这一理论假设。这个问题和现代科学的一个最高假定有关，这个假定被称为能量守恒定律，尽管人们并不总是能够正确理解它在具体科学中的含义。从这个原则来看，心物平行论似乎是十分不可能的。因为，根据能量守恒原则，物质世界是一个包含着自足的物质实在的全体，每个时刻的动能和势能的分配都清楚地取决于运动的方向和强度，并且受到力学法则的支配，如果这些物质运动有物质运动之外的其他原因，或者它们的原因是精神状态，这当然是不可思议的。此外，根据心物的因果性，在有机体的活动中，意识的变化和运动之间以及运动与感觉之间似乎都有着相互关系，如果我们承认心物的因果性，如果我们认为构成有机体活动的极小部分与构成无机物运动事件的巨大物质成比例，我们在此就违反了能量守恒定律，我们剥夺了这个原则的有效性。因此，很自然，理论物理学家们总是对平行论怀有强烈的偏见。

只要我们把心物的因果性限制在能量**分配**的范围之内，能量守恒定律就存在着危险，我们无法通过假装危险不存在来摆脱这些困难。有人主张，感觉进程和神经系统的内在进程在大脑中储存了大量能量，这些能量通过发动进程而转入目的运动之中。我们必须牢记,我们称为有目的的、由未来观念所构成的以及意志功能所指向的那个精神状态,决定了这一势能为了转变为发动功能所指向的方向,因此它也决定了行动。另一方面,刺激在感觉神经系统中释放出生命力,这种生命力受到精神性元素的指引,沿着中枢神经系统积攒能量的道路前进。如果我们把大脑中能量的分配归因于心理原因,能量守恒定律就不会受到质疑。然而,情况当然并非如此。在数学-物理学上,能量守恒定律明白且无情地应用于每个时刻的势能和动能的分配,因此没有为其他任何原则留下空间。只有对这个原则作模糊的普通理解才使这类一知半解的业余论证得以可能。真正的、准确的数学-物理学定义绝对地排除了这些论证。

罗比内曾经提出的试图逃避问题方案更为幼稚,但当代许多人仍然多次重提这套方案:心灵是能量的一种特殊形式。就像运动可以转变为热能且热能也可以转变为运动,因此,刺激感觉神经的能量应该也可以转变为意识,并且可以作为精神性的能量而经历所有类型的变化,直到最后以目的的终极形式而恢复为运动。因而,有机物便真的成为物质能量的墓穴及其新生的摇篮。各种类型的有机体根据能量的多少而彼此区分开来,能量经历了从物质到精神的偶然转变。但是最终,失去和收获总是等量的,因此能量守恒定律这个原则得以完整地保存下来。然而,需要某些洞察力才能让我们看到,这类论证中再次出现了对形而上学的一知半解,这也造成了对"能量"的各种含义做出浅薄的理解。在归纳能量守恒定律这个原则的时候,我们将物质的实在描述为实体或者功能,但我们永远都不能在同样的意义上将精神性的实在描述为实体或功能。

我们如果对这条伟大的物质原则进行严格定义,就能禁止上述这类解释,此外,它仍旧与另一种观点不可调和,这种观点就是,意识是物质进程的副产品,即所谓的副现象。这种观点意味着,感觉能量转变成动力,它是有机体尤其是有机体神经系统的最主要性能,这种转变似乎极为符合能量守恒原理。并且,它还意味着,有机世界的特质仅仅在于,大脑中的这些运动，除了具有物质的因果关系，还都具有意识的状态，从感觉和知觉到目的和意愿，作为附带的现象。但是，从能量守恒的角度来看，这蕴涵着不可思议的、不可能的能量释放。这一微弱的让步并不更加适合于满足我们识别精神活动的需要。这类伴随着的意识，本身并非原因，而仅仅是一系列主动而独立的连续身体状态的镜子，这种意识也因此成为世界中最为肤浅乏味的事物。它被宣告成可有可无的东西，而绝非我们经验中对物质的东西最有价值的见证；因为精神的东西对我们来说是主动的，是世界中的那条运动原理——mens agitat molem［心灵可以移山］①。一元论经常试图利用意识作为副现象，不过一元论仅仅是利用这一观点来隐藏它的唯物主义倾向。

所有这些托词和借口都对我们毫无助益。我们必须承认，如果我们肯定能量守恒定律是一条关于实在的形而上学原则，如果我们认为这条原则对物质性的实在来说是真的正确的，那么心物的因果性则与之相抵触，因此心物平行论就成为这个原则最简单的也是最好的替代品。但是，另一方面，一旦有人严肃地采纳这套平行理论并去仔细思考，他就会发现可怕的怪物！首先，我们必须认为，物质事件的进程，即物体中发生的所有运动，都与任何的精神性原因无关，并且同样，精神事件的进程也必定与物质世界中的任何原因无关；然后，尽管两者具有彻底的异质性，我们还是需要以这样或那样的方式来解释这两者之间完全的、不变的一一对应。

就身体活动而言，有人试图利用反射运动来使上述观点变得合理且具有吸引力，众所周知，反射运动是所有有机体的功能，人类这种有机体尤其如此。它的产生要么不需要意识要么只是把意识作为"副现象"。在令人惊讶得有时候甚至令人担忧的程度上来说，我们经验到原初的具有意识特征的精神进程，即意愿活动，因此普通人将它们归因于心物的

---

① 出自维吉尔《埃涅阿斯纪》(Aeneid, book 6, line 727)。

第八节 心物事件

原因,但是在某些情况下,它们发生改变而不再伴随意识,于是我们也就不能再将它们归于心物的因果性。像写作、打猎、弹钢琴这类我们一直在学习并在进行练习的目的行为就是以这种方式来完成的,即意识仅仅需要给予最初的动力,此外无需任何作为。事实上,在某些情况下,意识绝对地被排除在原因之外。我们都知道,有时候我们可以做着十分连贯的、令人满意的演讲,同时心里又在想着完全不同的事情。对于我们给出的许多问题的所谓纯粹机械论回答,尽管其内容与问题相关,但是似乎至少并不受到意识的影响。这类事实也许可以被诠释为某种一般的可能性,也就是说,感觉的刺激状态和运动神经之间所发生的生理进程与同时在心灵中所发生的心理进程是同样的进程,它们具有同样的含义并伴随着同样的结果。但是,那样的进程并不会有助于我们摆脱困境。一方面,我们也无法确定地表明,决定这些生理进程的半意识心理进程(更不必说无意识的心理进程),在什么程度上才会伴随着那些位于意识前台甚至似乎独占它的东西。另一方面,事实上,不同的观念可以同时在不同的意识层面起作用,但又彼此互不干涉。我们可以同时一边口述一边写信,一边弹琴一边聆听对话。我们没必要假设我们的心灵在不同活动之间跳来跳去。思想的每趟列车都运行在它自己的轨道上,彼此互不干扰。这也许不仅适用于意识进程,而且也同样适用于无意识进程,在这两种情况下,我们总是有可能具有意识功能的或者半意识功能的心物的因果性。此外,在所有这些例子中,还有后天习得的问题,那就是,把反射运动归因于费力练习,每次练习都包含刺激和反射之间的意识关系。因此,这些自动的进程预设了初始条件,这就没有为意识作为伴随活动这样的理论留下空间,它就是作为精神活动的意识。因此,所有这些论证都无法克服以下事实,那就是,在这些目的性的身体活动中,我们具有的物质进程都迫使我们假定在它们的原因中有意识在发挥作用。物质世界中的有机物,特别是人类,无论在哪里发挥作用,纯粹的机械–物质的进程都会受到精神功能的干扰。

如果有人反对我们的观点，强调有机体所展现的结构（特别是大脑中的有机结构）有着难以言喻的精致奥妙和不可思议的错综复杂，并提出这些似乎都表明用反射运动解释目的行为并非是完全不可能的，这种观点当然很好。我们再次把大脑的复杂结构当成asylum ignorantiae［无知的庇护所］，我们总可以退避其中并把我们自己埋藏在各种没有人能够弄个水落石出的可能猜测之下。然而，仍旧极有可能的是，在需要给出心理解释的感觉-刺激活动中，身体的机能仅仅是由于其反射的习性、联想和不同的反应而合目的地完成的适应性运动。我们最好把神经系统本身所具有的所有这些复杂精妙的结构都理解为心物原因的结果。"电报"论证由阿尔伯特·朗格①所最先提出，它将人们对听到的单词合目的的反应解释为这种反应释放出大脑中的所有关联，它们对应于心灵形式就是意义、回忆、考量和决心，但我们仍旧无法了解大脑的所有这些状态到底如何能够脱离精神状态的作用而只需依据空间性的储存并符合物理-化学的法则。然而，不论唯物主义的解释多么不可能也不可信，我们都不得不承认，由于大脑结构的无限可能性，我们永远无法证明这种解释是完全不可能的。

如果我们从内心生活以及心理的因果性来考虑，我们就会发现要求我们轻信平行论假设是多么奇怪可笑。这种内心生活似乎依据其自身的必然性而得以发展，就好像它完全既不伴随也不依赖于任何身体进程。我们的想象、思想和实践反思的进程都有某种纯粹心理的因果连续性。由此我们注意到，我们只知道，就其来源而言，在这样的运动中发现的精神性元素是我们对外部世界的一个反应。然而，除此之外，我们会遇到一个困难的问题：举例来说，当这些进程突然被一阵疼痛打断，普通人都会将其原因追溯到一次敲击或打击，但是这阵疼痛以及心理进程中断的**心理**原因到底是什么呢？不同于空间的连续性，精神事件的特征是非

---

① 阿尔伯特·朗格（Friedrich Albert Lange，1828—1875年），德国哲学家以及社会学家。新康德主义学派的代表人之一。代表作是《唯物主义史》（1866）。

连续性，心理活动进程的中断和再续就其本身而言永远是不可知的。我们永远需要通过外部世界的影响来解释它，也就是说，通过心物的原因来解释它。所有个体意识的内心活动进程的情况都是如此，倘若考虑到从他人的内心生活所经验到的那些作用，这尤其如此。它们总是由心物的进程所引发。我们也许从诗人和幻想家那里听说过，两个不同的人之间无需物质性中介就能具有直接的因果联系，听说过灵魂和灵魂之间无需任何物质中介就能纯粹作用于内心精神性的因果关系，听说过这类心灵感应的可能性，但我们自己则完全没有这样的经验。这就表明，我们所有个别的意识的重启都与物质世界的作用相关联。尽管如此，如果我们认为心理进程是纯粹内在的和自给自足的，那么，尽管素朴的思想将意识的中断归因于心物的因果关系。在这种情况下，心物的原因将身体进程视为作为非连续性的原因，我们不得不去假设某些与物体进程相对应的无意识的精神原因。

因此，平行论假设必须有所发展，不再仅仅是一种心理学或人类学的理论，而是以原始的斯宾诺莎主义的形式成为一种形而上学的理论，即普遍的泛灵论。我们必须假定，有一套同样连续的精神系统和同样不间断的精神状态的序列对应于整个物质系统以及空间－物质状态的序列——而我们的意识对它们一无所知！这就要求我们去盲目地轻信。意义、价值和目的性的精神因果性平行于位置、方向以及各种运动形式的物质因果性，并且这两者的每一步都相互对应！这是要求我们去相信的最为奇特的冒险故事，事实上，相信它只会带来绝望。因此，我们还不如去承认，在身体和灵魂相互作用中具有个相似的共同因果性，这种观点还更少些坏处，而且也不那么令人感到奇怪。

为平行论辩护的一元论者们都无法做出让步，对于他们来说物质系统与精神系统是两种分离的实在，它们以某种无法解释的方式彼此相互对应。他们主张这两个系统仅仅是基本实在相互平行的现象而已，我们据此准确地找到它们不变的相互对应的理由。与此相反，我们首先可以观察到，我们绝对无法通过将之从基本的实在领域移动到派生的实在领域，从本质移动到表象，来摆脱这一假设的自相矛盾。恰恰相反，我们现在所面对的最严重的问题是**为什么**一种实在会发展出两种完全不同的表象样态。对于支持平行论的一元论来说，不论我们是在客观意义上还是在主观意义上来理解"表象"这个观念，这个问题都不但失之偏颇而且无法解决。如果我们把两个领域构想为从一种基本的实在——这个基本的实在是不可理解的——发展出来的两类派生的实在，所有困难就又回到了我们之前在讨论本体论时所遇到的问题。如果我们把心物二元性的表象限制在人类的意识中，正如我们之前所看到的，它仍然没能变得更为可理解。

然而，这些问题中最重要的是，我们再次发现我们不得不去假定无意识的状态，这种状态既不具有物质的特征，也不具有精神的特征——我是在灵魂的观念等同于意识的观念这个意义上来使用这个词的。根据现代的哲学思想，笛卡尔学派把实在划分为 cogitatio［思想］的领域和 extensio［广延］的领域，而我们的做法所带来的独特结果是在这两个领域间插入第三个领域，即无意识的领域。然而，事实上，支持这一中间领域的所有论证都来自心理学及其对无意识现象的尝试解释，这也就意味着无意识必定更加与精神世界而非物质世界有关。因此，心物平行论的假设把无意识和意识相互结合成一个独立于物质世界的统一体。总之，所有这些问题都是形而上学的问题，基于古老的形而上学而提出的平行论假设会经历种种困难。我们指出这些困难只是为了表明，最终的解答依赖于以下问题的解决：人类的知识究竟能够到达多远，是否能够超越外部经验和内部经验到达实在本质？

第三章　知识论问题

对于所有本体论和发生论问题，从未经训练的头脑所做的最简单假设到科学成熟的理论，最显而易见的假定就是：我们的观念必定是知识，而且还必定是真知识。这个假定是如此平淡无奇，以至于人们并非总是意识到它，特别是在刚开始的时候，然而它是思想发展的驱动力量。在我们最初的印象中有种令人不满的要素，这个要素让我们感觉到，甚至在说害怕的时候，我们当作知识的那些直接观念也许并不是真的，这总是刺激着我们去发现问题。我们由此可以理解，为什么我们最初所具有的那种关于感觉和真理价值的意义的观念是非常不充分甚至不可靠的。然而，这些观念正是最不被怀疑与质疑的观念。理性的反思最终转向其自身。古希腊人将这一理性反思称为 νοεῖν［知识，或理性思考］，因此我们也称这些问题为知识论的问题，这些问题来自获取知识的任务以及达成这一任务的方法。

第九节

真理——关于知识的理论——科学与知识——判断——超越的真理、内在的真理和形式的真理——作为价值的真理——实用主义——意见、信念与知识这些问题中的第一个问题是对真理本身的定义。只有在心灵的成熟阶段才会对此产生不安，而且，这些问题在历史的发展过程中是最后产生的。起初，我们满足于简单的自信，即"真理之勇气"，它伴随着我们的心灵活动：我们只是进行思考、询问、探寻和研究。经过一段时间后，不可避免的对立和失败困扰着我们的心灵，我们开始询问我们是否能够完成获取真正知识的任务。一旦到达这个阶段，我们的理性良知就会感到，在获得任何其他进展前，它必须先解决知识的可能性这个问题。在追问这个先决问题之前，科学通常已经完成或正在完成它们自己的任务，同样，这些科学本身必须为回答这个问题提供材料。因此，知识论问题作为后续问题是完全不可避免的。

这个问题的必然性显然是建立在事物的本性之上，因此，这些知识论问题的解决方案在科学体系中到底占什么样的位置，这个问题完全与之无关。作为特殊的、融贯的研究，人们现在经常将之称为"关于知识的理论"（或者有时候也称为知识论），它必定也是**最终**的科学，因为它以所有其他科学为前提。必定先有知识，这样知识才能成为一套理论的对象。因此，在哲学史上，知识论问题是智者们最先提出的，随后由苏格拉底和柏拉图进一步发展，之后它们又经历了漫长而丰富的发展，最后科学知识转向其自身。这个开端导致了亚里士多德的逻辑学，它是古希腊科学自我意识的最高峰。

起点是柏拉图对知识和意见的区分，即ἐπιστήμη[知识]与δόξα[意见]的区分。这个区分包含了对各种证实的最初一撇；在这个区分中，知识越傲视意见，科学对其自身的本性和程序也就越自信。从那时以来，任何完整的哲学体系都包含对知识本性的讨论和对知识的证实、范围与限度的讨论；在大部分情况下，这一主题的观点往往体现出整个哲学体系的最终立场，甚至可以说，这就是对整个哲学体系最高的检测。现代重申形而上学体系之间的冲突，这也把知识论问题推到了前台。洛克提出要求，在讨论任何形而上学的困难前，我们应当首先研究我们寄希望解决这些困难的工具的使用范围——也就是说，人类获取知识的官能的使用范围。其后，康德主张，对知识可能性的探究应当先于所有知识，至少先于形而上学知识，因此它是**第一**科学。

我们并不会进一步追问，有关知识的理论到底是对所有形而上学的检测还是它的基础，我们只会从对这个问题的讨论中选取理解这些问题极为重要的内容。康德主张对知识可能性的确定应当先于实际知识，他的这个观点初看似乎极有道理，然而这个观点却遭遇到了反驳——它包含循环论证：这正是黑格尔对康德提出的反驳。既然关于知识的理论**是**知识，它就假定已经证明了它想要证明的东西的可能性。这就像人要在下水之前就学会游泳。如果知识论想要做的是制造心灵的 tabula rasa［白板］，ab ovo［从头开始］思考，从一个全新的起点开始思考，这个反驳就是合理的。但是，那是不可能的，因为任何思想都是与其他思想相互交织、息息相关的。因此，关于知识的理论无法与其他科学的内容割裂开来，尽管我们无需知识论也可以获得其他的科学知识。康德为了解决批判问题所要求的悬置涉及的仅仅是形而上学。关于知识的理论完全可以运用其他科学的结果，并把它们当作解决其问题的唯一可用的论证。

我们为了解释这个情况，最好的办法是去检验人们为了支持康德并反对黑格尔而提出的那些不合理的辩护。有些人提出，知识是事实。如果科学就是为了解释所有事实，科学就必定也能够解释这个事实，如果科学解释不了，那么它就是先于任何其他科学。知识的理论和科学的关系如同生理学和生命的关系。我们在此并不会研究康德的观点到底是对是错。但是，无论如何，这都是对康德立场的一个糟糕的辩护，因为如果这个辩护预先假定知识就是事实，它就没有为研究知识的可能性留下任何空间。任何存在的都是可能的，那么，唯一的问题就是，这是如何可能的。此外，如果知识理论就像关于知识的生理学，它就既不是心理学也不是形而上学，因此它也就既不是知识的起点也不是知识的终点。但是，问题恰恰在于，是否真的有这么个东西可以作为知识。知识理论的起点并非我们具有知识这个事实，而是我们在科学中宣称我们具有知识。而且，知识理论的任务就是探究我们这样宣称是否合理。就此而言，知识理论并不意味着对给定事实的解释，而是意味着一套哲学理论，这套理论就是对上述宣称的可靠性进行的批判性研究。它十分不同于解释性理论，因为后者不得不表明实在的可能性。生理学就从来不追问生命的理由。

因此，知识理论的情况正是这样：对于那些在科学中代表了事实的观念，我们宣称它们是知识，问题是人类的这些科学是否真的是知识。因此，我们可以总结说，这个问题预设了我们将知识和科学定义为不同的东西。科学是我们实际上所具有的某种东西，而知识则是实际科学必须要满足的任务。因而，在知识论问题中，我们就得出实在与价值之间基本对立的显著形式，即存在与判断存在的规范之间的关系；根据这种解释，它们从理论问题转变成价值论问题。根据这个关系，科学就是观念在历史上所给定的内容，它们不同于个人意见，我们认为它们具有普遍的有效性和规范的必然性。而我们在此碰到的哲学问题仅仅是追问，我们在日常生活和科学研究的进程中都默认为理所当然的观点是否真的合理。总而言之，这个看法就是认为这些科学观念具有真理价值。因此，真理是所有知识论问题围绕的核心观念。

我们对真假之间的区分非常熟悉并将这个观念视为理所当然，以至绝大多数人从来没有反思过它们到底是什么含义。可以肯定的是——从所有方面来看都毫无疑问的是——谓词"真"是关于价值的谓词，我们赋予这个谓词某些特定观念。但是，当我们进一步仔细研究，我们就会发现我们很难定义价值及其观念形式的含义。有些观念是我们接受为真或拒斥为假的，对于这些观念在严格意义上具有的形式，我们应当首先达成一致。的确，未经训练的头脑经常谈到特定观念和概念的真假问题，比如我们询问原子概念到底是真的还是假的。不过，当我们更加仔细研究的时候，我们就会看到，这种对语词的使用是一种派生用法。真这个谓词——正如从笛卡尔那里发展出来的现代哲学所表明的那样——最初只应用于观念之间的关系，我们在口头上用命题来表述并在逻辑上称之为判断。然而，作为心理学进程，判断是极具特色的结构，我们在其中也许能获得对整个精神存在及其两类特征的最为清楚完整的表述，这两类特征就是理论特征和实践特征。下判断并不仅意味着把观念相互关联起来，它还意味着肯定这一关联是正确的和真的，换句话说，在否定判断中，它还意味着拒绝这种关联并把它当作错误的和假的。因此，斯多亚学派称之为 αξίωμα [原理]，我们从中不但看到把各种观念以某种关系统合起来的理智要素，而且还看到肯定或否定这一关系的意志要素。斯多亚学派将判断中与心灵活动相关的意志活动称为 συγκατάσθεσις [同意]，我们现在需要追问的是，这个同意的含义到底是什么。未经训练的头脑很自然会用他们想当然认为的同意的含义来回答——也就是说，真理的含义必定总是同样的，而且具有确定的规定性。

然而，情况并非如此，我们无需花费多大功夫就能表明，真理具有非常不同的含义。数学命题的真、历史假设的真和自然法则的真并不相同，我们是否能以同样的方式来描述这些东西呢？我们会发现，未经训练的头脑也许会对这个问题给出肯定回答。他们也许会告诉我们，在每种情况下，真理都与关于实在的观念相符合。但是，我们很容易就会看到，几乎很少有情况是这样的，即使在我们刚刚提出的那三个例子中也并非如此。对于历史假设，我们也许可以用与实在相符合这样的标准，但是如果我们想要将这个标准应用于数学命题或自然法则这类理智构造，这就太牵强附会了。事实上，真理的这种肤浅的含义来自日常的经验性思考，随后又被推广到事物及其活动的观念上。真理的这个定义意味着人类的观念形象地符合人们当作对象的实在。我们也许据此得到对事物的朴素理解的最完整表述，这种对事物的朴素理解认为，有知觉的心灵处于周围世界中，而周围世界则以某种方式在心灵中重现。我们在语言上用所有的感觉印象来表述认知过程——重现、反映、包含、把握等等——此外，我们从各种感官活动那里得到的所有感觉印象都表明，我们可以用各种方式来想象这一再现。

上述观点表明，外部实在会在我们的内心中重现，现在的感觉知觉理论已经彻底摧毁了这种观点，此外，**超越**的真理——我们可以这样来称呼真理的第一层朴素含义——已经无法在其原初意义上续存了。此外，任何尝试严肃证明经验和实在相符合的努力都仅仅表明不同来源的表象具有一致性，但从未能够表明表象和事物的相符合。我们可以在我们的直接经验中将表象和记忆或者想象的图像进行比较，并将它们指向同一个对象，但我们永远无法将表象和对象本身进行比较。然而，人们认为实在会在思想中再现，并将真理看作为思想和实在之间的一种关系，这种超越的真理永远不会完全消失，我们在关于真理的其他观念中还会发现这一思想的其他形式。

举例来说，真理的**内在**定义仅仅肯定不同表象之间的一致性，发现它们保持一致的希望总是基于期待，期待它们总是关于同一个对象。事实上，我们受到了以下这种想法的微妙影响：两个数量彼此相同是因为它们都等同于未知的第三个数量，或者至少"符合"第三个数量。如果我们在科学理论中总结出的观念与我们在经验中获得的那些观念相一致，我们寻找一致性的真正的理由就是以下这种隐藏于背景中的想法：不但在科学之中而且在经验之中，同样的实在都向我们的心灵表象了其自身。因此，"图像理论"是最基本的、最持久的真理形式，根据这种形式，真理代表着表象和表象所指对象之间的关系。

然而，这并没有穷尽真理的领域。还有其他的真理，它们不会质疑对象，不论对象这个词的原初含义是什么——人们最初认为对象是实在在思想中的再现。所有的数学真理、逻辑真理、伦理真理和美学真理都属于这类真理。在它们中，真理的唯一标准是，它们在意识中表象自身所伴随的必然性和普遍的有效性，而在其他真理那里，标准似乎只能归于它们和对象之间的关系。然而，如果我们想要避免误解，我们就必须非常小心地定义这种**形式**的真理概念所具有的两种特征。首先，普遍的有效性和认知主体的多样性有关，我们不能把它当作实际的事实，我们不可能经验地获得对某种说法的一致认同，更不可能向人类这一族群的所有成员进行证明。恰恰相反，我们必须非常严格地限定所有真理的实际有效性，否则，它们就会遭遇始于矛盾终于微不足道的命运。此外，我们只能在经验上接近却无法完全获得这种普遍有效性，这并不能保证真理，因为众所周知，我们经常会把谬误当作真理，这种事情我们知道很多，以至于我们都不需要堆砌任何历史上的例子予以说明。因此，在形式真理的定义中，我们讨论的普遍有效性只不过是我们所渴求的东西：我们应当出于必然性而在所有普通的思想主体中去寻找的东西。然而，这里的必然性和自然法则的必然性不是一回事。某些表象过程导向错误的，某些表象过程导向真知，但它们都受到相同精神发展之必然性的支配。因此，我们在逻辑中所说的思想的必然性，并不是心理学的必然性，而是表象内容的内在的、实际的必然性。根据实际性因素，形式的真理概念又回到了与对象的关系，即使它不再以假设外在于心灵的实在这种原始形式来构想，而是对它做出了某种修改，我们稍后会对此进行考察的。

因此，知识与其对象之间的纯粹理论关系绝非毫无歧义。即使我们只考察上述三种真理形式，也足以使我们理解，为何晚期古代哲学关于"真理标准"有那么多广泛而徒劳的争辩。如果有人想要对真理给出唯一的、普遍的、能够适用所有情况的定义，上述显示出来的困难就总会再次显现。我们应该提出，真理是在所有情况下**应当**被肯定的东西，这也是我们唯一能做的。我们据此就会理解，为什么在现代逻辑中，我们总把关于真理的理论当作关于价值或责任的理论的一部分。然而，这也带来了新的困难。构成真理的理论上的"应当"是否是绝对的，这至少是不确定的，而且这极有可能是有关气质和性格的问题，而非理智可以决定的问题。并非所有人都认可并肯定真理的责任具有完全普遍的有效性。逻辑上的命令只是假言的，而非绝对的。我只能期待，在人们知道一条真理或应当知道一条真理的情况下，他会认可它。既然知识意味着思想有意指向真理，我们就再次发现我们陷入了循环论证。

有人试图给知识指定一个不同的目标来避免上述指责，倘若如此，真理似乎就成了获得这个目标的手段。当代有关真理的价值理论就表现出这种思想倾向，我们称之为实用主义。它主要基于以下观点：人为了行为（πρᾶγμα）而运用思想，为此他需要表象的带领，最终那些思想变成了知识。的确，人们最初只是为了行为而思考，进而产生判断，去肯定或否定，这种心理进程完全具有情感的特征——也就是说，感觉和意愿的进程贯串着这种心理进程。判断中的同意和意愿因素要求肯定或否定的动机。这些动机，对于个人和大众来说，是欲望和厌恶的感觉，期望和恐惧的感觉，也是植根于这些感觉中的意志力。但是，迄今为止，我们已经把意见赋予了确定感觉和需要的自然进程；至于意见及其原初样态，我们认为其有效性仅仅是相对的而且被限定在个人之中。我们把感觉和意志的不变的、固定在意识中的倾向称为性格，那些让人表示同意的情感动机就来自他的性格，因此，当我们说意见就是确信（确信是同意的某种类型，我们通常称之为**信念**），它们在情感证实的范围内仍旧有效。而科学知识的重要特征及其伦理上的重要意义在于，科学知识只承认表象对象和思想法则中所包含的理由作为证实的手段。为了真理而追求真理，而不是为了真理在生存竞争中所带来的可能的好处才渴求真理，这种态度是移情这一心理进程的产物，它是人类在历史进程中发展出来的，但是至今仍只影响着相对较少的一些人。我们将这类让人表示同意的纯粹动机称为**证据**，它完全不合适也不能应用于像实用主义这样的真理理论。因为，可以清楚表明的是，人类实际上只根据他们的需要来证实他们的意见，而且，他们只主张那些对他们有用的真理，即便在这里有用性也并不等同于真理，而仅仅是一个特性，这个特性规定了我们如何鉴别真理。从逻辑角度来看，实用主义是手段与目的的诡异混淆。从历史角度来看，实用主义则完全是另一回事，因为它代表着个体主义在知识论上的胜利,由于我们的理性文化的衰败,个体主义释放了意志的力量并让它攻占了纯粹思想领域。它使我们开始质疑我们文明最伟大的成果,即求真意志的纯粹性。

在对真理进行定义的带领下,知识理论不得不根据它的发展以及它对真理的价值所做的影响来理解人类知识。因此,我们不得不首先处理知识的实际来源,然后再处理知识的有效性以及知识与对象的关系。

第十节

知识的来源——思想与知觉——理性主义与经验主义(感觉主义)——人类主义——先天主义与后天主义——心理主义

知识与意见的对立来自极有理智之人的自我意识,他们以他们自己反思出的结论来反对大众的传统观点。尽管他们彼此之间存在着很大分歧,正如赫拉克利特与巴门尼德之间体现出的那样,但是他们总是意识到他们的科学思想并非来源于他们与被他们所轻视的大众所共同拥有的直接经验,而是有其他的来源。因此,在科学发展的最初时期,古希腊人就把理性(νοῦς)以及理性思考(νοεῖν)与知觉(αἴσθησις)对立起来;然而,尽管心理学理论和形而上学在很大程度上都削弱并最终摧毁了这一对立,但是,这一对立在方法论和知识论中仍旧保留了下来。它在柏拉图将知识当作回忆(ἀνάμνησις)的知识理论中达到高峰。当然,根据这个理论,对理念的直观代表了对真正的非物质实在的知觉,不过,这种知觉并非来自人间,它与身体的经验也有着根本上的不同。根据古希腊人的心理学理论,他们总是把理智当作被动的活动,或者当作接受性的主动活动,对他们来说,只要没有受到个人自己的活动的干扰或扭曲,灵魂对实在的接受或反映就成为每个人特有的知识,以至这种不加反抗的接受会在神秘主义的直观中找到其宗教上的实现。

这种关于知识的心理起源论完全符合朴素的超越真理观中所包含的图像-理论。但是,知觉的真正本性对此做了部分修正。尽管我们也许会把知觉想象为像蜡块那样的灵魂从周围世界中所接受到的印象,但是诸如"把握"和"构想"这些表述都表明,即使在感觉知识这个领域,我们也都不能忽视意识的某种主动活动。事实上,早在智者学派的教义中,我们就可以发现这种理论:所有知觉都产生于主体与客体之间的双向运动。我们可以进一步清楚看到,感觉知觉不是客体的结果和灵魂随后对此做出的反应,与此相反,在思想中,灵魂的本性就是主动的,它从客体那里只接受到刺激,使它得以能借此关注自身。因此,这里有一个古老而常新的问题——我们的知识到底是来源于外物还是我们自身(即灵魂的有序本性),歌德认为这个问题就是康德批评哲学的核心。

倘若有人坚持对这个问题作出非此即彼的回答,这个回答就会变得非常极端。如果我们回答源于外物,我们得到的就是经验主义,它倾向主张所有知识都来源于经验;如果我们回答源于我们自身,我们得到的就是理性主义,它发现所有知识都基于理性思想。在现代哲学最初的几个世纪中,从培根和笛卡尔一直到大约18世纪末,经验主义与理性主义之间的对立是这个时期哲学的主要特征,在这段时期中充斥着关于"天赋观念"的争论。经过晚期经院哲学的精细阐发,"观念"这个词的意义变得十分含混,它可以被应用于所有类型的表象,因此它就成了知识论问题,即是否存在着某些观念,它们并不直接来自经验,而是属于灵魂。经验主义对此做出否定的回答,因此这种理论不得不解释说,所有知识都是来源于知觉。洛克的理论就是经验主义的经典形式。他区分了经验知识的两个来源,即内在经验与外在经验,灵魂的知识一方面来源于它自身的活动,另一方面来源于灵魂通过身体从周围空间世界中接受到的印象。普通人可以很聪明地将这种知识理论嫁接到二元论的形而上学上去,那种二元论的形而上学主张意识与广延之间的区分,即精神与物质之间的区分。此外，有两个反对天赋观念的主要论证。第一个论证是，如果我们灵魂本性被赋予了这种知识，它应当对所有人都相同；然而，就大多数人的意识生活而言，情况却并非如此。另一个论证是，只要我们把灵魂的观念和意识的观念（cogitatio［思想］）等同起来，我们就无法谈论这些观念包含无意识的存在。然而，即使是经验主义，它也必定要考虑到灵魂对知识中的知觉材料所做的加工，因此洛克不得不求助于灵魂的能力、官能以及力量，他认为这与表象的内容有关，而且可以在内在知觉中到达意识。他认为，倘若如此，他就已经对知识的理性要素做出了充分的解释；不过，他的某些追随者指出，即使对内部知觉的这种解释也总是预设了外部知觉，因此最终还是只有后者才提供了知识的内容。如果这意味着，在这些内容中，我们可以获得洛克追溯到灵魂功能的所有要素，经验主义就变成感觉主义，这种感觉主义主张所有知识都来源于物质性的、感觉的、外部的知觉。如果我们把意识中的要素与我们在知识中发现的所有关系相互结合，我们得到的就是感觉主义。这种理论不得不主张，这些内容之间能够或应当存在的任何关系都总是仅仅依赖于这些内容自身。但是，即便果真如此，任何单一的经验材料都无法给出比较或区分这类基本关系，而材料的总和同样如此；它们是某种新的东西，是内容之外所附加的东西。

我们再来看看与经验主义立场相反的理性主义，这种理论主张，经验内容各类关系的组合与整理来自于灵魂的活动，因此，我们在这些组合的形式中能够找到原初知识和天赋观念。文艺复兴时期的新柏拉图主义追随斯多亚学派的说法主张，原初知识由于灵魂的真正本性及其神圣来源而属于灵魂；笛卡尔及其学派也采纳了这种观点，笛卡尔主义哲学中的大部分都主张天赋观念是自明的真理，尽管这并非从心理学意义上，而是从逻辑意义上来说的。如果我们现在把这些观念描述为起源于心理，就像笛卡尔的追随者们所做的那样，那么很清楚，这些观念实际上就不能作为意识的观念被给予，只能在功能或在实质上作为无意识的能力而被给予，莱布尼茨随后在他的单子论和《人类理智新论》中对知识标准所作的完全发挥也是如此。然而，正因此，经验主义和理性主义相互之间变得十分接近，它们的冲突也就变得几乎毫无意义。经验主义必定会承认，知觉材料只有经历理性加工才会变成经验；而理性主义也无法忽视以下事实：理性的关系形式需要内容，而这个内容必定在知觉中被给予。经验主义经常重复一个经院哲学的论断，那就是"Nihi est in intellects quod no fuerit in sensu［凡在理智之中的无不在感觉之中］"，而莱布尼茨则在这句论断之后又加了一句"Nisi intellectus ipse［除了理智自身］"，这就成为对上述情形的经典表述。

在某种意义上我们也许可以说，就这个问题的回答关涉到知识理论而言，它解决了知识来源的心理学问题。但是，我们决不能忽视这个古老争论的现代变化。经验主义无法否认，在文明的高级阶段，每个有文化的成人都能够发现某些直接证据表明存在着理性真理，这些真理并非基于他自己的经验。举例来说，根据因果性原则，我们有信心假定每件事都有原因。在这种情况下，我们需要经验的理论来帮助我们对天赋观念做出进化论的解释。尽管不是每个人都能获得这些真理，不过在进化过程中，人类必定能够获得这些真理，并通过遗传、习惯、模仿和语言而植入个人之中。更有可能的是，根据实用主义的理论，这些思想习性适时显示出其自明性，而且它们对人类的知识和行为都极为有用，因此它们的有效性就在于它们对人类生存的有用性。任何采纳这种解释的人都不得不剥去理性真理的真正本性，并将它理解为经验者的一个有用的理智习性。只有在这个意义上，我们才能将实用主义也称为人本主义——为了避免混淆，我们建议最好还是使用另一个更加古老也更加好用的术语，即人类主义。根据人类主义，所有"真理"都基于人类的需要，而且也仅仅是一种人类的价值。这一相对主义的现代形式显然并没有超越古代智者的说法，他们更加清楚且更为有力地将之归结为：人是万物的尺度。①

当人们考虑到植根于经验主义和理性主义之间矛盾立场的逻辑含义，他就把这两者之间心理学上的对立上升到更高的层次。经验，作为表象的总和，是由长期获得知识的具体活动所构成；反之，理智活动先在于对这些经验进行加工，总是包含着或多或少的普遍命题。因此，经验主义归结说，所有知识最后还是来源于具体的经验；反之，理性主义则在原初的、明显的普遍原则中找到所有知识的最终基础。不过，很清楚的是，这些极端主张的价值被限制在非常小的范围。我们的知识很少仅仅表明具体经验，同样，普遍原则也很少不是基于经验的。在所有人类知识中，我们总是同时具有这两者，我们不会单独发现具体知识或者普遍知识。从逻辑上来看，我们把这个对立称为先天主义和后天主义。这两个表述来自经院哲学家对亚里士多德主义术语的改造。古希腊的逻辑区分了一般存在与具体表象，一般存在在实在性上在先但在知识上在后，而具体表象则在实在性上在后但在知识上在先。不过，根据经院哲学的语言，思想从特殊到普遍的归纳过程是 à posteriori［后天的］，而从普遍到特殊的演绎过程则是 à priori［先天的］。即使在现代的方法论中，我们仍旧会区分后天经验推理与先天的理性推理。然而，经验主义也许会承认某种相对的先天，但会否认绝对的先天。因为一旦我们通过归纳法获得普遍原则，我们也可以先天地从它们得出特殊的知识。另一方面，理性主义则无法去掉经验主义要素，为了从普遍知识得到特殊知识，理性主义就不可避免地需要它们。

通过对这个古老的对立所进行的上述修正，我们意识到，心理起源论的观点对于解决知识论问题毫无用处。很清楚的是，同意是判断的本质，人们实际上做出判断或表示同意的方式，与对判断或同意所做的辩护和证实，这两者是完全无关的。人们所做的大部分陈述都是模仿性的，

---

① "人是万物的尺度"，是古代智者普罗泰戈拉（Protagoras，公元前490—前421年）的名言。

而且是来自权威的说法——尽管这些权威的说法常常彼此矛盾且纯粹只是个人的说法。因此，正如我们在其他地方已经看到的，一般来说，实际的判断总是情绪化的，而且是基于感觉和意愿。这导致判断的自然进程绝对无法证实。人们通过心理状态的来源，要么在逻辑意义上，要么在美学或伦理的意义上，来决定它们的价值，我们把这种朴实无华的观点称作心理主义。它是18世纪哲学的主流观点，其领袖人物洛克给出了典型的表述。根据系统的精妙阐述，在理论领域中，这一观点的实质似乎就是"观念"从感觉的开端演化出最微妙、最高级的发展，因此在法国，人们根据这个方法把哲学限定在十分狭窄的范围内，人们把这种狭隘的哲学称作观念论——这又导致人们把哲学家称作观念论者，尽管我们本应将这个词限定在其原初含义之中。如今，心理主义仍旧以某种外行不太了解的形式得到保留，不过自康德时代以来，哲学界再也没有人严肃地采纳过这个学说。在知识论中，原因并非问题所在，证实和判断才是问题所在。前者是事实，它的进展根据的是心理发展，而后者则是价值问题，受制于逻辑规范。这就是康德哲学的本质，他以饱满的信心把对知识问题的心理起源的（或者，用他的话来说就是，生理学的）处理方式发展成为逻辑学的（或者，用他的话来说就是，先验的）处理方式。莱布尼茨的《人类理智新论》对这一发展起到了至关重要的影响：经验主义与理性主义之间属于心理上的对立，而后天主义与先天主义之间属于逻辑上的对立，《人类理智新论》完成了从心理上到逻辑的转变。因此，在批判哲学的成熟形式中，先天这个熟悉的术语不再具有心理上的含义，而只具有逻辑上的含义。对康德学说的所有误解都源自逻辑的先天性和心理的先天性相互混淆。批判哲学无疑将知识论问题从心理领域转变为逻辑研究领域。知识来源不是问题所在，知识有效性才是问题所在。

第十一节

知识的有效性——心理的有效性与逻辑的有效性——有效性与存在——普遍意识——作为形而上学的知识论——独断论：朴素实在论——关于共相的论争：实在论与唯名论——怀疑主义——或然论与盖然论——现象主义——数学的现象主义——符号论——本体论的现象主义——观念论——唯我论——唯心主义——绝对的现象主义：不可知论——意识主义

"有效"一词经常出现在日常用语中，不过在洛采那里它有着特殊的含义，这个词在最近的逻辑学中已经变得极为重要。然而，我们决不能认为仅仅通过使用这个便利的词语我们就能够逃避它所包含的所有困难，恰恰相反，我们必须更加仔细地把这个词在**心理**上的含义与这个词在**逻辑**上的含义区分开来。根据前一种含义，有效意味着对事实的认可；举例来说，我们说有效的法律或现行的法律是区别于理想的法律或者可能的法律。在这个含义上，它总是与认可其有效的某个具体的心灵相关，这就像所有的价值在心理上都与评价它们的心灵相关。不过，真理的含义还需要一种自身的有效性，这种有效性与意识无关，或者至少与具体的、经验的意识无关。普遍认可的假定毫无疑问植根于有效性的逻辑含义之中，它基于意识内容的实际条件。数学原理是有效的，而且得到了普遍认可，因为它们是从数学概念中必然地推断出来的。因此，有效性这一哲学观念指向的总是超越经验主体的认识进程。真理的有效性独立于可犯错的、进化中的主体的所有行为。数学真理早在任何人构想它之前就是有效的，哪怕有人错误地拒绝赞同这条真理，它也是有效的。出于这一理由，有效性自身的含义已经成为现代逻辑的主要问题。因此，有效性与存在之间的关系就特别成问题。我们越是把存在当作经验的或可感的实在，存在与有效性之间的对立就越显著。即使精神性的实在也不足以满足有效性这一逻辑观念的要求。另一方面,有效性独立于对其进行认可的所有精神进程,这种独立性也是它自身的一项特征,除了最高的实在性,没有比它更适合的词语了。因此,如果我们把有效性当作非实在的,我们就会陷入自相矛盾,这就是为什么这类研究很少能够不把有效性本身当作绝对意识的有效性,即"普遍意识"的有效性,从而在形而上学上来解释它。这也因此成为主要问题。我们之后将会看到,我们可以把不同的问题应用于此。不过,我们首先需要考察试图把知识的有效性解释清楚的各种方式。

超越的真理观念所包含的图像理论就是这些理论的最初形式。然而,经过更加仔细的考察,我们就会发现它只不过是我们为达成目的所设定的一个主要原则。举例来说,出于上述原因,我们可以将知识理论的任务归结如下:各种科学以它们的全部结论向我们提供了一幅关于世界的客观图像——我们期待,并且应当期待,每位有思想的普通人都会认可这幅图像;只要没有其他观点和信念来反对这幅图像,我们就要认可它。关于知识的理论丝毫没有消弱科学的实际有效性,它对于科学既无增益也无减损,除了研究关于世界的图像及其所指的绝对实在之间的关系,知识理论并无其他任务。也就是说,知识论问题就是要查明我们意识对象和实在的关系到底是什么。换句话说,意识和存在的关系构成了所有科学思想中的知识论问题。真理的价值就在于意识和存在之间的某种关系,而我们就是要在知识论中去发现这种关系。从这点我们可以得出,如果我们不同时处理存在,我们也就无法处理知识。而且,如果我们把关于绝对实在的科学称作形而上学,知识理论就既不先于它也不后于它——知识理论既不是形而上学的预设也不是形而上学的标准,它就是形而上学本身。这就是费希特的知识论和黑格尔的逻辑学从康德的《纯粹理性批判》中所推演出来的结论。

因此,对于意识和存在的关系这个问题有多少回答,知识理论就有多少不同的思想倾向,由于存在着可应用的概念关系或者范畴,因此我们可以从范畴体系中推演出各种观点。同一性是对所有其他范畴都起到某种决定性作用的基本范畴,在目前的情况下,它给了我们超越的真理观念。意识和存在彼此相对,但它们在内容上却是同一的。真观念的内容应当真正 extra mentem [外在于心灵]。我们立刻就能看出这一貌似合理的理论所包含的困难。意识、表象、判断以及知识本身都是实在的,这种朴素的真理观念假定在意识之中所重现的东西发生在另一存在之中。这种朴素的观点认为,另一存在就是物质性的实在,它包围着可以进行认识的心灵;由此我们可以推论,一旦知识超出物质实在,这种真理观念就会变得毫无用处。

某些未经训练的头脑并没有受到这些考量的干扰,因此他们始终坚持自己的真理观念,正因为这种坚持,我们才可能和康德一样来谈论关于知识的独断论,独断论没有进一步批判就断言,其观念的有效性就在于对实在的把握或图像化。因而,我们首先有了感官知觉的独断论,这又导致了"朴素实在论"这种关于世界的理论。世界就像我所知觉到的那样。各种知觉上的错觉不应当使我们在这个观点上犯错,因为这些错觉本身都可以被其他知觉所修正。朴素实在论还面临着更加严肃的反驳,我们必须注意这些反驳与知识论问题密切相关:这些反驳让我们看到,所有我们在知觉中归给事物的内容–规定,都不属于事物,而是属于知觉意识。这些考量似乎向我们证实了与我们自己的经验印象相反的东西,然而,所有这些考量都是基于以下事实:我们依赖于我们的概念反思,科学知识也依赖于我们的概念反思,而非我们的朴素知觉。我们由此得到概念思想的独断论,这一独断论以其公理性的信念主导了我们全部的世界观,这个信念就是世界像我们必然所思的那样。

共相问题的争论是有关普遍概念的有效性的经典论争,普遍概念的独断论在其中得到了重要的发展。最早的古希腊科学关注思想与概念之间的对立,这在柏拉图的理念论中达到顶点。在柏拉图笔下,外部知觉和我们通过这些知觉所获得的事物被赋予了同样转瞬即逝的、不完满的实在性。另一方面,概念思想的持久而自给自足的结果则被赋予了更高的、绝对的实在性。我们最好不要被机智却错误的现代解释所误导,不要认为柏拉图并没有想要把物质实在意义上的有效性归于理念——他和他的学派把科学思想中的普遍概念的内容称作理念;我们也不要认为他传授了其他关于有效性的学说。只有以这种方式我们才能理解,为什么他的理论引发人们批判性地追问,这些概念内容何以能够是实在的而且是所有其他实在的条件。在古代以及经院哲学时代,知识理论从这发展出两种对立的观点,我们将之称作实在论与唯名论。实在论(universalia sunt realia [共相是实在])断言,用柏拉图的术语来说就是,正如我们的知识是由概念所构成且必定是关于实在的知识那样,概念的内容也必定被认为是存在的副本。只要我们承认特殊依赖于普遍,那么我们就得主张实在论。因此,在这个意义上来说,关于自然规律的知识是实在论的主要形式。但是,从柏拉图的时代以来,实在论由于以下事实而产生出许多严肃的困难:对于观念所能够具有的实在,或者对于它们决定其他实在的方式(这里的其他实在指的是特殊的和物质的实在),我们不可能形成一个令人满意的概念。这些困难迫使我们朝相反方向思考,从而走向唯名论,唯名论认为,概念是进行反思的心灵中的辅助构造,它们不是独立于心灵并就其本身而存在的事物的副本。如果我们认为它们仅仅是相似于对象的共名(universalia sunt nomina [共相是名称]),它们就更加不重要了。唯名论主张,我们知觉知识中的特殊要素和实在有着直接的关系(要么特殊要素就是实在的副本,要么以其他某种方式与实在相关)。不过这种理论还声称,概念反思是心灵纯粹内在进程的结果,如果说它有类似的真理-价值,这是不可思议的。然而,它必定会承认,纯粹内在的反思实际上取决于反思的内容,这些内容与整个反思活动及其结果相互交织;另一方面,它也必定会承认,思想的进程及其概念反过来也会导致特殊观念与知觉相一致。因此,它发现自己与以下问题相冲突:思想的形式如何与实在的形式相关,到底是因为它们属于同一套实在的体系,所以它们指向彼此并最终保持同一，还是因为它们属于不同的世界，所以对于它们是否同一或有什么其他关系，我们得不出任何结论。于是，我们看到，在有关共相的论争中，作出宣判的是形而上学的动机。我们称之为唯一论或单元论的世界观的所有形式都来自实在论；而个体主义的所有形式则必定具有唯名论色彩。

一般来说，独断论的两种形式的差别在于，知觉的独断论（朴素实在论）属于前科学，而概念思想的独断论则属于科学。在知识论问题产生之前，这两种独断论就已经以某种方式受到质疑。我们把这种质疑称为"怀疑"，因此，从怀疑产生的追问是知识理论的最初和基本的阶段。我们给了它一个古希腊名称Skepsis［怀疑］，有人试图保持这种怀疑的追问并主张我们不可能超越怀疑而获得永恒不变的知识，我们把这样的主张称为怀疑主义。即使在前科学的思想中，怀疑主义也已然显露，对于人性之狭隘和知识之有限，我们有着不计其数的抱怨。我们先从量的角度来思考这些有限性。它们是空间与时间上的有限，空间与时间将我们的知识限制在非常狭小的范围内，因为知识依赖于我们的经验。确实，这类简单的怀疑主义与经验知识的说法十分一致。我们在获得科学知识之后就产生出这个疑问，也就是说，这种科学知识是否真的满足其目标。但是，当对这个问题作出否定回答之后，情况就完全不同了。即使在这种情况下，科学家们通常仍旧对他们的知识有着完全的信心，而且认为所有超越实证知识的范围并试图解决终极问题的努力都是徒劳无功的。因此，作为一套系统的信念，怀疑主义总是涉及普遍观念的问题——涉及哲学的形而上学方面；此外，在日常生活中，怀疑论者大多是那些不会马上接受宗教信念和形而上学的人。伴随其教条主义的倾向和修辞上的习惯，古代怀疑主义断言，不存在任何知识——不论是通过知觉或者通过思想，还是通过这两者，人类都无法获得任何真正的知识，并且还断言，人的心灵与实在有可能是两个完全分离的世界。从一般意义而言，可能并非如此，不过这并不重要，因为，如果这些断言是科学的陈述，而不仅仅是修辞上的说法,它们就必定要有某种基础,也必定包含着某类知识。因此,正如我们在归结知识论的任务之时所看到的,各种科学的实证内容并不属于怀疑论者所抱怨的范围,怀疑论者所抱怨的是超越实证的问题,这些问题部分是科学的问题,不过大部分还是哲学的问题。科学的怀疑主义不但是从独断论向关于事物的一般看法的必然转变,这些一般看法本身具有科学的或者超越科学的可信度,而且,科学的怀疑主义还可以变得不只是暂时的信念,而且是确定的信念。在讨论本体论问题及其解决方案以及发生论问题及其解决方案的时候,我们就已然不止一次到达紧要关头,通过各种论证和反证,我们有可能可以对不同的结论,甚至实际上是矛盾的结论,做出进一步的推进。如果我们由此得出唯信仰论的推论,即在这种情况下没有任何结论是可能的,那么我们就有了或然的怀疑论,或者说或然论。每个人都有完全的权利来主张这个观点。

由此出发,我们再次得出各种审慎却又非结论性的说法。当然,当论证和反证势均力敌的时候（ἰσοσθένεια τῶν λόγων）,从纯粹理论的观点来看,我们无法赞同任何一方,因此我们也无法做出论断,而必须悬搁判断（这就是古代怀疑论者所说的 ἐποχή［悬搁］）,但意志能够以需要、想要和倾向的形式发挥影响。这里我们在利益上能得到保障,这种利益可以有许多不同类型：它可以是个人需要或团体需要,也可以是理性的要求。对于纯粹理论上的判断来说,所有这些实践上的考量无论如何都毫无用处,所有这些都会遭到同样的严重责难。它们确实把理智从怀疑的不安中释放了出来,但是它们这么做的风险会导致我们犯错。然而,我们在商业上不得不面对这种风险,我们必须做出决断,此外,在实践生活中的许多方面,人们都不得不这么做,因为两害相权取其轻。但是,我们决不能由此推论,这些替代方案是真正的知识,或者做的好像它们就是这样。

当论证与反证之间的关系处于这种情况,即其中一方从整体上决定性地强于另一方,在某种情况下,我们可以发现在理论上削弱怀疑主义的合理方法。正如所有知识（甚至包括哲学知识）所做的那样，在这种情况下，人们依据概率来决策。我们放弃获得对哲学问题的全部的、完全的解决，并把得出非常可能的、大概率的结论作为可能，我们把这种观点称为盖然论。在古代的所谓中期学园时代，公元前3世纪和公元前2世纪的柏拉图主义学派，把盖然论转变为了怀疑主义；这就是罗马人通过西塞罗接受到的世界公民哲学的特征，在文艺复兴时期，它又被诸如蒙田这类思想家称为"学院派的怀疑主义"。它一方面认可具体科学的实证知识，另一方面又对终极问题微笑耸肩。这个思想就是实证主义的首要来源，就像我们在大卫·休谟那里看到的那样。

或然论作为一种普遍理论，其最极端的表现形式是主张我们无法识别出知识与实在的关系，特别是，我们无法说出这种关系是否是相似关系。不过，这很容易滑向另一种观点，即这种关系是非相似的关系，尽管严格说来这并不怎么恰当，但似乎绝大多数人都非常喜欢这种观点。因为，正如我们无法证明这种相似性，出于同样的理由且在同样的程度上，我们也无法证明这种非相似性。最终，对相似性的怀疑很容易滑向非相似性的信念，这在逻辑上并非必然，但心理上却是必然。此外，就人关于事物的普遍观点来说，意识和存在之间是不同的，这个假设支持了非相似性的观点，我们因而也就到达了所谓的现象主义这种态度；现象主义主张，人类知识确实与独立于它的实在相关，但是知识并不是实在的副本，我们也绝不能这么认为。然而，日常的真理观念与此相距甚远，以至这种态度似乎总是带着无可奈何的味道。我们的知识"只能"到达表象，它"仅仅"是表象，这种说法很容易带来第二层含义，那就是，我们的知识本应当去把握实在并控制实在，但是很遗憾的是，人类的认识官能无法做到这一点。

不过，根据现象主义宣称所具有的外延，现象主义知识论的基础相当多样。某些现象主义包含对人类知识不同等级的价值评价，它宣称某些知识是与实在相一致的超越真理，并把现象性特征归给其他知识。根据我们之前对知觉与概念所作的区分，我们可以识别出现象主义的两种形式。第一种形式是**感觉主义**的现象主义，根据这种现象主义，感官知觉的内容是实在的，而概念不管怎样都仅仅是观念或者名称，其有效性只能限制在意识的范围之内。这种观点十分接近朴素实在论这种流行态度，不过它也属于中世纪的唯名论，它在最近的哲学中不断出现。我们只需引用费尔巴哈所阐释的唯物主义作为例子即可。与这种感觉主义的现象主义相对的是**理智主义**的现象主义，与前者恰恰相反，这种现象主义主张所有感觉表象仅仅是实在在意识中的表象，我们只有在概念中，在思想内容（νοούμενα［本体］）中，才能发现实在。这种理智主义的现象主义要么体现为数学形式，要么则体现为本体论形式。数学的现象主义是科学的理论，它把事物的所有可感性质都当作表象或现象，并且把实在的有效性赋予可用数学处理的数量关系。我们在前面的章节已经十分详尽地阐释了这种观点，并从各个方面对此进行了考察。于是，因果性的范畴已经逐渐取代相似性的范畴，来作为意识和存在之间的关系。我们把表象当作事物作用于意识的结果。此外，生理-心理学理论表明，实在和被知觉的事物之间，即存在与意识之间，有严格的、累进的对应关系。就知识理论而言，有关意识与实在的关系的这种观点的核心在于，根据这种说法，意识中的表象形式并非对实在的反映，而只是表象它，就好像图画表象被画的事物。因此，我们将现象主义的这种形式称作"图画理论"，或者符号论。主张这种理论的，在古代，主要是伊壁鸠鲁学派；在中世纪，是奥康和唯名论逻辑学；在近现代，则是洛克和孔狄亚克。这种理论也为诸如亥姆霍茨这类现代科学家的哲学化奠定了基础。

理智主义的现象主义的另一种形式，即本体论的现象主义，是概念形而上学的态度，我们在柏拉图的理念论、莱布尼茨的单子论或者赫尔巴特关于实在的理论中都能发现现象主义的这种形式。根据这种理论，全部的感官世界，不论是量的关系还是质的关系，以及在时空中的数学规定，都仅仅是非物质实在或者超物质实在的表象。这种现象主义的特别重要的地方在于经验中所给予的内在性规定,即意识的质。经验的两种形式,外部经验和内部经验,以同样的方式清楚地向现象主义的论证开放。我们可以从观念论这个词的历史中很好地看清这点,正如我们所见的那样,观念论这个词带来了许多误解。知觉向我们所表明的有些有关事物的感觉性质,其实并不是实在,而"仅仅"是表象或者"观念"。因此,观念论从一开始就是把外部实在简化为表象。不过,这样的观念是某种真实的东西——真实精神中的真实活动和真实内容。我们又把这种形而上学的观点称为观念论,实际上我们应当将之称为唯心主义的观念论。这就是我们在历史上经常碰到的现象主义转变为唯心主义形而上学的主要原因。因为如果有什么东西要呈现的话,那么就必定不仅仅有正在呈现的实在,而且还有它向什么呈现的那个东西;那个东西就是意识。于是,经验的两种形式中的内部经验经常主导和支配外部经验。外部世界的活动将可知觉存在抛到意识状态之中,而外部经验仅仅是关于这些意识状态的知识,因而它似乎仅仅是整个内在知觉领域中的一个部分。原初的、不可怀疑的、确定的东西就是意识及其各种状态的实在性,而根据这种理论,我们仅仅是根据各种或多或少不那么可靠的推演去相信外部实际的实在性。一些哲学体系把任何意识的基本性质——不论是理智还是意志——都当作事物的真正本性,并且把整个外部世界仅仅当作意识的现象,所有这些哲学体系所依赖的都是上面所说的那种思路。内感觉处于优势地位,这是整个现代形而上学以及现代知识论的显著特点。根据现象主义或符号论的思路,我们关于外部世界的知识不再接受真理是实在的副本这种说法,不过就心灵关于其自身及其意识状态的知识而言,我们还是肯定了这种说法。事实上,撇开对知识与其对象之间的相似性质疑,灵魂的自我知识是我们唯一能确信的知识,只要我们不要在实体概念的帮助下在其中插入某些形而上学的超越性即可。所有的心理知识都是基于这种自我知觉的知识,从长远来说,这种自我知觉是根据记忆而来的知识,因此我们自信地认为,凭借对自我知识的记忆,我们能准确地知觉到内心经验，正如它们实际上所是的那样。

于是，我们碰到了康德所说的人类知识的"丑闻"：我们可以严肃地质疑外部世界的实在性和意识的实在性，在具备不容置疑的理由的情况下，我们随后对它们再次做出断言。内在精神，出于理论的目的，具有压倒物质性实在的优势，这导致我们在意识和所谓的"存在"（作为与意识相区别的物质性实体）之外又创立了另一套范畴，即内在范畴。根据这种现象主义的形而上学（人们错误地称之为观念论的形而上学），意识扮演了实体的角色，意识的状态及其活动就是观念和表象，我们把外部世界中的实在还原为观念和表象。这种理论所假定的奇怪形式是理论上的自我主义，或者说唯我论，这套理论只保留了个别的哲学化主体作为实体。当然，几乎很少有人会严肃地肯定这一主张；它更多只是用作相互冲突的论证中的恐吓。对这种理论的肯定严格说来只是一场"独角戏"，因为它拒绝向其他认知主体证实其观点。这一理论只有以贝克莱主义的形式或者莱布尼茨的单子论伪装自身的时候，才显得稍微有些合理。不过，我们已经十分清楚地表明，即使在这种形式下，人们也都无法从意识中推演出像外部世界这样的异质内容。现象主义的最后形式就是在超越个体的意识或"普遍意识"中去寻找实在，就像各种阐释康德学说的形而上学所试图做的那样。然而，这些学说都没能保留住康德自己所构造的"普遍意识"的纯粹逻辑的原初含义，这种原初含义与他所宣称的理性所获得的知识本身的有效性相关。

所有这些观点都是基于精神与物质之间的对立这个古老的观点，他们把后者当作表象并把前者当作表象中的实在。我们只有通过把精神性的东西和物质性的东西都当作表象才能摆脱上述立场。倘若如此，在它们之后，我们就只有一个完全未知的存在（因为不可表述），即物自体。这种绝对的现象主义后来被称作不可知论，我们可以在康德的知识理论中看到它的身影。事实上，这种理论的一个特征就是主张，作为内感觉现象之实体的灵魂，与作为外感觉现象之实体的物体，必定同样都是不可知的。不过，这个主张直接反对形而上学，特别是反对（贝克莱和莱布尼茨所主张的）唯心主义的形而上学，这个主张就此而言很难成立。在康德那里，对于心灵的状态、表象、感觉和意愿所具有的经验知识，心灵自己都无法把握它们的绝对本性，而只能把握它们的现象本性，只能把握它们在意识中的自我表象。然而，伴随着这个发展，如果它仍旧是不完全的，现象主义就是在自我削弱甚至自掘坟墓。因为既然我们能够表象的任何东西在内容上要么属于外感觉的世界，要么属于内感觉的领域，物自体就不过是假设的无，没有任何实在定义或形式关系可以被应用于它。这样，物自体就成了毫无用处的思想假设；我们无法对它进行任何解释。从这个未知的物自体那里，我们既得不到任何关于外部世界的表象含义，也得不到任何关于内在世界的表象含义；从这个未知的物自体那里，我们丝毫无法理解表象的实在所划分出的两个有着深刻分离却始终相关的领域，即物质领域和精神领域。这个不可知的物自体仅仅是个暗室，人们把他们不能解决的问题放在里面，不让它们见光。因此，在形而上学方面，康德把理论上对知识的洞察与"理性的保障"区分开来，前者被限制在现象的范围之内，而理论上不可知的东西将自己向后者呈现为善和神圣的超感世界，康德通过这种方式又将自己的知识理论重新纳入自己的体系。康德在他对知识的批判中主要给出的思路是绝对而不可知的现象主义，但后来他却又转变成了唯心主义的现象主义。

当然，我们在此绝对没有打算彻底探讨康德的知识理论的重要意义，我们仅仅想要表明他的知识理论和形而上学问题的关系。我们稍后会再来处理知识理论的其他方面。在这里，我想要指出绝对的现象主义在当代的新发展。新发展的基础在于物自体这个观念的无用性。当康德宣称说，物自体不能被知道只能被思想，当我们认识到这个观念之无用的时候，会引发以下问题，我们是否真的**不得不**去思考不可知的事物，或者甚至说，我们是否**能够**去思想它。如果我们对这个问题做出否定的回答，我们就会推论说，我们在原则上不能把实在与表象的关系应用到存在和意识的关系。既然所有其他的主要范畴——相似性、因果性、内在性——都不适用，那么只剩下同一性可以作为意识和存在的基本关系，或者说，所有的存在必定以某种方式表象意识，并且所有的意识必定以某种方式表象存在。在我们前面提到过的现象主义的各种形式中，同一性理论让"普遍意识"理论得到进一步的发展，**同一性**理论也发展成为意识主义的观点，它把"内在"哲学这个名字赋予了自己。这种理论最近又改头换面自称为"关于实在的新哲学"。它拒斥物自体这个观念，因此也拒绝寻找表象背后不同于表象的存在，它具有彻底的实证主义特征。不过，它面临着非常严重的困难，那就是，意识和存在的同一使我们绝对不可能理解知识与无对象的表象之间的价值差别，真与假、对与错之间的价值差别。根据这个理论，对于实际认可过程中的变量，同意的量的不同层级并不足以给我们对真理的明确定义，因此也不足以给我们一个知识论问题的解决方案。因此我们必定得朝其他方向寻求解决方案，这个方向就是康德在阐释知识对象的新概念中所采纳的方向。

第十二节

知识的对象——先验的方法——意识的功能和内容——存在与意识——杂多的综合——客观性就是真正的必然性——抽象——选择性综合——理性的科学：自然科学与文化科学——心理学的位置——没有价值的知识与具有价值的知识——各种科学的自律性

我们到目前为止已经考察过的所有知识论中的各种概念，都依赖于对超越的真理这个朴素的假定。根据这个假定，认识主体站到实在的对立面，将实在视为其对象。这个对象到底是进入了意识，还是只在意识中得到反映或表象，这些仅仅是同一基本观念发展出来的不同学说而已。

所有那些由此产生的理论，不论想把哪种范畴应用于意识与存在的关系，都注定在劫难逃，因为我们一旦从形而上学上割裂思想与思想内容，我们就不可能再恢复它们之间的关联。现象主义试图用诸如"相关的"以及"对应的"这些模糊的词语来掩盖这一无法解决的基本问题，但只要我们进一步考察这些词语，这个问题迟早会回来。从这些假设出发处理知识论并将之放在它自身的基础上，这是批判方法或者说先验方法的优点，康德运用这个方法来反对心理和形而上学的方法。当然，康德自己也是从之前的那些方法中渐渐发展出这个方法的。于是，他把知识论的问题归结为以下这个著名的问句："对于我们表象的对象而言，它们之间关系的基础到底是什么？"无需过于秉持康德哲学体系的学术形式，仅仅从意识出发进行考察，我们也能很好地对此进行解释。

在所有的意识中，我们会遇到**功能**与**内容**之间的基本对立，意识的功能就是意识的活动或状态，此外，意识的功能在意识的内容中得以释放。在意识经验之中，这两者相互联系，不可分割。功能不可能没有内容，内容同样也不可能没有功能。但是，心理经验在记忆中表明，意识的内容具有实在性而意识的功能则并未发挥作用，这偶尔也是有可能的；另一方面，正确与错误的区别也证明，意识的许多内容所具有的实在性不过是心灵中的表象。然而，简要分析以上含义表明，我们只能说任何具体的内容是实在的，也就是说，我们把它和某类意识关联起来作为其内容。我们可以从个人的经验意识上升到人类任何历史群体的集体意识，然后再超越集体意识到达理想或规范的文化-意识——最终，在形而上学上达到绝对的世界-意识。这个过程的最终极限是不再需要任何意识的实在。这种**存在**就是朴素实在论意义上的实在，最终也是物自体这一哲学观念意义上的实在。这就是我在谈论与知识相关的对象时想要说的意思。由此出发，我们将对象划分为两类，一类对象在本质上是意识的内容，另一类对象则是新进入意识的东西。精神性的实在就是存在与意识相一致。但是，对于精神以外的实在而言，是否进入意识则无关紧要，因为它脱离任何意识活动而存在。事实上，倘若没有意识，这类实在永远不会被想出来，因为当我们试图这么做的时候——当我们去认识它的时候——它就成了意识的内容。因此，从长远来看，除非我们将知识的对象当作意识的内容，否则我们无法构想它们。过去或未来的知识的真实性到底在于什么，用这个问题检验上述观念一定极为有趣。初看起来，过去似乎不再是实在；如果所有知识都只是观念与实在的相符，那么从日常用语的含义来看，这个真理的标准就不适用于我们所有的历史知识。然而，我们必须假定某些东西构成了这类知识的"对象"，此外我们还必须决定这些知识是否可靠。过去无论如何也无法构成任何意识的内容，因此它也永远无法成为知识的对象。Mutatis mutandis［作必要的变更］同样也适用于我们关于未来的知识。的确，这还可以推广至所有那些我们假定为空间中是实在的，但却没有知觉到或不可知觉的东西。事实上，那些在此条件下被当作实在的东西，那些与知觉主体或认识主体毫无关系的东西，必须被意识视为完全非实在的东西。我们既不能思考它，也不能言说它。

因此，我们不能根据朴素实在论通常所做的那样来定义对象，《纯粹理性批判》最先进行了这样的处理。只要我们追问，在意识中并且伴随着意识所给予的是什么，我们总会在意识自身中发现意识内容的杂多统合为统一体。这一统合组成了意识的对象。这些统一体的多种要素以某种方式成为独立的东西，这使得表象活动可以得到进一步的发展。然而，这些统一体的要素并不是产生于统一体自身，而是实在的一部分。只是当它们统合成统一体，它们就成了心灵的对象。因此，对象并不像外在于心灵的那些实在那样是实在的，而仅仅是心灵将其内容的各种部分统合成统一体。全部问题就在于，从长远来看，在什么条件下，这种杂多的综合统一体才具有知识价值。我们在此必须注意，我们追问的是有关人类的知识问题。我们处理的问题是，在什么条件下，在经验意识中，由综合统一体产生的对象所具有的重要意义才能超过个体表象以及种族表象所具有的作用。很清楚的是，只有组合形式是真正基于要素，而且只有我们把这种组合形式视为每个人进行综合的标准，它们才能够具有这种重要意义。我们只有在联系中去思考要素并认为它们属于概念，我们所具有的概念才是有关对象的知识。思想的客观性因此也是真正的必然性。不过，到底需要哪些要素，这就依赖于我们思想的经验活动。正是在这种意义上，康德说，正是"我们"自己产生了知识的对象。

这些实在的要素在经验意识中所形成的所有集合，除了个人自身具有的经验的自我意识，都是实在的难以计数的所有领域的一部分。无论它们是关于事物的观念还是关于事件的观念，它们总只是对全部实在的非常有限的选择。此外，所有无数多的关系也不可能表象在一个经验意识里，在这些关系中，任何东西都可以作为意识和知识的对象。思想成熟的文明人能够把许多代人的工作压缩成某个统一体或科学概念，依据思维经济原则，这个统一体或科学概念能囊括许多潜在的知识，但是，即便是心灵在理论上的这些高级产物，也永远无法包含全部的实在。人们在人类心灵中进行着对杂多的综合，这种综合因此不可避免地受制于人类知识。在知觉中，经验意识总在对可能的感觉做出选择，从知觉到概念的任何进步，从概念到更高概念的任何进步，都只有通过放弃差异并专注于共同特征才能获得。这种过程在逻辑上称为抽象。这种抽象过程得到的结果是从无数多的实在中所进行的价值选择。事实上，概念是我们简化世界的手段，只有通过概念，作为有限存在的人类心灵才能成为自己的表象世界的主人。

就此而言，心灵产生出自己的对象，实在的要素本身呈现为心灵的对象，心灵从这些实在的要素中创造出它自己的世界，一般来说，事实的确如此。我们在后面将会看到，对于伦理和美学心灵来说，这个特征明显到几乎不言而喻。而理论心灵则从以下事实中发现它的重要意义：知识的任务是描绘独立于自身的实在，这个观点受到未经训练的头脑的影响。不过，我们越清楚地意识到这种知识本身是实在最有价值的部分，我们就越能看到知识本身只是对要素的某种综合，它在对这些要素进行选择和安排的过程中揭示出它自身。这种选择和安排就像知觉那样，最初是不自觉地发生的。通过全面塑造我们对象的表象，我们的世界由此产生，它是实在的一部分。甚至在简单知觉中，我们称作对象的东西也并不那么实在。那些要素进入对象并作为对象的组成部分，具有无数的其他关系，这些关系并没有限制在我们狭窄的意识范围之内。就此而言，我们自己创造出对象。但它们并不因此而不同于实在——它们并不是未知的物自体的表象，而我们能知道的只是这种表象。它们是实在的一部分，尽管它们永远无法代表全部的实在。不仅对象的组成部分，而且它们形成对象的方式，都根源于实在本身。我们知识的真就在于此，并且也仅仅在于此。我们由此在知识中产生出对象，就其内容和形式来说，这些对象确实属于实在，但是就其选择和安排来说，它们则属于新的结构。因此，这些对象在知识中的产生是实在的极有价值的结构，倘若我们将在人类知识进程中形成的这些对象称作"表象"（不过在这种情况下，表象是量的，而非质的，因为它无法表象实在，而只是对实在的选择），那么我们可以引用洛采的话来说：如果我们的知识仅仅包含表象，那么表象在意识中展开，这必定是实在的组成成分所能发生的最有价值的事情。

如果我们因而把知识的本质当作选择性的综合，这种选择性的综合在人类心灵当中从不可估量的全部实在中产生出对象的世界，我们最好能以我们意识到的这一知识本质的方式来定位我们自己。最简单的事情是把前科学的知识与科学的知识区分开来。最初，我们获得知识的冲动所引发的简单朴素的行为导致非科学的对象世界之产生。不但在我们的知觉中，而且在基于知觉的意见中，对象似乎都是自发地形成的，完全不需要我们精神力量的任何活动，以至于它们似乎是外来的、被引入的、被看到的、再现的以及被描画在心灵中的事物。只有在科学知识中，我们才会有意识地产生对象，也因此才会故意去形成对象。不过，这么做的方式根据初始的意识形式或意识内容而有所不同。因此，我们（并不是在心理起源和发展的意义上,而是在逻辑的意义上)把理性的科学与经验的科学区分开来。知识的综合特征产生出对象,这个特征在理性的科学中比在经验的科学中更加明显。因此,在理性的科学中,从柏拉图的时代以来,数学就一直是知识理论的启明星。在数学那里,十分清楚的是,它的对象并不是意识接收到的东西,而是意识本身,数学的对象就是从意识中产生出来的。这对于数字和空间–形式来说都是真的。然而,尽管经验有助于我们形成这样或那样的算术观念或几何学观念,但是这些观念本身绝不是经验的对象。因此,即使根据有关对象的朴素观点,就实在的日常意义而言,有数学头脑的人也并非再生、包含或描述某种存在的实在。In natura rerum［物性］是否有某种东西与之对应,数学知识与这个问题完全无关。正是出于这个原因,数学反映出知识的真正本性。因为只要对象出现,不论它是产生于经验刺激,还是由感觉想象故意构造得出,比方说圆形、三角形、对数或者积分,所有从对象而来的知识都必然与自我–产生的结构紧密相联,它们是否可靠都依赖于这一客观性。

除了数学,我们现在所承认的理性科学只有逻辑学,正如数学与知觉的形式相关,逻辑与思想的形式相关。我们在此又一次发现,对象的自我产生及其对思想经验到的东西的依赖之间有着特殊关系。不过,数学和逻辑学的形式概念所要求的有效性,不仅是说,我们只要在科学定义中确定它们,它们就强制地、普遍地要求每个人都对它们表示赞同。而且,对我们来说,它们似乎还是所有事物的前提条件。数字与空间大小的规律性,算术与几何学的知识,都在物质世界的结构中得到证实,并在科学所代表的自然规律中得到再现。逻辑形式的有效性对我们来说也就有着极为重要的意义,除非完全以这些逻辑形式为前提,否则我们无法想象世界。就此而言,这两种理性科学是完全平行的两类真理,此外,这两种科学都受制于实在的形式,但它们都无法从实在的形式那里演绎出关于实在内容的知识。对于逻辑形式,有种谬误的观点,那就是认为它们能够解释实在的实际本性。这种观点导致形而上学的理性主义独断论,而批判哲学至始至终都在证明这一学说站不住脚。于是,从那时以来,我们都认为这两种理性的科学是同质的,都是知识理论的坚实基础。它们都与实在的形式相关。而且就这方面而言,比起逻辑形式来说,数学形式更加适用于实在。不过,恰恰出于这个理由,我们把形而上学仅仅当作一种知识理论,也就是说,作为对实在的逻辑形式所进行的批判性研究,但是我们无法从实在的逻辑形式演绎出它的内容–条件。我们止步于逻辑–数学形式与它所依赖的实在内容之间的分离,并把它们视为某种最终不可解决的二元论。我们总是发现这两者之间的关系,因而我们可以希望并且猜想这两者最终都植根于某种终极的统一体。我们不得不在普遍实在的绝对全体中去寻找这种终极的统一体,然而,除了不断积累我们的科学知识,我们不能做其他任何事。所有科学或日常生活的真正知觉都基于经验。

然而,经验科学本身以它们自己的方式揭示出人类知识的这个选择性特征。它们中存在着对不可估量的无限实在进行有意的选择,即便这不总是完全的自我意识的选择。我们根据起点的不同而把理性科学与经验科学区分开来,与此同时,我们还根据目的的不同而把经验科学划分出各种分支。某些经验科学的目的具有纯粹的逻辑价值,即一般化价值。一般化的逻辑价值体现在事物或事件、种类或规律的一般观念中,这些观念的"有效性"就在于我们用"自然"来概括事物全体与在事物全体中发生的所有事情(即宇宙)的基本关系。所有科学研究从长远来看就是要弄明白这种宇宙统一性的形式,它们经得起我们限制在时空中的知识的检验。数学形式和逻辑形式的绝对有效性超越了主体认识,根据这些形式,我们的经验内容在综合的结构中得到统一,并最终构成宇宙。这向我们证明,我们要处理的是一种秩序,这种秩序超越人类的表象条件,并将对象的意义提升到全体实在的状态。

经验知识从我们知觉的混沌中建立起整个宇宙,与上述对自然的研究相反,其他科学活动旨在确立个别的实在并对它们进行彻底的研究。

不过，既然这些个别事物缺乏一般化的逻辑价值，它们就只能够成为知识对象，而知识有其他的内在价值。在这种结构中，所有为我们所知的其他价值，和经验表象中的价值相同，都属于人的生活，并与人从他对周围世界的经验所精心制作出来的东西有关。这就是文明的结构，它在人类历史进程中得到发展和完善，在我们看来，历史世界与自然世界有所区别。确实，历史世界中有同样的普遍规律，我们在其中也能发现同样的特征，即个别服从于一般，这是实在的一部分。但是，并非出于这个原因，历史事件和制度才成为特别的研究对象，这种研究在原则和方法上都不同于自然科学的研究。真正的原因是，我们把历史发展解释为价值的实现，并且认为价值的实现在有效性上超越了人生。对文明的研究，或者我们通常所说的历史科学，是对价值的鉴别。而自然科学则只具有一般化的逻辑价值，在其他方面，我们都认为自然科学是价值中立的。然而，历史研究中的价值鉴别并不是使对象获得某种无力的道德化，也不是对对象进行评价，而是通过把对象与某种价值标准联系起来，使它们纳入科学之中。当然，不是任何发生的事件都是历史事件。历史科学的对象总是代表性事件，理性把它和某种人生的更高价值标准联系起来，从而将之转变为历史对象。这种事件永远不是真的具有这样的代表性，只有在科学中，它才成为某种确定的结构或制度。因而，我们在经验科学中最终获得的自然世界和历史世界都只是科学思想产生的新结构。它们的真并不在于它们与某种 extra mentem［外在于心灵］的东西相符合，而在于它们的内容属于不可计量的绝对实在。当然，它们不是全部的实在，而只是由人类知识选择出来的部分实在。

这种根据对象而对科学研究进行的划分，并不完全等同于通常在自然科学与精神科学之间进行的区分，后者是对科学最著名也是最常见的区分。这种区分更多的是基于自然与精神之间形而上学的二元论，而非内在经验与外在经验之间心理的二元论，因此，我们不能在现代知识论的批判意义上看待科学研究对象。我们的理论意识到，从同样的绝对实在集那里，我们要么可以得出自然知识的对象，这种自然知识的目的是强调自然的一致性；要么可以得出历史知识的对象，这种历史知识形成的基础是根据价值对要素进行的选择。不过，这两种分支之间的区分对于心理学来说尤为重要。心理学和这两种分支的关系并不简单，这种关系的复杂性在于，根据现代的归结，它们的目标涵盖从对个人心物的分析到对社会心理学这一最为错综复杂的结构的分析，后者涉及历史研究的前沿问题。在这两个极端之间，我们还有内感觉（即意识的自我知觉）所提供的知识，我们对意识进行研究，这是对这两个极端进行研究的必不可少的组成部分。根据心理学的主要材料及其本质特征，心理学是日常科学意义上的自然科学研究。只要心理学作为特殊研究而在个别事件或它们的典型结构中，开始寻找对精神个体的解释，心理学就转变成了历史科学。另一方面，如果我们把科学划分为自然科学与精神科学，心理学就很难在后者那里找到位置。我们经常把心理学当作一门主要的精神科学，因为所有的心理学，尤其是历史心理学，处理的都是那些我们归于人类心灵的进程。不过，这种说法与研究的实际情况毫无关系。我们用一般规律来归结科学心理学的研究结果，这些结果不是历史学家们的推论。伟大的历史学家完全不需要等待物理–心理学家们的实验和研究。他们所运用的心理学就是当代的心理学。它就是人类的知识，就是普通人的日常经验加上天才和诗人的洞察。至今尚未有人能够把这种直观理解的心理学变成一门科学。

不论我们怎么尝试根据科学对象来划分科学，我们总会遇到以下困难：这些对象并没有被简单地给予，相反，它们是通过概念自身的科学工作形成的。因此，根据我们所说的对象来对科学做出清楚的划分是不可能的。我们只能根据科学程序本身来进行划分。在科学实践中，我们发现科学的各种分支彼此体现出很大的不同，和同其他学术研究类似，它们相互之间又会得到重组。不过，无论我们选择哪种分支，我们都可以发现它们彼此之间交织出的科学思想，通过对历史的研究，我们在这些科学思想中能找到某些观念、类型或规律，这些观念、类型或规律作为客观原则而具有个别的价值。这些要素大部分都相互紧密交织，从而建立起有价值的个别事件的因果关联。借此，自然研究和历史研究共同规定出事件发展的规律，世界的终极价值在这些事件进程中也得到实现。

但是，总的来说，我们发现，如果我们承认各种不同科学的自律性，知识理论就无法得到进一步发展。很早以前，在方法论中，我们就已经放弃适用于所有科学的普世方法，并视之为错误的方法。我们意识到，对象的不同要求科学进程的不同。而知识理论把握住了以下事实：这些对象本身产生自科学思想的选择性综合，因此，我们决不能否认，真理概念的所有要素都是科学的前提条件。我们再次强调，我们无法把丰富多样的人类思想压缩为一个抽象公式。

第二部分

价值论问题
(关于价值的问题)

我们之所以能够非常清楚地理解理论问题与价值论问题之间的区分,其依据是,无论肯定还是否定,我们阐明的命题都要么是**判断**,要么是**裁定**。尽管两者有同样的语法形式,但是这两者的含义完全不同。在判断中,主语和谓语的关系是我们心灵中理论上相关联的两个内容之间的关系,这种关系要么赞同这种内容,要么否定它们。在裁定中,谓语并不代表意识中任何理论上的内容,而是与目的或价值相关,我们要么把目的或者价值赋予主语,要么拒斥它。只有完全未经训练的头脑才会把这类目的性关系当作诸如快乐或美这样的主语所固有的性质。最轻微的反思能够让我们发现,这些价值谓语并不是属于事物本身的性质,而是在事物的存在与心灵的某种标准相关联中形成。如果本性的裁定像判断一样也宣称具有普遍有效性,这只可能是因为这些裁定表述或预设了某种普遍有效的标准。不过,每个经验心灵都认为它自己的价值标准对所有人来说都是独立的和正确的,并且,在价值评价首先成为实践生活问题随后成为科学问题之前,人生经验就必定会打乱这种朴素的自信,精神生活在这方面具有自然必然性。因此,价值观念现在成为所有进一步想要讨论的问题的核心。

第十三节

价值——心理学的价值论——作为情感的价值评价或者作为意志的价值评价——基本的情感——基本的意志——价值的相互性——转变——道德——价值评价——良知——对规范意识的假定——逻辑学、伦理学和美学

直到最近人们才承认,价值论或价值科学是一门独立而广泛的科学。直到洛采,"价值"才开始频繁出现在现代哲学的语言之中,由于某些哲学理论和国民经济学都基于"价值","价值"越来越频繁地得到论述。然而,这也导致了许多复杂的情况并带来了许多误解,为避免这些困难和误解,我们只有努力去理解以下这个问题:价值或价值评价如何可能成为问题并已经成为问题,这事实上是一个哲学的问题。

价值评价最初出现的时候是心理学家所描述的精神进程,这是心理学家的专门研究领域。我们对此并没什么可反对的,事实上,价值论很轻易就能找到心理学基础。最近哲学中的意志主义和情感主义都倾向采用以心理学为主导的方式来处理这些问题。意识的理论内容,伴随着它们的对象特征,逐渐间接地暴露出它们和精神进程之间的关系。它们初看具有超越人类心灵并指向人类心灵的表象,这似乎要求我们把它们当作事实来对待。而心灵的"实践"功能则恰恰相反,它总是表明主体突出的内向性特征。它们与人类所特有的东西紧密相联,以至我们必定只能从心理方面才能接近它们。价值是具有实践功能的普遍观念(即价值)它的特点的确如上所述,我们对它的研究必定也要从价值评价开始。

我们发现价值观念要么被定义为满足某种需要的东西,要么则被定义为唤起某种快乐的东西。后者源自意识的情感方面,定义较为宽泛。它还包含一个较狭窄的定义,这个定义注意的是意志。价值和意志以及情感具有双重关系,这就产生出一个问题:这两种功能中哪一种更加原初。

当然，这两种价值评价在心理起源上密切相关，因此我们很难说意志或情感什么在先。我们由此可以发现意志主义心理学和情感主义心理学的片面性。正如我们在前面所看到的，它们偶尔会给唯心主义形而上学带去一抹色彩。我们必须承认，我们很难像说明意志是实在的本质那样说明情感是实在的本质。这在最近的心理学研究中表现得更加明显，我们注意到，某种倾向把情感看作基本的心理活动或心理状态，而把思想和意志看作派生功能。除了上述这种观点，形而上学研究很少会从情感出发寻找第一实在，形而上学总是假装从精神生活和内在经验中得到典型的实在内容，这可能是因为，情感总是极为明白地对某种更为基本的东西的反应。

当然，许多情感价值可以追溯到意志或需要。因此，我们经常把快乐定义为意志的满足，把痛苦定义为意志的不满足。当意愿活动是有意识之时，这一点就特别清楚。不过，诸如饥饿（作为痛苦）或者饱足（作为快乐）这样的感受都源于无意识的意愿活动，我们一般称之为冲动或渴求。这些观点就启发出以下这种理论：所有的快乐和痛苦都预设了意愿活动；它作为无意识的意志的形式，并不必然存在于有意识的目的之中，但至少存在于渴求或冲动之中。康德似乎认可这种观点，在《判断力批判》中，他提出，快乐和痛苦与其对象的目的性或无目的性相关。不论是有意识的还是无意识的，意志都决定着目的，因此，目的总是某种被意愿的东西。因而，意志必定先于所有的情感，根据意志是否被满足而产生出快乐和痛苦的反应。但是，与这种有关情感的意志主义理论相反，我们首先具有某些基本的感官-感觉，对颜色的感觉、对声音的感觉、对气味的感觉、对味道的感觉等等。在这些情况中，那些感觉不但与有意识的意志的任何目的无关，甚至与渴求或无意识的冲动也无关。生理的心理学人为假设某种刺激的规范状态或中间状态，试图把感觉解释为目的的实现或非实现，但这种做法彻底失败了。反目的性的快乐对他们来说是不可解决的问题，但其实在此之前，他们的这种做法就已然瓦解崩塌。

我们不得不认为，某些基本情感具有完全不可知的本性；既然我们不可能综合地（亦即逻辑地）推演出感觉的性质与刺激物的客观性质之间的关系，我们也就永远无法从这些性质理解到，为什么它们中有些是快乐的情感而有些是痛苦的情感。

我们由此获得相反的理论，即对意志的情感主义解释。我们可以看到，非常显著，我们的欲望或厌恶来自某些过去快乐或痛苦的情感，某些快乐或痛苦的经验。我们于是面临着这个古老问题："人如何能够意愿他并不认为是好的的东西呢？除非他已经从这个东西中经验到快乐的情感，不然他如何能够意愿它呢？"这种方式概括得到的是享乐主义或功利主义的理论，这种理论主张，所有的意愿活动都来源于经验到的快乐或痛苦的情感。我们在此碰到决定性的反例——本能。毫无疑问，每个人都有某种**原初意愿**，它与经验所获得的任何快乐知识无关。我们甚至还可以用坏脾气来举例说明，这种指向活动或者对象的基本意志，不顾所有由此会产生的痛苦经验，都要去寻求满足。为规避上述困难，有些人引入无意识，他们试图通过主体对某些快乐的无意识的预期来解释本能意愿的内在张力；还有些人则引入进化论，他们认为，个人在这种情况下所不具有的感觉经验其实是族群的经验，是意志的遗传反应。然而，这两种解释方式都无法让我们避免以下这个事实：个人有某种基本意志，它无需意识到任何未来的快乐或痛苦就可以发生作用。

我们的心理经验因此有以下基本事实：情感和意志这两类价值评价是相互作用的。这两种情况都有一类功能是原初的并构成另一类功能的前提条件。在某些特殊情况中，我们也会发现，这两者是完全分离的。理智会在某些边缘情况下处于中立状态，意识内容在此仅仅表象于理智之中而没有屈从于任何价值评价——比方说想象的状态，它是审美生活的构成部分。另一方面，性情同样也存在某些边缘情况，性情（比方说，忧郁的性情）在此处于某种不变的状态，我们对环境有意识的经验总是与某种强烈的快乐或痛苦的情感相联，但我们并不想也不试图在意志上对它们做出反应。不过，在日常生活中，情感和意志的价值评价总是相互交织。因此，所有情感都蕴含着对快乐的欲望或痛苦的逃避，所有意志也都会根据它是否满足而变得快乐或痛苦。在心理起源学的发展中，以下这条规律发挥了主要的作用：无论是什么东西，只要以某种方式在心灵中与有价值的事物紧密相联，它都会在时间进程中受到同样的价值评价。

这种移情原则在目的和方法之间的目的关系中得到发展，也在原因与结果之间的因果关系中得到发展，更在所有经验内容的范畴关联中，尤其是邻近联想的组合中得到发展。我们只需举出两个最为人熟知的例子。一方面，某种对贪婪或贪财的心理起源的解释认为，金钱本身（作为纸片）根本没有任何价值，金钱只作为保值手段和满足人的需求的一般手段而具有价值并受人追捧。另一方面，人们熟知的基本经验是，某些事情本身没有任何后果，人们是因为它们附带的奖赏而追逐它们或因为它们附带的惩罚而逃避它们。众所周知，教育能完全转变事物的价值，曾经受到尊敬的事物会变得让人恶心，曾经憎恨的事物也可能变得让人需要。于是，从同样形式的发展那里，一方面，我们会得到某种非理性和邪恶的东西，这就像非自然的激情那样；另一方面，我们又会将最大的快乐赋予情感状态和意志状态。我们由此得出，价值理论就是质疑价值的有效性或合理性，对于价值理论来说，任何特殊价值的心理来源都是完全无关紧要的，我们也永远无法对此给出决定性的标准。

这种理论超越所有心理学解释，我们对它的理解会不自觉地受到经验影响，这些经验是我们在鉴别价值的过程中所获得的。我们最初十分自信地把我们自己鉴别事物的方式推及到其他人，但这种自信很快被我们的经验所打破。我们很快注意到，使我们感到快乐的东西很可能会使其他人感到极为痛苦，反之亦然。我们得知，有些东西对我们是有益的，但很可能对他人是有害的。我们在生活中逐渐意识到，某些东西我们认为是好的或坏的、美的或丑的，但他人并未做出同样的判断。最初，我们努力调和价值观上的巨大差异，因为在我们关注的圈子中，除去个体差异，还存在着某些获得普遍认同的价值标准，我们通常称之为**道德**。根据我们自己和他人的内外经验的各种形式，我们赋予道德高于个人情感的权威性。普遍认可的标准就是正确的标准，个人决定必须服从它并与之保持一致。我们由此可以看到良知的心理本性。它是普遍意识在个人心中的声音，我们由此能得到个人所应当服从的法则。我们在此已经察觉到鉴别价值过程的错综复杂。个人的欲望、情感和意愿都包含着对对象的鉴别，它们又都服从于更高的、更深思熟虑的鉴别体系，这种体系认可某种价值评价是合理的，并谴责其他价值评价不合理。我们稍后会考察这类二阶评价所依据的规范。然而，我们立刻就会看到，我们对价值有效性的考察和追问会走向何方。在快乐和痛苦的范围内，在有用和有害的范围内，我们并没有找到这种更高的评价方法。我们在此对价值评价的辩护变得毫无意义。在这种情况下，所有价值评价现象在心理上都具有相同的必然性。对某些人来说是快乐或想要的东西，对其他人却是痛苦或讨厌的东西，就此而言，哪怕是个体及其状态和条件之间的巨大差异都很难为思考这个问题留下空间。因此，也就不存在哲学的享乐主义，因为享乐主义研究的恰恰是快乐或有用这类观念的有效性。另一方面，我们用谓语好坏和美丑描绘出人生的两种领域，它们都具有以下这种本性：意志和感觉的基本价值评价是否正确，普遍意识及其树立普世价值标准的要求对此都持怀疑态度。那么，这里的哲学问题就是要研究并确立各种价值的价值。我们无法简单通过普遍道德意识来满足对个人价值评价的判断。从长远来看，道德本身是个事实，道德以其有效性要求享有超越个人情感和意愿的特权，但这种特权并非显而易见的权利。事实上，我们知道，就像个人容易犯错一样，道德本身在其裁定中也容易犯错。因此，良知作为实际个人心灵和实际普遍心灵的关系的第一种形式，并不是某种终极的东西。我们不得不首先对我们最宝贵的评价之合理性提出质疑。

这是真正的哲学价值论问题的开端。首先，所有价值都意味着满足某种需要或激起某种快乐的感觉。我们由此可以得出，我们（无论肯定还是否定，都很自然地）永远无法在对象自身中发现这种作为性质的价值。价值与评价价值的心灵相关，心灵满足意志的欲望或因快乐情感而对环境的刺激做出反应。倘若撇开意志与情感，就没有什么东西可以作为价值了。现在，道德是在个人评价之上的一般心灵的评价标准。这就出现了一些超越原初评价的新价值。但是，如果历史学家和民族学家对它们进行检验，同个人的鉴别一样，它们也会呈现出巨大的差异性。对于任何没有偏见的观察者而言，当他持续调查地球上的各个民族，他就会发现伦理学判断以及美学判断都会表现出极大的差异性。在这里，我们再次试图建立一套终极的价值标准；我们谈论的是道德的较高阶段和较低阶段，或者不同民族和不同时代的不同审美阶段。我们从哪里才能获得这种判断的标准呢？心灵将这些终极的标准当作价值，这种心灵又在哪里呢？倘若我们必须克服个人评价的相对性以及各个民族道德的相对性才能达到某种绝对的价值标准，我们似乎就必然要超越所有人类心灵的历史表现，到达某种**规范**的意识，这个意识的价值才是价值。我们曾在知识理论中发现某种强制力，这里也有与此相同强制力。既然心灵只有在表象和认知中才有对象，如果对象要形成真理标准，对象指向的就是"一般意识"。价值自身和物自体是相同的。为了超越实际评价的相对性，我们不得不去寻找价值自身。此外，既然价值只与进行价值评价的意识有关，那么价值自身就指向同一个规范的意识，这种意识和物自体都萦绕着知识理论。这两种情况所暗含的最多只是假定，而不是形而上学上某种已知的东西。

这种类比具有深远的重要意义。知识理论带领我们到达这种规范意识，这在根本上仅仅意味着，我们知识的真以及对我们在知识之中知觉到对实在的保证都是基于以下这个事实：我们在其中看到某种实际秩序的出现，这种秩序在有效性上超越了人类秩序。我们同样相信，人类的价值评价也有某些绝对规范,这个信念基于以下假设:我们在此也有超越理性秩序的统治权。只要我们把这些秩序当作实际的更高级的心灵内容,倘若根据我们的意识所经验到的对象与价值之间的关系进行类推,我们就不得不把它们当作绝对原因(即上帝)的意识内容。从长远来看,这些关系都基于以下事实:知识论问题本身具有某种价值论性质,知识论问题因此从理论问题变成了实践问题。因为知识理论处理的是观念的真理-价值,处理对真理-价值的定义,处理真理-价值如何成为精神上的价值以及我们在什么意义上、通过什么方法才能够获得它。我们通过肯定和否定判断进行取舍,同样,我们也通过肯定和否定进行伦理判断和审美判断。在某种程度上来说,逻辑判断、伦理判断和审美判断都是相同的,我们由此得到三类伟大的哲学学科——逻辑学、伦理学和美学。这是具有普遍价值的划分,康德将它作为批判哲学的划分之基础。此外,这也是心理上的指导,因为它始于对精神状态的划分,即划分为表象、意志和情感。这也保证了这种划分的完整性,很少有人试图用其他划分方式来替代,而且这些努力最后都会得到同样的划分。

然而,理论的世界-秩序与实践的世界-秩序的关系要求一种最终的综合。这一综合在于以下问题:这两种秩序如何在整个事物的框架下彼此相互关联呢?也就是说,事物的世界存在并且我们认可其存在,而价值的世界不但对于事物来说也对于我们来说都应该是正确的并必定是正确的,这两个世界是如何相关的呢?这就是世界的至高统一性问题。如果我们试图在上帝的观念那里找到回答,我们就会碰到某些终极问题——宗教哲学的问题。因此,我们必须将我们的第二部分划为三部分,我们将会依次处理伦理学问题、美学问题和宗教问题。

第一章　伦理学问题

　　我们现在着手考察道德哲学或者我们通常所说的伦理学这一领域，在对待价值观念的两种心理态度中，我们首先来处理意志主义。伦理学中的价值似乎本质上就是目的，希腊文为 τέλος [目的]，即行为原理。我们在此进行的是哲学研究，它并不是研究人类意志实际上指向的目的的科学——这是心理学和历史学的工作，而是关于人类意志应当指向什么的理论。我们继承亚里士多德发明的这个术语，将哲学的这个分支称为伦理学，因为它表明，人生是人自身行为的结果，人生的形成与发展受制于自然和习俗的道德观念。伦理学是关于人能够并应当如何构造他自己以及他的世界的科学：这门科学涉及的是价值，人把这些价值当作他自己行为的理由（τὸ πρακτὸν ἀγαθόν [善的行为]）。古代哲学家把这些思考分为三个部分。价值是人的意志活动所必须获得的目的，因此它们又称为**善**。它所要求的性情、行为以及规则上的规定性赋予我们所谓的**人的义务**。有些性质能够保证满足义务并获得善，我们称这些性质为**美德**（ἀρετή）。我们得到伦理学的三个部分：善的理论、义务的理论和美德的理论。这种划分方式并不完美，因为它实际上只是处理相同问题的三种不同方式。如今，根据道德行为的主体进行划分变得越来越重要。因此，伦理学也被称为实践哲学，伦理学的全部问题就在于人的自愿行为。正是在这个意义上，亚里士多德偶尔将之称作特别处理人的事务的科学（ἡ περὶ τἀνθρώπινα πραγματεία）。无论如何，所有哲学分支中，伦理学与人生的关系最为密切。因此，我们在处理伦理学问题的过程中，首要危险就在于，我们可能无法找到通向具有超越性正当的理性秩序的道路。然而，人生中道德行为的主体部分是个人，部分是社会共同体，另外还有部分是处于历史进化中的民族/人类。我们由此得到实践哲学的三个部分：道德学、社会科学和历史哲学。

第十四节

道德原则——命令式的道德与描述式的道德——道德原则的多种含义——普遍的道德律——目的论的基本规律——幸福论——利己主义——享乐主义——伊壁鸠鲁主义——灵魂拯救的道德——利他主义——功利主义——至善论的道德——理性的道德——人的定义——情感的道德——道德与合法性——绝对命令——道德的世界秩序——人格的道德

经验的道德与理性的道德——感觉的道德——直觉主义——权威的道德——作为立法者的上帝、国家以及习俗——他律性与自律性

奖赏与惩罚——利他主义的冲动——同情与同感——美丽的灵魂——道德的层次

意志的自由——行为的自由与选择的自由——决定论与非决定论——责任——作为无原因性的形而上学的自由——实践的责任

伦理学问题的心理假设与所有的平行论假设相反，认为存在着这类自愿行为：人身体的运动具有目的性，这些运动是由意志导致，并且会在环境中造成某种结果，这种结果就是意志所追寻的作为价值或者目标的东西。我们在伦理上对此还必须特别加上第二个假设：这些行为中有些我

们喜欢，有些我们不喜欢，这要么是因为它们的内容和原因，要么是因为它们的结果，这是基本的事实。我们把喜欢的行为当作"善"，把不喜欢的行为当作"恶"。然而，这种价值评价只不过意味着这些行为符合或者不符合行为主体的预期而已。因此，根据伦理判断的规范，对于某种行为，我们要么欲求它，要么禁止它，要么对它保持中立态度。在任何情况下，即使在日常生活中，我们都会为所有的实际事件设置命令，它代表了人必须得到满足的行为，而它的道德价值就在于这种行为是否得到满足。只要人心中有道德判断，我们就假设了这条命令的有效性，即便我们无法弄清命令的内容（命令不清晰到甚至无法成为命令的合法基础）。我们将这种命令称作义务或道德律。然而，各种不同的人被要求去行动，因此有许多这样的义务和道德律，现在的问题是，它们是否全部都能简化为一条基本规律，使我们可以将之称为那条道德律。

我们由此看到，在处理伦理学问题上有着显著的分歧；道德律及其各分支依据科学的伦理学研究而确定并指导着人的实际意愿行动，还是说，这种道德律只是作为实际的规范而被我们发现并决定着人们在道德生活中作出的决策。前者的伦理道德是**命令式**；后者从长远来看仅仅具有**描述性**。但是，无论这个对立显得多么尖锐，随着伦理学的发展，也逐渐得到了缓解。我们很少会看到极端的立场。很少有伦理学家会摆出道德立法者的姿态，或不满现实道德状况而把自己当作新的道德律的创立者。在当代，我们在尼采那里找到立法者宣言的最深刻的例子，然而，他也十分清醒地意识到，他这么做是在履行个人的使命，他是在做他认为有助于文明的事情，而非阐述一套科学理论。所有改革家的工作中总会包含某种命令式的伦理道德，不论它是对还是错。也恰恰因此，它才是科学的。我们发现，伦理学是以命令形式呈现出的科学，康德尤其如此。但是，伦理学也并没有因此而忽略人生。伦理学仍旧意识到，它并没有创造道德律，而是发现道德律并将之归纳为最内在的实际的道德原则。因此，康德最为仔细地归纳出他的道德律，以使它和普通人的观念保持一致。从这个意义上来说，即使是命令式的伦理道德也有着描述性的特征，因为它所确立的是道德行为和道德判断的规律。它想要发展出某些原则，这些原则构成了真正的道德意识。另一方面，描述性的道德伦理也永远不会仅仅满足于通过描述人类所有可能的行为和判断模式来确立我们称为道德的东西。它想要检测这些行为模式的相互关系和基础，当它对之进行证实和协调时，它就会无可避免地整合出一套简洁紧凑的体系，这套体系来源驳杂，无法始终保持完全协调一致。这就像法学家所认为的法律知识那样：他并没有创造新的法律，而是描述并编纂现存的法律，他在此过程中不得不把法律整合为一套简洁紧凑的结构。

不过，我们在伦理学研究的过程中，不论倾向于命令式的还是描述性的，这门包含复杂情况的科学都面临着同样的基本问题。我们必须认识到，这个基本问题是18世纪英国伟大的道德哲学家的重要功绩，他们把道德问题全部合在一起并准备对之重新分类。举例来说，我们可以在四种不同的含义上来谈论道德原则。第一，我们必须定义我们真正理解的道德是什么：作为善吸引着我们的是什么，作为恶为我们所规避的又是什么。考虑到各种类型的义务和道德律，我们也许会问，我们是否能将它们全部都归结为一个公式，归结为一条普遍的道德律：是否有某个标准，使我们在任何情况和条件下都能够根据这个标准来决定什么是道德所规定的。就此而言，道德律就是道德原则的**实质**。第二，我们可以追问，普遍的道德律及其在个别情况中的应用到底基于我们的何种知识；哪类知识构成了我们通常所说的"良知"。就此而言，道德原则就是我们关于道德律的**知识来源**。第三，我们会用这条作为命令和要求的道德律来反对人的自然冲动和意志活动，我们这样做时必须追问，我们有什么权利可以这么做，我们必须在世界中找到这样做的基础。就此而言，道德原则又成了道德律的**裁决**。第四，我们越仔细考察人的自然意志与道德律的要求之间的对立，以及我们越稳当地去寻找它的基础，我们就越能够弄清人们服从道德律所应当意愿或做的事情，即便他的意志可能并不欲求这个事情。这个问题就是,良知的要求有多反对人的自然倾向,它们对人而言就有多迫切。如果人们将此视为道德中立,或视为真正的不道德,我们就必须阐明,他如何被说服去执行他所接受的那个命令。就此而言,道德原理就成了道德的**动机**。

首要和最大的困难与道德原则的内容相关。这是有关如何定义道德的问题;我们通过反思以下事实而发现形式的定义:在人类大量的性情和行动中,依据这种二阶评价的普遍有效性,有些性情和行为受到称赞,而另一些则受到谴责,人们认为前者是好的而后者为坏的。我们由此断然认可的我们提出作为规律或义务的,这个实质的定义之中所必定包含的——就是我们所说的道德。这在德语中有两种表述:风尚(Sittliche)和道德(Moralische)。黑格尔努力想区分两者,他把道德限制在人生动机之中,与此同时,他赋予前者更高的价值,因为前者是整个国家实践理性的实现。我们有理由认可这个区分,但是人们不再继续主张这个区分,这个区分也不太可能得到复兴。另一方面,令人遗憾的是,近几年随着实践的发展,"道德"的含义被限制在有关"性"的事情上。我们在新闻工作者的语言中发现,性方面的状况和性犯罪本身就意味着道德的状况和性犯罪。这是对道德这个词的反常运用,我们不应鼓励这种做法。①

道德的实质定义触及了最困难的问题,这些问题把人生中的矛盾转变成哲学问题。每个人都会发现,未经训练的道德判断会遭到经验的质疑,道德原则在各种社会群体中并非总是相同,即便在日常生活中也是如此。在同一民族的不同阶层、阶级和行业中,对于什么是禁忌什么得到允许,有着相当大的差异。某些普遍规则似乎有可能独立于这些差异,但即使是这些规则,它们在不同社会群体里仍旧有着各种细微差别。我们如果

---

① 我们可以再补充一句,"道德"这个词还有某种其他的含混不清。法语和英语的"道德"有时候意味着心理或精神的东西,与物质的东西相对。这就导致许多翻译上的误解。在18世纪和19世纪,对语词的类似错误使用慢慢进入德语文学,某些作者们谈及"道德胜利"就是如此。

跳出时间的限制去研究整个人类生活，我们就会扩大和强化对某种标准具有普遍有效性的怀疑。毫无疑问，不同民族有不同的道德规范。此外，历史的发展又体现出更大的差异。我们不必在此对它们进行考察。一方面，我们有以下观点：我们在所有历史发展过程中，沿着进步的道路前行，现代人在道德上也高于原始人。但是，另一方面，我们又抱怨，文明剥夺了人最初的简单和纯粹，生活条件的复杂化也不利于道德发展。然而，无论如何，我们都不能忽视道德原则在民族和历史之中的多样性。我们也许可以试着发现某些一般因素，它们也许可以成为所有情况下都适用的道德判断的标准，并且归结出某些所有人都会认可的命题，诸如希伯来传统中的十诫。不过，即使在这些情况下，即使我们假设我们实际上已经证明了人们对它们的普遍认可，我们也仍旧会发现多样性使我们完全无法确定这样的普遍规律到底有多少。因而，我们发现无法从现存的个别道德律中归纳出任何普遍道德律。倘若我们这么做，这就忽视了以下事实：归纳得到的只是人类历史中的道德规则的实际有效性。绝对普遍的有效性应当对于所有人都是毫无疑问的，因为不道德的人会对他们所违反的规则之有效性提出质疑，无论从实践上还是理论上都会如此。

我们下面要考察，对道德律的归纳研究所依据的所有的各种不同的义务以及规则都与无穷多样的人类生活条件相关，并且在内容上取决于它们。但是，我们无法想象有什么东西会在道德倾向以及道德行为方面规定了人生的每时每刻。因此，道德律与各种义务和规则之间的关系，不可能像一般观念与特殊的观念之间的关系。事实上，如果所有道德概念与最高原则之间真的有这样的关系，我们就应当根据目的的从属关系——根据各种方法与共同目的的从属关系——而非根据逻辑的从属关系来确定。因此，在对实践问题进行研究的时候，我们首先碰到目的论的基本规律。它似乎只能不确定地并且受到限制地应用于我们对世界的理论解释，在这里我们发现它具有最高的地位。价值领域的主要关系是方法和目的的关系。因此，正如古代哲学家所言，最高的价值，或者最高的善，只能是最终的目的，各种义务和规则的所有要素都只能作为手段服从于这一目的，它们的全部价值也在于这一目的。

在对价值论的心理学介绍中，我们提到过目的链条，它起源于情感和意志的相互作用，一个总是为了另一个。我们现在要追问，这些链条是否存在最终的环节，即所有价值的价值，这个价值使所有其他价值**成为价值**。如果在价值生活的必然过程中存在这个环节（我们可以称它为最终环节或最初环节），如何确定和主张这个环节就构成了道德律的内容，而所有个别具体的义务只是在各种合适的生活条件中实现它的手段。

于是，伦理学理论的下一个问题必定就是，我们如何领会这个所有意愿的终极目的在心理机制中所具有的被认可的有效性。幸福极为重要，这是一条流传极为广泛的信念。这种心理上的道德理论就是幸福论。它似乎适合于一般情感，因此它在很大程度上主导着古代思想。它的原则可以用众所周知的苏格拉底-柏拉图的话来表述：没有人愿意做不正义的事。它的意思是，每个人的本性就是去寻求幸福，人只会偶尔在获得这个目的的手段上犯错。这种美德理论后来在柏拉图主义学派中饱受争议，并被许多不同的方式诠释，这套理论成为幸福论的第一原则。既然每个人都自发、彻底地瞄准了目的，而道德只是指出了获得这个目的的正确手段，道德就是可教授的。从古至今，幸福论的原则一直植根于所有日常的道德说教中：例如家庭教育、学校、讲道台或文学作品。它总是诉诸对幸福的欲求，对获得幸福的正确手段的推荐，以及对可能采用的错误手段的警告。大家都知道色诺芬引述普罗狄科所讲的粗浅寓言，普罗狄科代表着十字路口的赫拉克勒斯，两条道路各包含着美德和邪恶，它们都许诺有无数的幸福！由此来看，正如康德所说，道德就是一套审慎的体系，它告诉我们如何以最好和最安全的方式获得幸福。没有人会低估这些手段对人的重要意义和对社会的价值。当我们反思人类，我们就会发现，人类真是一种可怜的生物，成千上万的人仅在这个星球上度过短暂的数十年。因此，个人即便在其短暂的存在时光拼命寻求他所能够获得的一切来满足自己的欲求，不会有人对其表示厌恶。如果有谁能够向他指出这么做的最佳方式，这个人就是人类的恩人；如果有谁能够对他在寻求幸福的过程中可能犯下的许多错误提出警告，这个人同样也是人类的恩人。许多道德理论都试图拒斥幸福论，不过这种努力都不太成功。我们必须记住，在实践哲学中，我们必须处理活生生的人，我们难以想象人没有快乐和痛苦。因此，我们还需记住，任何禁止人类快乐的道德原则都是难以想象的。此外，如果个人的幸福是所有其他人都必须尊重的一种价值，而他自己又被禁止去培养它，这也是自相矛盾的。因此，我们讨论伦理学所要处理的价值，幸福无可争议地有权位居其中。不过，幸福是否像幸福论宣称的那样，占据着最高和最终的目的，这是另外一个问题。

　　这种幸福论遭到很多反驳。首先，这种心理学假设似乎并不合理，它实际上是错的。快乐，作为欲望得到满足的感觉，毫无疑问总是愿望实现的**结果**。但是，正如亚里士多德正确表明的，我们无论如何都不会由此得出推论，欲求快乐应当是意志的一般动机。幸福是意志得到满足的结果，但它当然既不是意志的动机也不是意志的对象。我们已经看到，无论意志的简单状态还是复杂状态，都有着某些纯粹的实际形式，意志根据这些形式直接指向其对象，无需任何对快乐或痛苦的表象或预期。就此而言，我们不可能说，幸福是终极的目的，所有其他的意愿活动都只是实现它的手段。我们没有资格这样做——倘若我们根据心理学的准确性来谈论这个问题，因为没有人会真的根据一般形式或者抽象形式来意愿幸福。每个意愿活动都与某种确定的意愿对象相关，我们会在这个意愿对象中发现个别幸福。从对幸福的欲望那里，我们永远无法演绎出我们获得幸福的方式。

　　其次，尽管我们根据这项心理学假设把幸福确立为道德原则，但是这项心理假设恰恰表明它本身是不可能的。根据这种观点，幸福是所有目的链条的自然而一般的终点，它在所有实际的意愿活动中十分明显。

但是，寻找明显的东西并将它确立为道德义务，这样做毫无意义。根据幸福论的观点，我们完全没有必要要求一个人应当去寻找幸福。我们能够做的唯一事情是告诉他获得幸福的最好手段。但是，即使诉诸他的审慎也没有给我们机会来测试个人意愿内容的价值。既然每项意愿活动，不论它所指向的内容是什么，只要得到满足就都会带来快乐或幸福，那么意志的所有对象在这方面就都具有同等价值。假如一个人更加喜欢葡萄酒和牡蛎，而另一个人则喜欢投身于社会问题，这两人无论谁实现他自己的目标，这个人就会很幸福。根据这种理论，意志的对象在价值上的不同，不在于质，而在于量。它们在于快乐的强度、持久度以及可获得性。根据强度和持久度，道德能力或美德就是权衡（μέτρησις）的艺术，智者普罗泰戈拉将之作为他的道德体系的核心思想。这种理论的进一步发展导致诸如边沁在他的善的计算中所描绘的那种量的道德。另一方面，对可获得性的检测很早以前就带来了以下这种有趣的结果：幸福论的逻辑后果就是没有欲望的道德。对于世界上的事物，人们只有将愿望限制在最必要也最简单的事物中，他才能期望他自己的愿望得到实现。一个人想要的越多，他越有可能因为愿望的不能实现而变得不幸福。人们发现得到幸福的最保险的方式是尽可能少地向世界和人生提出要求。在古代，安提西尼①从苏格拉底式的幸福论那里演绎出这个结果。它导致了最保险但也是最可怜、最可悲的道德伦理，吃不到葡萄就说葡萄酸的懦夫道德，面向对失败和幻灭的恐惧而无所作为。与此相反，自然冲动认为生命更有价值，它指向更加伟大和重要的目标，哪怕我们无法获得它们。

我们接下来要讨论的问题是，**谁的**幸福才算是幸福。进行意愿和做出行为的个人必定把他自己的幸福看作他所有努力的最高目的，这是我们所能得到的第一个回答。如果我们特别强调这个说法，我们得到的就是个人主义伦理学。这其中包括古代有智慧之人的理想——心智成熟的

---

① 安提西尼（Antisthenes，公元前445—前365年），古希腊哲学家，犬儒学派的创始人。

人知道如何控制他自己的意志，他在行事上也十分明智，这使他能够获得至善的幸福。这就是彻头彻尾的利己主义伦理学：这是关于开明利己主义的道德，一个人把生命的所有条件以及他和他的伙伴之间的所有关系都转向他自己的利益，从而把所有事物都归于他自己的幸福。这也是关于实际生活的道德：这是绝大部分人始终持有并将继续持有的理论。我们发现的唯一差异在于，我们承认这个事实并为之辩护的直率程度有所不同。这种直率并不经常上升到冷酷的高度，不过霍布斯凭借他的"利己主义体系"在早期现代哲学达到了这个高度，当然，几乎所有学派都已经正确地拒斥了他的这一学说。

每个人从不同对象中寻求他的幸福，根据对象不同，利己主义的幸福论有着不同的学派。这种理论的最简单的形式认为，感官上的享受或身体上的快乐被提到了最高的地位。这就是享乐主义理论，亚里斯提卜①是这种理论在古代的主要代表人物。拉美特利在现代又复兴了这种理论，但它已经失去健全的自然性这个特征，而被装点成无趣的装模作样，只有把它看作对非自然的禁欲主义理论的反作用，我们才能够容忍它的存在。随后，这种理论的更加成熟的形式表示，应该把感官快乐放置一边，重提心灵享受——享受科学、艺术、友谊和生命中所有更加美好的部分。这就是以伊壁鸠鲁为代表的伦理学说。伊壁鸠鲁及伊壁鸠鲁学派认为，感官享受和理智享受这两种要素应该统合在一起，而且后者或许占据着某种主导地位。18世纪存在一种美学伊壁鸠鲁主义，它由沙夫茨伯里②所建立，这种理论认为，最高理想就是人格的艺术培养。由于沙夫茨伯里赋予这

---

① 亚里斯提卜（Aristippus，公元前435—前360年），亦译作"亚里斯底甫"、"阿里斯提卜"、"亚里士提卜"等，古希腊哲学家，昔勒尼学派的创始人。

② 沙夫茨伯里（Anthony Ashley Cooper, 3rd Earl of Shaftesbury, 1671—1713年），全名为安东尼·阿什利·库伯·沙夫茨伯里伯爵三世，英国哲学家、政治家和作家。他在哲学上的重要性在于他的伦理学思想。他用的方法主要是经验主义的心理学方法，他的主要原则是和谐与平衡，并以此来驳斥霍布斯的伦理学哲学。此外，他本身就是他自己的道德学说的典范。他的著作集名为《人的特征、风俗、意见和时代》（1711）。

种理论某种形而上学背景,这种理论更加接近于至善论道德学说,我们之后会对此做出考察。当德国诗歌采纳这个理想,它再次假设了一种心理形式,最终,浪漫主义者用它完全发展出他们高贵、独特的理论。心智成熟的人格的自我享受就是道德生活已经采纳或能够采纳的幸福论的最好和最高形式。

当个人主义的幸福论伦理学染上宗教色彩,它就超越了感官和心灵这两类享受,而把灵魂的拯救看作道德概念的终极对象。我们现在有时会说,至福(fecility)而非幸福才是目的,这种灵魂拯救的伦理有时极其喜欢攻击其他享受方式。在其极端形式(柏拉图在他的《斐多》开篇给出的那种形式)中,这种理论不但鄙视感官快乐,而且甚至把理智和审美享受都看作获得至善的严重障碍。在这种情况下,尤其当这些想法与相信不朽和期望永生相互联系的时候,我们就将之称为超世俗的幸福论或者超越的幸福论,我们甚至可以称之为利己主义——因为它只热衷于个人的拯救而完全忘记或放弃对他人他事的义务。实践的禁欲主义就是如此。尽管这种理论一般关心的是来世,但对来世的兴趣并没有压倒一切。超越的道德学说经常从神学方面传授幸福论的极端形式,这导致幸福论的其他形式更加强调它们伦理学说的世俗性。这在唯物主义和社会主义那里尤其如此。我们只需引述圣西门、杜林和费尔巴哈,甚至居友①以及尼采作为例子就已足够。

幸福论的利己主义形式会关心同伴的幸福,并将之视为个人义务,但这只在他实际上需要他人的时候发生。因此,这种道德理论在其主要原则上与以下这种道德理论截然相反,即那种把共同体而非个人的幸福看作为义务的道德理论。我们把后一种理论体系称为利他主义,这种理论是一

---

① 居友(Jean-Marie Guyau,1854—1888年),19世纪法国哲学家和诗人。他的哲学主要是批判性地分析近代哲学,尤其是道德哲学。他一直被人当作伊壁鸠鲁主义者,因为他把英国功利主义看作伊壁鸠鲁主义的近代版本。代表作有《伦理学大纲》(1885)、《未来无宗教论》(1887)、《从社会学观点看艺术》(1889)。

个世纪前被发明的。这种理论将以促进个人同伴的幸福为目标的所有意向和活动都当作"善"。对于这条原则,就其动机而言,利他主义在心理上到底是基于利己主义还是基于原始的社会冲动,这个问题无关紧要。它寻求的是利他主义的命令在神圣意志中的认可,还是在政治和社会秩序中的认可,这个问题也无关紧要。因为,既然人只有在他的需要和欲望得到满足的时候才会幸福,那么无论那些欲望有多麻烦,利他主义要保持融贯就必定会得出结论,认为每个人的愿望都要被满足,除非利他主义引入其他价值标准。而这必然会带来冲突,解决方法只能是少数服从多数原则。这种情况导致的结论就是,只有产生最大多数同伴的最大快乐,某个意向或行为才是道德和可接受的。根据这个18世纪发展出的公式,利他主义的幸福论采取了功利主义的形式。对于未经训练的头脑来说,这似乎是一套非常合理的道德理论体系,毫无疑问,它的原则的每次应用都十分合理,但问题在于,什么是大多数人的善。事实上,从立法者的思想模式出发,边沁给了我们功利主义的最令人印象深刻的形式。然而,从某些相当简单的问题来看,我们在这里再次可以清楚看到作为伦理学基础的原则的无用性。我们不必去问,谁实际上决定了幸福的总数,或者谁感觉到一般的至福,这种至福由个人的幸福累加而成,它只能被所有人知觉却又无法被任何个人知觉。在反对者看来,功利主义者对此保持沉默,倘若只是幸福的总数有问题,而全部的幸福在个人之间如何分配是无关紧要的问题,他就会认为最好从他自己开始,因为他最清楚该怎么做。这个反驳更加严重,恰恰由于功利主义非常强调幸福的量,功利主义不可避免地使自己适应于对物质的低级欲求,并因此把道德兴趣限制在趋乐避苦意义上的善。它为自己赢得了民主的特征,但却放弃了更高的优势:这就是超越快乐和痛苦(即有用和有害——用柏拉图的话来说)的无常变化,超越全部的快乐和欲望,借此呈现出一种更高的宗教生活。

我们对幸福论的道德已经作出很多阐释和批评。至善论的道德在某些方面与之相关,但在原则上与之不同。这种理论的基础想要建立在形而上学而非心理学之上。它把增进或者增加至善当作为终极的标准，这一标准决定了各种道德概念。一般来说，根据目的论的思路，至善的意思就是人性的完全发展。因此，对应于利己主义和利他主义，至善论道德也有着个人主义的形式与集体主义的形式，既然它要么把至善当作个人的完善要么当作群体的完善。这种伦理的形式在心理学上与幸福论相关，因为它主张，完善我们的东西带给我们快乐，而约束我们的东西则带给我们痛苦。斯宾诺莎、沙夫茨伯里和沃尔夫①都这么说。撇开有害的快乐或者有用的痛苦这样反常例子，这种说法一般来说当然没错。不过，倘若我们只强调这个理论的这一面，我们完全不需要任何道德命令。人就像所有其他存在物，都寻找发展并逃避约束，我们完全没必要将之作为特殊任务来强加给他。斯宾诺莎对此看得最为清楚。因此，他也是纯粹描述性伦理学最有代表性的人物，他赋予他的方法以极为经典的形式：它必须像处理线、面、体那样来谈论人类的感觉和行为。实际道德生活就是去理解，而非憎恨或者喜好（nec detestari nec ridere, sed intellegere[既不是憎恨也不是喜好，而是去理解]）。

　　大体而言，至善论道德是目的论，它假设人有某种倾向，人会在他的道德生活中去实现这个倾向。这个倾向的实现会带来幸福，因此这个理论也接近于幸福论——即便它明确反对幸福论的心理学。亚里士多德就是如此，他把理性和理性行为视为人的倾向，并且主张，在实现这个倾向的过程中，人会变得最为快乐。沙夫茨伯里的道德学说也包含着在人性的冲动和力量基础上的完善发展。不论有多少不同的说法——利己主义还是利他主义，肉体欲求还是精神欲求，感官力量还是超感力量——道德的任务就是把它们统一为完善的和谐。完善发展的人格必定也会发

---

① 沃尔夫（Christian Wolff, 1679—1754年），德国哲学家。他是在莱布尼茨和康德之间最著名的德国哲学家。他的主要成就在于，他根据自己的演绎的数学方法将他那个时代的所有学术主题进行汇总。有人认为他代表了德国启蒙理性主义的高峰。他在拉丁文和德文的教科书中全面探讨了哲学的各个领域。他的德文教科书统称为《理性思维》，他的拉丁文著作有《理性论》（1734）、《自然神学》（1736）、《道德哲学》（1755，死后出版）等等。

展它和宇宙的关系，他们之间有着对立的无限和谐。莱布尼茨单子论中的至善论道德假设了与此不同的形式。莱布尼茨认为，人的灵魂是追求目的的存在，这个目的从原始、模糊、无意识的形式逐渐发展到清楚、有意识的形式。单子被被视为本质上的表象力量，因此单子的完善具有理智主义特点，是清楚明晰的视力进化，这不可避免地会导致理性行为。作为莱布尼茨的后继者，沃尔夫放弃这个形而上学的基础。他认为，至善论的道德已经沦为理性主义的幸福论，这种理论把效用和智力的完善紧密相联，因而又回到了原来的心理学基础。

德国观念论从人这方面更加深刻地发展了倾向这个观念。费希特和施莱尔马赫，以不同的方式给了我们同样的公式：人必须实现他的倾向，并在全部个人的总和之中，在民族、时代和普遍人性的全部结构之中，发现这种倾向。这样，至善论道德（尽管以这些形而上学的形式表述）有时候也会失去命令的形式。许多这类体系认为，道德生活被认为应当自发实现人的自然倾向的完成。正如施莱尔马赫所明确提出的，道德律似乎就是自然律的完成——自然律基本是自明的。如果真是如此，我们就很难理解"应当"和自然的"必定"之间的对立。此外，观念论不但把倾向归给个人还把它归给整个人类，观念论部分融入形而上学的沉思，部分融入宗教的沉思，这些沉思关乎的是确信和信仰，而非理智知识。就科学知识而言，人类生活的全部就是终极的综合，如果超越这个综合，概念思想就无法证明任何道德原则。因此，根据这种伦理沉思的形式，我们特别努力想要用道德秩序代表世界秩序，人和人性是世界秩序中的必要环节，但是，倘若如此，让我们这样思考的特殊形式就不再能要求科学知识普遍必然的有效性。在克劳塞[①]的作品中，我们能很好地看到这种观念非常容易来个神奇的转变，克劳塞的伦理哲学试图把地球人和太

---

① 克劳塞（Karl Christian Friedrich Krause，1781—1832年），德国哲学家。他提出泛神论的哲学思想，他的哲学又被称为"克劳塞主义"，在西班牙引发了热议，对西班牙的复辟帝制有深刻的影响。代表作有《哲学体系草案》（1804）、《人性原型》（1811）、《哲学体系纲要》（1825）、《哲学体系讲演录》（1828）。

阳人联系起来，并且认为，从一般精神共同体的角度来看，他们都是世界秩序的一部分。

我们目前考察的大量道德原则问题的回答都一致赞同，我们应该在道德行为的后果中去寻找答案。不论这些后果是幸福还是个人或人类的完善。但恰恰因此，他们没办法发现道德原则的任何简单一般的内容。即使是至善论道德，给出的也只是我们倾向之实现这样的形式定义，而没有给出任何对这种倾向之本性的定义，而后者才应当是意志和行为的指导。亚里士多德最早清楚地看到了这一点，他在"理性"中发现了调和极端的原则，它构成了美德的本性。如果缺少它，我们就无法理解康德的伦理学说的两项重要特征，这两项特征将康德伦理学与所有其他伦理学说区分开来。第一项特征是，康德把伦理判断和道德概念仅仅与植根于行为的倾向联系起来；第二项特征是，康德放弃了定义道德律的内容，而只给出了形式的定义。在第一个方面，康德非常有力地指出，道德裁定发生在意向活动之后，它们在日常行为中仅仅在这个意义上担负着行为，因此它们应当被限制在意向活动之内。"除了善良意志，世上没有任何善。"这种意向道德强调道德与守法之间的区分。它指出，有些行为在其形式和后果上都完全符合于道德律，尽管它们的动机并不是实现道德律。从这类行为的结果来看，它们在生活进程中非常有用而且令人愉快。就此而言，它们可能具有人类学的价值；但是，既然它们并非来自符合道德律的意向活动，它们在道德上就是中立的，而且只具有合法性这种价值。康德在讨论这一对立的时候，尽管没理由在他的哲学中完全拒斥合法性的价值，但他仍倾向于把守法从伦理领域剔除出去并贬低它的价值。如何缓解这种对立的尖锐性，这个工作就留给了他的后继者——特别是席勒，他们反省认为，合法性本身具有很大的道德意义，它不仅是个人和集体教育中重要而有用的要素，还是塑造全部公共生活环境的重要而有用的要素。即使是这些实现道德律的行为，很多甚至大多数行为本身都不是为了道德律而做的（即出于对道德律的考虑——按康德的话来说），而是出于其他动机。因此这些行为仅仅是被选出来的最好的手段而已，但这个事实恰恰有某种对道德律的认可，为道德律铺平道路并确保它在生活中的统治权。个人变得习惯于看到他的意志服从理性的命令，而这也可能转变为好的倾向。集体生活的外在特征与理性的要求变得越来越一致。

从方法论的角度来看，康德伦理学的另一项特征更为重要。这基于我们已经提到过的那个观念：根据人的意志和行为所包含的关系之无限复杂，我们不可能发现任何共同的内容，可以明确作为意志的必然对象。并不存在义务内容的普遍概念。然而，伦理学的反思让我们发现，事实上，没有对义务的意识就没有道德生活，不论义务的内容在每个人那里有多么的不同。就此而言，意志符合义务就是一般的、最高的义务。众所周知，它采用批判哲学的绝对命令的形式。这个形式的重要性在于它明确反对所有其他道德体系。其他道德体系都为各种义务所表述的规则和要求预设出一个意志，而它们所教授的仅仅是：为了获得这个意志目的，我们应该什么。因而，正如我们已经说过的，所有道德说教都诉诸对幸福的欲求，幸福论伦理学将之假定为其审慎理论的基础。至善论道德从自我发展这一自然欲求中演绎出实现它的各种必要的手段。因此，他们提出的所有命令都只是假设。这些命令依赖于以下这个前提条件：这样的意志和欲望或有意识或无意识地呈现出来，如果情况并非如此，它们就会失去所有的意义。康德提出，根据它们对给定关系的依赖，它们是**他律**的。不过，道德律对人所提出的要求完全不顾他个人的愿望，这恰恰就是道德律的特质和尊严。道德概念要求我们在所有情况下都服从它。它创造出一种全新的意志，这种意志独立于任何现存的经验意志。就此而言，它又是自律的。这就是绝对命令：一条独立于任何环境的规则，康德在其中发现了道德律的含义。

既然这条形式的道德原则不以任何给定的内容为条件，而只有它自身，它就是规则的命令原则而非规则的确定的内容。康德主义伦理学最值得注意、最为重要的是，这个纯粹形式的定义只有涉及超越人类经验世界的理性秩序才能够完成。绝对命令，作为良知的一般定义，教导每个人都要让他的意志服从于规律，即命令，并且告诉他这个命令完全独立于任何个人所能找到的倾向和对象，康德发现这样的绝对命令出现在他的意志之中。因此，我们有必要认为，绝对命令完全独立于所有个人意志的差异，它对于所有人来说都是同等正确的。绝对命令独立于任何经验存在的意志，这赋予它以对所有理性存在者来说的普遍有效性。尽管批判伦理学在倾向中寻找知识的来源，并从个人的自我决定之中寻找裁决，但是我们应当把我们认识到的、以此为基础的每一项义务都看作道德的世界–秩序的组成部分，这个秩序对所有人都具有约束力。我们必须在个体心灵中发现道德的世界–秩序，无需任何经验作为媒介。康德认为，这就是个人和宇宙、灵魂和世界之间的直接关系，这是整个启蒙时代的特征。个人把对所有其他人都视为正确的道德律赋予他自己，这个事实表明，他把道德律的尊严铭刻在自己的人格之中。

在对人格的完善方面，我们看到康德伦理学与之前的至善论道德有共同点。与此同时，幸福论的各种形式，不论是沙夫茨伯里的形式还是莱布尼茨的形式，都把人格当作从自然给定的个体性中必定会发展出来东西。但康德认为，在理性的一般规律的统治中，人格要高于个人意志；而且，由之前的人格理论出发，我们很难从个体性经验推出一般的合法性。就像浪漫主义者在某种程度上做过的，这会导致某种危险，会把自然个体性的保存看作终极的、最高的道德价值。与此相反，在人格的批判理论中，个体性似乎是要在实际上被消灭的东西，而人格的道德本质似乎仅仅意味着，如果某些规则规定了一个人的意志，这些规则也同样规定了所有其他人的生活。人格的道德伦理的最终任务是填补个人的自然倾向与普遍的道德律之间的鸿沟，普遍的道德律把人格与在现象世界中实现道德规律的一般历史结构相互联系。费希特、施莱尔马赫以及黑格尔的观念论的道德哲学都试图达成这个目标。只有沿着这些思路，伦理学才有希望把人性中产生的经验要素与超越的理性秩序中产生的任务联系起来。幸福论的道德及其对苦乐、祸福的关心，仍旧保持在人类经验生活的界限之内。至善论的道德，无论我们用哲学术语还是用神学术语来归纳，都是建立在人性的形而上学知识之上。批判的道德从个人的良知之中，或者如康德所说的，从实践理性之中，得出道德的世界-秩序。历史理论的观念论道德试图理解，绝对命令的内容何以从对文明的历史直观之中浮现出来，共同生活何以构成个人向善的倾向。

  道德原则的概念，根据我们关于它的知识的来源，有许多不同的说法。我们怎样知道到底什么才应当被视作善并作为判断的标准，我们要么在经验中要么在理性的直接断言中发现回答这个问题的答案。就此而言，我们可以谈论**经验**的道德与**理性**的或**先天性**的道德。然而，这些对立本身并没有那么尖锐。如果伦理的经验主义者仅仅想要决定到底什么才是道德的，那么为了尽可能靠近一般标准，他就不得不筛选并比较各种事实。如果伦理的理性主义者想要制定必须遵守的道德命令，那么他就不得不在本质上把他自己限定在实际的道德人文意识之中。否则，他就得采纳超人的武断立场，尽管超人宣布新价值，但他还是不得不等着看看其他人是否会对此表示同意。因此，道德理论再次要么**以经验为主导**，要么则**以理性为主导**。而经验主义要么带有心理色彩，要么带有历史色彩，不论哪种情况，只要它使自身仅仅局限于事实，那么就会走向相对主义。在前一种情况下，我们可以看到幸福论的所有形式都是如此。而在第二种情况下，经验主义伦理学试图通过指出后果的方法来规避历史主义，它指出道德概念的原则在历史进程中变得越来越清晰而有力。因此，古代产生出斯多亚学派的 consesus gentium ［普遍同意］理论。现代的生物学思想也得出了同样的结论。正如斯宾塞试图作出的那样，现代生物学思想试图表明，个人表现为直接知觉到的、自明的标准其实是人类在进化过程中通过遗传和适应而养成的合目的的习惯。然而，这些思路都无法达到道德意识要求设立的标准的绝对有效性。另一方面，如果人们经由理性主义,选择从一般理性秩序本身作为起点,那么,我们就会从康德的例子清楚地看到,他会被限制在形式的道德律之中。此外,他只能通过各种方式从那里出发到达实质的道德命令——通过把人格的尊严和高贵逐渐应用到生活的经验条件。

科学的伦理学的实际问题比方法问题更为重要,在日常生活中,为什么个人良知来自他关于义务的知识并作为判断的标准。这里很清楚的是,首先,我们在实际道德生活中并未有意识地运用道德理论试图寻找的最高原则,否则,寻找最高原则也不会像我们前面看到的那么困难。我们在实际对义务的意识中,特别是在对他人的行为的持续裁定中,我们都是具体问题具体分析来使用道德原则,并没有意识到任何一般定义。就此而言,日常生活中的各种道德概念或道德原则的认识来源更多的是情感而非任何明确的知识。当然,从这个方面来考虑,人与人之间的最重要的区分就是,他们道德中占主导的是理性控制这一理性要素还是直觉和情感的决定这一非理性的力量。总体而言,如果我们把情感要素置于主导地位,我们就不会误入歧途。倘若如此,我们就能理解以沙夫茨伯里和哈奇森[①]为首的英国伦理学者为什么会把情感当作良知的本质和所有道德意识的来源,并认为道德哲学的唯一任务就是启蒙这些情感,使它们成为道德的内容和含义。事实上,正如大卫·休谟以及亚当·斯密指出的那样,只有在日常生活出现复杂情况,我们才会召唤理智来处理困境。然而,即使在这种情况下,在判断或决策时,理性的确信也必须等待正确的道德情感。我们十分清楚地意识到,除非能够唤起残存于心的某些情感,道德说教毫无用处。否则,我们只要简单地给人们灌输道德观念,就能很容易使他们变得有道德。

---

① 哈奇森(Francis Hutcheson,1694—1747年),英国哲学家,或者更准确地说,苏格兰—爱尔兰哲学家。哈奇森是苏格兰启蒙运动的开创者,情感伦理学的代表人物。他继承了洛克的观点,并对包括大卫·休谟以及亚当·斯密在内的哲学家产生了重要的影响。其代表作有《论美与德性观念的根源》(1725)、《道德哲学体系》(1755)。

我们应当在情感中寻找道德原则，这种理论，就我们关于它的知识而言，与以下这种假设有着非常密切的关联：在人的本性之中，不论是以残留的形式还是作为或多或少有意识的力量，总有关于规则的知识，每当多变的生活环境提供了机会，它们就会直接上升到意识之中。就此而言，我们关于道德律的知识就具有**直观**的特征，它既不基于理论的思考也不受任何外在的影响。不过，如果我们由此将道德情感归入一般情感的经验状态，就像心理学的伦理学通常做的那样，我们就会再次止步于所有经验的相对性。因此，康德将道德情感上升到理性的、普遍的领域，他从中看到"纯粹实践理性的事实"。他认为，道德意识呈现在所有人面前，独立于每个人的理智教养程度和理智能力水平，在这种道德意识的直接性中，我们能看到某种更高的世界秩序。直觉主义以这种形式导致对直接情感证据的强调，良知规范在任何场合都把自己强加给心灵。实践哲学的这种主流思路引诱赫尔巴特把伦理学当作一般美学的组成部分。他的论断始于以下事实：所有判断从长远来看，只要解除所有的理智思考，都可以被还原为不同语境下原初的快乐，我们可以在情感中找到这种原初的快乐，但我们无法通过或基于任何理论推断来把握它。在他看来，它在任何情况下都是基本事实，只要心灵将这种关系转变为心灵的内容，心灵就会立刻把它当作心灵中的实在。赫尔巴特尤其认为，心理推测无法形成直接证据的基础。于是，他提出他的五种道德观念的理论，以此作为意志活动进行判断的直接启蒙形式。此外，我们还须补充一句，他无法为这个终极原则的多样性提供系统证明。

因此，我们道德知识的来源理论都依赖于情感，但是，只要我们谈到道德原则的**裁决**，意志就会占据主导地位。良知不仅是对实际倾向、行动的某种回顾性判断，而且是基于现存的意志决断的某种展望性要求——这种要求作为律令压倒了意志，这在任何情况都很清楚。因此，我们追问，我们有权如此命令的基础是什么；世界上什么力量才能将一条命令强加在我们的意志之上，而这种意志与自身的自然内容有很大差别。

就道德律与自然意志相反而言,这类裁决只是必要的前提。倘若我们把义务当作我们自己本性的自明结果,我们就不需任何裁决。因此,幸福论学说当然不需要任何裁决,因为追求幸福的冲动本身就裁决了它所有的现象形式,在这种追求幸福的冲动的法庭上,理智早已将道德律令合法化并作为实现这种冲动的各种审慎的、精确计算过的方式。至善论的伦理学也不需要任何裁决,因为完善的过程是自然的、理性的;或者,用沃尔夫的话来说,它是人类心灵结构中的自然倾向和自明偏向,人们仅仅需要接受教导,正确发展这种冲动即可。

另一方面,伦理学越是让道德律异于自然意志,道德就越需要一条裁决原则。我出于什么理由被要求做我自己不想做的事情?我们只能在**其他意志**中寻找对我的意志进行要求的来源。我们将这种异质的意志称为权威,它把义务强加给我们。因此,我们也赋予以下这种理论以权威主义伦理学的名称:这种理论在某种比人的意志更高更有权威的意志中去寻找道德律的裁决。我们认为,这种权威主义伦理学也符合人性的深层渴望。人从他自己不断犯错的经验中认识到自己的弱点,他因此会将自己投身于更具权力意志的怀抱之中,从那里找到方向,这种方向是他从自己那里无法找到的。权力以及部分权利始终都基于此。将自己交付给权威,这或许是最好的办法,这不仅对于民众来说是如此,对于绝大多数人来说恐怕也是如此。有些人始终怀疑自己努力作出的决断会失败,或允许思想的清晰性把他们带向某种神秘的模糊性,我们发现,这些人恰恰容易采纳这种办法。因此,我们认识到人们由于理智和意志的软弱而渴求权威,此外,我们还更好地认识到,权威的滥用会导致更深层次的不道德。

正如洛克表明的那样,根据我们从神圣命令、国家要求以及习俗惯例发现立法权力的来源不同,权威主义伦理学可能呈现出三种不同的形式。第一类是神学伦理学,它经常呈现出非常夸张的形式,把武断的神圣命令作为道德律的权力基础。中世纪的方济会修士,比如邓·司各特和奥康，曾经教导说，没有什么本身是善或恶；只有神圣命令才会使它成为善或恶。他们提出，如果上帝拥有这样的意志，他完全可以实行相反的道德行动。这自然会导致以下这种信念：没有任何理性伦理学，道德内容也没有任何理性基础，我们道德知识的唯一来源就是神圣启示。此外，既然在这些人看来，神圣启示只能来自教会，我们实际上会推论到，我们不是通过个人的良知，而是通过教会的教义，才能知道什么是善什么是恶，什么是允许的什么是禁止的。

另一种伦理学体系用国家替代超越世俗的权威，并从国家那里得到道德的裁决。开明利己主义伦理学依照其理论承认，除了幸福论，他在自己的行动中分辨不出任何价值差别，而幸福论把自己的行动与他自己是否舒适关联起来。另一类价值评价只可能来自环境，从后果来看，个人行动对他人和整个共同体的祸福有着重要意义。因此，道德律令的裁决来自社会权威，这要么以国家这种确定的形式出现，要么以习俗这种多少有些不确定的形式出现。根据这种理论，我们会失去道德与合法性之间的区分。因为在这种情况下，我们关注的是行动及其对大众幸福产生的直接后果，以及对倾向或特征产生的间接后果，因为人们必须要服从这些从外部强加的要求并努力使自己与之相适应。

权威伦理学的所有类型中都有某种所谓的他律性因素：道德律从外部强加给意志的条件。与此相反，良知作为理性意志的自我决定，康德强调它的自律性特征。这种道德的世界–秩序对所有理性存在者而言都是正确的，康德试图从中找出各种具有自我决定性的道德命令和内容，但是，他并未真要求对这一自我立法性有任何特殊的裁决。对于批判伦理学而言，人们要么只能认为，人格的高贵和尊严本身等同于道德律，这就是真正的裁决；要么认为，它使任何其他的、外在的裁决变得多余。不过，我们决不能像某些浪漫主义者那样来引用这种人格的自律性，把它当作某种超人的武断裁决。我们绝不应该忘记，根据康德，只有个人赋予自己适用于成为普遍规则的道德律，良知才掌握了自律的统治权。

道德行为的动机理论也依赖于道德律与人的自然情感、冲动之间的对立程度。这种心理学根植于利己主义伦理学，主张人在任何情况下都只会趋乐避苦，由此把人从自然本性中分离出来，以至我们很难理解人如何才会举止恰当。常有人设想，如果外星人来到我们星球并研究人类冲动，他会非常惊奇地看到，人类经常做很多对他们来说毫无用处的事情，甚至做违背他们自己利益的事情。任何外星人都会把这种违背看作人类的愚蠢。他必定去推测，什么样的利己主义动机会使人们不去欲求他自己的利益作为个人需求。当我们在这个意义上寻找道德行为的动机，开明利己主义的伦理学就会准备好回答，符合道德律的行为只可能基于恐惧或希望。权威主义伦理学补充说，人们服从其他意志是因为这个意志具有赏罚权力。这是神学家的老生常谈，上帝会对违反他命令的人降下惩罚，而丰厚的奖赏则等待着那些顺从他命令的人。在权威主义伦理学的其他形式中，国家的刑罚权和习俗的社会影响都起到同样的作用。国家的功能局限于人的外部生活中那些显而易见的祸福，而权威主义伦理学则在习俗的社会力量中找到某种手段，用以处理人的内部生活中那些微妙而又极为有趣的方面。集体生活在心理学上赋予公众意见很高的价值，在反思情感理论过程中，英国伦理学家对公众意见的心理学含义进行了研究。我们的行为会招致他人的赞扬和责备，这并不仅仅意味着它们影响到他人在和我们相处时怎样行为，而且还意味着它们可能给我们的外部生活带来非常实际的好处和坏处。赞扬和责备通过某种转化，哪怕我们仅仅把它们设想为可能，它们也会成为独立的价值或毫无价值。自我判断是良知本性的组成部分，在心理学上建立在某种价值之上，而独立的价值或毫无价值正是建基于此。在判断和自我判断的交互作用中，野心成为非常有力的动机，权威主义伦理学的社会形式经常对此做出考察。18世纪，这个学派的法国伦理学家们，诸如拉美利特、孟德斯鸠和爱尔维修，都充分讨论了野心的重要意义。

十分清楚，如果符合道德律的行动建基其上的动机完全没有任何道德价值，那么它们的价值就仅仅具有合法性。因此，正如我们之前所言，即便它们在很多方面有人类学和社会学上的价值，从这个词的恰当含义来说，它们没有任何道德的重要意义。我们也许能够确信，某些在绝大部分人看来似乎是道德的事情其实仅仅具有合法性，只是基于恐惧和希望以及对权威的尊重。不过，如果我们说我们只能这样来理解人类的所有道德生活，我们就大错特错了。恰恰相反，某些事实毫无疑问地表明，人的自然倾向中有某些社会冲动，必定可以修正片面的"利己主义体系"心理学，它们就像利己主义的冲动那样深深植根于此并发挥着它们的作用。它们是道德行为的直接动机，而且，我们不需要心理学思考就能推出它们。意志以其原初的力量影响着行动，我们并没有把快乐或痛苦这类个人的经验预设为行动的动机。在这种意志状态中，我们必须首先算上这些社会或仁慈的冲动；它们事实上激发了我们大部分道德行动的动机。生物学解释了这些动机在人类中的逐渐发展。不过，就我们在历史上能够考察的人性进化而言，社会冲动是否真的以这种方式而产生的，这非常令人怀疑。事实上，我们可以辩护说，它开始得更早。另一方面，我们同样也可以沿着个体心理学的思路，从利己主义的动机中得出这种利他主义的倾向。即便是休谟的同情理论也预设了同情这种一般能力来作为社会生活的必要条件。在这种情况下，道德行为的动机，并不是受苦和享乐，而是感受到他人的受苦和享乐（同情）。占据首要地位的是分担苦难还是分享快乐，这是个心理学问题。这个问题部分取决于性情上的差异，倘若用理论语言来表述，即乐观主义与悲观主义两种不同人生观之间的对立。叔本华认为同情的含义就是分担苦难，并从动机角度将之作为道德的原则；而费尔巴哈则提出，同情就是分享快乐。叔本华在至高无上的意志中寻找动机的形而上学基础；而反形而上学者费尔巴哈则满足于同情在社会-心理上的重要意义。

然而，自然的社会倾向这种道德行为的动机也不能保证行为不仅仅具有合法性。直到康德才把它当作快乐的自然特征，不过，就价值这个词的恰当含义而言，它没有任何的道德价值。他越是只想在这个倾向中寻找道德，他就越认为，这个倾向与人的自然冲动相矛盾。如果自然的社会情感（比如同情）的动机有时产生了道德律所要求的行动，那么在他看来，这些行动严格意义上来说没有任何道德价值。道德自身获得自然渴求的满足，但他在其中看到某种危机，即便这种渴求的目标完全符合道德命令。他害怕在这种情况下，幸福论的动机会悄悄渗入意志活动的动机之中。事实上，在人的实际生活中，人们常常把对幸福的自然渴求与义务意识相互联系，这种联系的线索有很多，这就给人心的诡辩留下了空间。我们必须承认，习俗道德许诺美德以金山，导致渴望幸福和渴望道德紧密相连，这又使人产生以下倾向：个人即使十分令人尊敬和无私地完成他的义务，他也会不自觉地伸手讨要奖赏。这种"小费道德"的某种表述就是人们要求善有善报、恶有恶报：康德自己就毫不犹豫地将这个要求用作他演绎道德假设的论证。

严格主义会把自然的社会情感从道德转变成合法性，它必定会把"对道德律的尊重"以及"对人格尊严的情感"当作道德行为的唯一源泉。它由此很可能会导致骄傲，这主要出现在斯多亚主义的伦理学之中。与此同时，道德行为的自我满足包含着某种奖赏，而这正是它最为抗拒的。因此，尽管康德伦理学更多的也许只是语言上的强调而非真正的严格主义，席勒仍然在他的《严肃与戏谑》(*Ernst und Scherz*)中对这种严格主义进行了攻击。与此相对，这位诗人-哲学家提出美丽灵魂的理想，美丽灵魂在道德上发展得极好，能够信任自己的感觉，却又不会被带入与道德律相冲突的危险之中。人的义务与自然倾向之间无论发生什么冲突，这都保证了道德公理的主导性。更高的完善就在于以下事实：人已经学会高贵地思想，不必再去控制他的意志。

综上所述，我们可以在道德生活中区分出动机的各种层次。最基本的层次是自然的社会情感，它在个人意志与一般意志之间进行调解。在此之上的层次是合法性，它十分清楚地意识到一般意志与个人意志之间的对立，但它在个人意志中找到了服从一般意志的动机。然后，在此之上的层次在心理方面最为复杂，在这个层次中，个人根据自己的优点认可道德命令，并把这个命令接受为他自己的意志，最后克服了它的对立面，这个层次严格意义上来说是优点的道德层次。最后一个层次是纯粹和简单的道德层次，生活经验在其中把个人意志与一般意志等同起来。

在对这个关系的诸多讨论中，有个问题在人类思想的进程中导致极大的混乱、误解和不幸的错误。这个问题就是意志自由问题。这个领域产生的那些不必要的困难全都起因于道德、法律和宗教的责任问题导致的心理学上的复杂情况；我们只有清楚阐明这个词的不同含义及相应的各种问题，才能够避免这种混乱状态。

首先，意志自由意味着行动的自由，或者说，我们有能力把意志的决定转变为身体的有目的的活动，这并没有任何问题。这种自由是事实，是人性的普遍条件，是权力，这种权力只有在特定情况下，因为身体机能失调或者社会和其他外部强制下，才会受到限制或摧毁。

只要我们把自己限定在心理学之内，我们就还能相对容易地克服这些困难，但是，当我们考察选择的自由，困难就变得严重起来。选择意味着，当意识中存在相互冲突的不同欲求时，行动或许只取决于某一种欲求。然而，在动机的冲突中，我们不但必须考虑当下的刺激及其唤起的欲求，而且还要考虑个人成长过程形成的意志的恒常倾向。我们将这种冲突称为瞬间激发的欲求与性格之间的冲突，倘若如此，所有人都会同意，这两者共同决定了选择，而选择的结果取决于这两者分别具有的力量大小。我们需要注意的事实是，当下的刺激会在多大程度上影响意志，这取决于性格的不同。此外，如果我们把这些刺激仅仅当作动机，我们就会认为，在选择过程中，人的性格独立于他的动机的决定——他是自由的。这种观点通常被称作非决定论。另一方面，我们强调必然性，根据心理学的理论，我们可以不加区分地将导致意愿活动的所有因素视为我们的动机，这些动机包括实际上构成性格的恒常意志。倘若如此，我们就会得出结论，意志不可避免地由动机所决定。这种观点被认为是决定论。因此，最后，非决定论与决定论在心理学上变得一致；它们的差别仅在于外延，在于它们对"动机"这个词给出了不同含义。因此，如果争论双方不相互指责对方会摧毁道德责任，这个争论也就不会变得那么热烈。

为了对此作出解释，我们首先必须清楚地理解责任的含义。任何冷静反思过这个问题的人都会很容易发现，这是来自日常生活观念中的心物因果关系问题。我们必须假定以下前提：我们只能让原因为其结果承担责任，让别的什么东西来承担责任都是毫无意义的。有些归责的方式十分愚蠢而且并不理性，比如带来坏消息的人必须为坏消息所带来的痛苦承担责任，不过很显然前者并非是后者的原因。理性地说，人只能为他自己的行为负责，因为他——即他的本性，作为相对稳定的性格——才是他行为的原因。但是，另一方面，责任还有实践含义，即行为令人痛苦的后果会以某种方式作用于行为主体使他承受痛苦。我们无论是在惩罚、威吓还是改进中看到责任的实践含义，这都意味着，当做坏事的人心中形成痛苦的情感，他心中总是有某些相反的动机，要求恢复规范意识在违法者心中应有的位置。整个过程本身十分清楚而简单，然而它却是所有复杂的意志自由问题的源头。人们普遍认为，责任假设我们有可能不那么做，然后又把这种假设的力量描述为自由，其含义是，人需要为之承担责任的行为不可能是"必然的"。我们由此得到自由就是无原因这种不幸的观念，这个观念的形而上学困难与心理学困难结合起来形成几乎无解的混乱局面。

倘若某人变成另一个不同的人，他可能会做出不同于他实际上所做的事情，这种假设显然是有意义的。最后，这个问题被归结为人是否能为他自己的本性承担责任。既然原因是责任的一方面，如果我们从对原因的考察着手，我们有三种选择。我们要么可以沿着神学形而上学的思路，把神圣的创造者当作人之本性的原因；要么可以沿着社会学的思路，把社会结构当作人之本性的原因；或者还可以，在形而上学的意义上，把人的个体性当作实在的基本立场或终极要素，我们在此不会有任何疑问。在第一种情况下，任何公正的人都会把责任归给神，我们几乎不可能通过谈论许可来规避结论。在第二种选择情况下，责任落到社会头上，落到社会环境以及机构的头上，这种观点在现代刑事立法理论中非常常见。只有在第三种情况下，形而上学的来源和人的责任才得以保留。这类理论为各种形而上学的奇思妙想打开了大门，这些奇思妙想无法与任何形式的形而上学唯一论或神学唯一论相调和，不过没有人会对此提出质疑。

因此，原初的意志活动是否自由，这个问题的意思是，它是否是无原因的。倘若有人遵循意志活动的因果序列超越个人并陷入到不可解决的形而上学困境中，那么对这个问题的理论上的研究就走到了终点。正如我们处理理论问题时已然看到的那样，把因果性与一致性视为同一，这会导致诸如所谓的"世上无新事"这类观念。我们从而会认为，任何事件都必然地基于某个在先的事件。与此相反，假设因果唯一性其实是人类本性的需要。人们意识到，在他需要为之负责任的行动中，他在他的周围环境中引入某种新的东西，若果没有，这种新的东西就不可能产生。由此，我们似乎可以推论出，人类行为必定会开辟出新的因果序列并把它们纳入现存的一般因果进程。有意思的是，这个假设在历史上最初以形而上学的形式得到表述，人们用它来解释统一的世界机制中个人结构的来源。正是伊壁鸠鲁提出了这种概念的典型表达，那就是，意志自由就是因果序列的任意的、无原因的开端。他用原子统一运动中某些原子的偶然偏离来解释不同世界的来源，哪怕偏离十分微小，此外，他还明确把原子的偏离与人的任意行为进行类比。这两者的共同点在于因果的唯一性，换言之，它们都是无原因的事件。精神世界中的这种能力被称作 liberum arbitrium indifferentiae［无差别的自由决断］，它指的是无动机的意志活动，人们相信他们可以在两个似乎"无差别"的选项之间进行选择的过程中经历这种情况。自由就是没有在先原因的意志，这种意志却有着无穷的后果，这种观念有着真正的困难，而且无法用理论加以解决。康德对此讨论极为清楚。在他的理论体系中,自由在理论上不可理解,但是在实践中它对于责任意识来说又是绝对不可或缺的。

事实上,我们只有从实践的立场出发,才能处理责任问题的实践方面。这一方面存在着分配的问题,即根据社会分工分配到个人头上的份额和全体利益所要求他完成的份额;这另一方面还存在遵守规则的问题,集体生活要求人们遵守规则。就此而言,追究责任仅仅意味着通过设立赏罚来强化他心中的正确动机。这些都是心物的因果进程,它们植根于人们的社会生活以及他们基于集体利益作出的裁决。个人必须以他自己的方式根据普遍的规律来行动,如果有人根据这种说法来决定其责任,所有人都被要求以他自己的方式根据同样的普遍规律来行动。我们诉诸因果必然性并不会使自己从困境中解救出来。我们必须把问题当作实践过程来看待,我们无法以任何方式将这个实践过程追溯到对形而上学本性的一般理论思考。这对于责任的微妙而又发自内心的形式来说也是如此,它要求个人为自己的道德或宗教意识负责。尽管发自内心的责任并不像社会和法律责任那样涉及祸福,利益攸关,但它仍具有自我教育的重要意义,因为它同样启发了反面动机或肯定了正面动机。然而,既然所有这些本身就是合理的且在伦理学上又是必要的,它们又都完全独立于意志的无因果性这个形而上学问题,因此,理论也就完全没必要把相对简单的情况弄得无比复杂。

第十五节

公共意志——个体意志与共同意志——先在的意志联合体——自然的联合体与历史的联合体——家庭、民族、经济共同体、国家与教会——习俗、道德与法律——意志共同体的时代——文明——社会学——自然法与法学——法律的定义——法律义务、法律要求、法律权利——作为最低限度伦理的法律——国家和法律的目的——自由主义与社会主义——民族国家——国家的目标——法律秩序的真正的合理性

尽管伦理学的各种形式都不得不认可个体的倾向和行动，并且不得不在个体的良知中寻找道德基础，但从长远来看，个体与一般共同体之间的关系是存在问题的。与个体相反，共同体是意志复合体，而且还是和谐的意志复合体。所有伦理学问题的重心因此就在于个体与共同体的关系，或者说，个体意志与普遍意志之间的关系。即便人格在它最内在的独立性（即良知）之中呈现，它仍旧表现出对一般意志的依赖。另一方面，当共同体的生活形式在作为体系的历史形态中得到发展，至少在某程度上而言，它们的重要性就会只局限于个体所具有的或获得的价值。这些就是所有意志生活的标杆，这始终存在以下问题：个体意志与共同体意志在多大程度上相互一致或背离。最后，首要的问题就是，究竟什么本性让我们有权利以与个体本性意志相反的方式去行动。即便在这个对立所导致的最极端的情况下，不但个体必定无法忽视集体意志，而且一般意志也无法完全牺牲个体。这一基本关系的基础就是人们根据个体与社会的联合而假定的无与伦比的立场。我们知道人是社会的存在，正是根据这个观点，亚里士多德把整个实践哲学描述为"政治科学"。不过，并不是这一点把人和动物区分开来。许多动物不仅具有社会生活，而且它们的社会生活比人类的社会生活还要复杂和完善——从珊瑚虫到蜜蜂到蚂蚁皆是如此。这些例子的社会性达到的高度就在于个体无特例、完全地融入集体生活，我们甚至可以质疑它们的个体意志与一般意志之间是否存在差别。人的情况则恰恰相反，两者之间的差异十分明显，个体意志与共同体意志之间的对抗才是人类种族的特征。人类历史正是建立在个人自私自利的基础之上。它不仅在于个体意志的变量总和导致的渐变——我们在所有动物那里都可以发现作为普遍生物学事实的这种渐变，而且还在于某些伟人的强力意志导致的突变。

或许更准确的说法应该是，人类是进入这个世界的最无助的生物，因而也是最适合社会生活的生物。这当然没错，但是，另一方面，人类作为独一无二、无与伦比的实在，更适合于获得内在的独立性并由此出发反作用于全体。人类全部的历史进程就是个体与整体之间形成的二重奏。因此，认为历史的目标是回归动物的社会性，这是错误的想法，动物的社会性只适合我们人类种族的最低级的史前情况。

人们发现自己被包含于超越个人的整体之中，整体就是意志的共同体，这个意志的目标就是共同体的方向。因此，伦理原则要求的不仅是有机结构等级制中的合作这种纯形式的集体概念，这在我们处理目的论问题时曾提到过。它是关于整体的问题，这个整体充满着生命-价值，因此，它也是关于价值的问题，这个价值是全体的价值。我们只有在整体意志中才能找到这一价值。我们可以将之称为共同意志，不过，我们在此指的处理理论问题时偶尔所提到的共同意识。有人试图把某种超越个人心灵实质的实在性归给这种共同精神——比如，民族精神、时代精神、商业精神等等。不过，社会心理学（甚至个体心理学）主张，就经验知识而言，意识的综合统一并不具有实体的特征，而仅具有功能的特征。在集体心灵那里，我们找不到身体器官来作为个人心灵的经验物质基础。在民族或时代这类特别形式的精神中，我们同样找不到经验物质基础。为了找到这种东西，我们不得不求助于费希纳的行星精神观念。除了这类形而上学的奇思妙想，倘若我们更加仔细地研究集体精神与个体精神之间的关系，我们就会不得不承认，除了个体，集体心灵没有其他的物质基础。我们还不得不承认，它唯一的物质基础只是个体之间发生的心理进程，因为他们过着共同生活，所以这个心理进程发生在他们之中。这种生物学关系的紧密程度决定了具体情况中全体影响更大还是全体中的个体影响更大。无论哪种情况，发展首先是个体心灵吸收那些与它自身和整个社会环境所共有的内容，这有时也会产生出反对整体的特质。我们都知道，我们的观念，我们关于世界和人生的全部理论，都自发成长为关于我们生活环境的理论。而且，随着时间的推移，当环境对我们有利，我们才会得到个体的思想与判断，当然，它们也许会与传统不同甚至冲突。从心理发生学的角度来看，我们绝不应该忘记，集体心灵先于个体心灵，前者是后者得以成型的温床。

由此出发，为了阐明这种关系产生的伦理学问题，我们将首先考察实际所知的意志共同体的各种类型。它们通常被称为社团或者联盟，尽管这些词都使用得十分肤浅，含义并不十分清楚。也许最好的用词还是联合体，这主要是基尔克①的用法。我们根据这些联合体与个体的关系来对它们作出区分。要么是个人先在，然后再形成联合体；要么则是联合体在先，然后再规定个体意志。就个体而言，联合体要么是自愿的，要么则是非自愿的。因此，我们可以谈论构建的意志共同体或者先在的意志共同体。比方说，让我们来比较联盟与民族。我属于这个联盟，因为我被邀请加入其中，而且我也乐意这么做。但是，尽管我没有收到任何邀请，也不论我是否乐意，我都属于这个民族。这个联盟作为整体，除了其成员所给予的意志要素，没有任何其他的意志要素；而这个民族作为整体，具有一个意志，这个意志代表了属于它的所有个体。我们可以将之类比于机械的发展与有机体的发展之间的差别，这样我们由此能够很好地理解这一区分。在机械中，部分先于整体并且构成了整体；而在有机物中，整体先于部分并通过生命活动产生出部分。因此，我们就能够理解，倘若有人把国家这种联合体看作先于个体的整体，我们就把这种观点称作关于国家的有机理论；与此相反，如果有人把国家归为个体之间的协议，并把它看作与其他联合体相似的联合体，我们就把这种观点称作"契约理论"。实际上，关于意志共同体的所有理论都采取了其中一种：普遍主义-

---

① 基尔克（Otto Friedrich von Gierke，1841—1921年），德国法学家与历史学家。其代表作是四卷本的《德国团体法》。基尔克的"联合体"在法学界通常译为"团体"，"团体法"与"个体法"相对。但文德尔班使用这个词囊括家庭、国家、团体（社会）等各类联合体，不完全遵照基尔克的用法，因为文德尔班使用的都是同样的词，我们在此以文德尔班的用法含义来统一翻译，读者注意即可。

有机的方向或者个体主义-机械的方向。

　　从联合体的一般差别出发，我们立刻会得到个体在对它们的立场上的重要差别。只有当联盟的目标符合我的意志需要时，我才属于这个联盟。我对它没有任何其他义务。个别成员可以意愿在它之外的任何他所喜欢的东西。他可以属于其他联盟，只要那些联盟不会影响第一个联盟的目标就行。最关键的是我自己的意志决定了我对联盟的从属。当联盟不再适合我时，我就会离开它。但是，我无法离开我的民族。民族从我年幼开始直到现在都掌握并规定着我的意志。我完全属于它，我与它之间的联系是不可解除的。这完全不同的其他成员身份，比起"意愿"来说，民族中更多的是"必定"。在以前的时代，这种关系几乎是绝对的，特别是当国家就是民族的时候。即使在异国他乡，个人也不能不属于他自己的民族。如果这个人在国内，在这个意义来说，这就更是如此。个人可以反对他的民族或者与之疏远，但是，就其本性和特质而言，他无法消除他的主要民族特征，而且，他通常也不会愿意这么做。如果在民族这类一般联合体中，我们看到个体和整体之间的关系有着某种模糊性，那么这正是我们的问题所在。在联盟中，我们实现了人为和自愿的联合体这种极端情况；但是，在经验条件中，我们却找不到绝对、纯粹的另一种极端情况。我们在此也许可以把伦理学问题简化为以下这个问题：是否存在某种意志共同体是人所无法离开的，因此，即使个体意志想要拒斥它，它也仍旧能够对意志提出要求？康德在他的"普遍的理性存在的共同体"，在他对绝对命令的归纳中，赋予我们一个理想的、人所无法脱离的意志共同体。因为道德律的要求是绝对的且独立于任何先在的个体意志。然而，这种理性存在的共同体只是对道德意识的假定，而不是实际上存在的联合体。实际的联合体，比如具有确定实践目标的联盟和各种类型的社团，在日常生活的利益范围内有着各种不同程度的价值。我们必须根据不同情况来鉴别它们的价值。它们只是达成目的的手段而已，因此它们并不构成伦理学问题。

但是，在先在的联合体那里，情况则十分不同。就这些联合体而言，个体会对共同意志强加在他头上裁决产生质疑，因为共同意志的产生他并未参与其中。而在联盟中，个体通过成为其中的一员而对自己提出裁决。意志的共同体，要么是自然的联合体，要么是历史的联合体。然而，当我们对事实进行考察时，这种显然十分尖锐的对立却并不那么对立。首先，我们可以把家庭当作纯粹自然的联合体。但是，当我们仔细研究这个问题的时候，我们必须承认，这个以家庭为名的、被我们当作非常典型的意志联合体和文明萌芽的伦理共同体，归根结底还是历史的产物。母亲和孩子之间的关系比人类还要古老，此外，社会学家们对母系社会和基于此的人类联合体的研究向我们清楚地表明，现代意义上的家庭其实是人类停止游牧生活后的时代产物，尽管这个理论在细节上还并不令人十分满意。当我们考察历史上出现的无数一夫多妻或一妻多夫的情况时，我们也能看到，一夫一妻的家庭及其所包含的伦理道德，其实是文明进化的产物。我们将一夫一妻制归于高加索人种①，而其他人种最初则处于近乎一夫多妻或者一妻多夫的联合体的自然状态之中。一夫一妻家庭的历史性起源并不能阻止我们把它当作最为神圣的意志共同体，尽管它仍有不完美甚至偶尔有害，但这种伦理生活的绝对类型，以某种简单而值得称赞的形式，勾勒出所有社会关系的轮廓。确实，我们也许可以说，在家庭这第一种结构中，意志共同体不可或缺的所有那些从属和协作关系都能找到它们最精致、最稳固的表达，我们因而也知道该如何看待现代个体主义的反动，他们努力想要摧毁这个伟大的历史成就。

　　民族共同体建立在家庭这个基础之上，我们在民族共同体中大体可以发现自然和历史起源具有相同的关系。我们也许得承认，natio［民族］表述的含义是cognati［宗族］的总和，血缘共同体是民族统一体的条件。不过，我们也不能过于绝对。血统非人所能控制，我们现代民族经历过

---

① 高加索人种指欧罗巴人种或白人人种，这个说法来源于基督教神学，《圣经》说雅弗是欧洲人祖先，神学传统认为他来自高加索地区。

无数战争，彼此不断有commercium and connubium［战争与通婚］，各个民族的血脉最后相互融合，难以分辨。只有那些没有多少历史的低等民族，我们才能找到民族的统一性和纯粹性，而且即使是这些民族，其边境地区也发生了血统稀释的情况。所有民族在发展进程中总会将他们所征服的其他民族吸纳进来，另一方面，各种部落也会从民族本身分离出去。因此，民族永远不仅是一个物质共同体。更准确地说，民族是产生于历史运动并由心智、心灵和意志构成的心理共同体。尽管在民众的心里，国土就是民族之家，但如果撇开国土对于民众的重要性，国土其实并不是共同体所不可或缺的元素。我们在游牧民族或者没有特定国土的民族那里能看到这种情况。这种心理联合体的规定性的外在表现就是语言。比方说，正是希腊语将希腊民族与所有其他民族区分开来，因此那些其他民族都是"蛮夷"或者语言不通者。因为语言，民族这种精神共同体才有了确定的历史的生命-内容，我们在文学中能够找到这个内容的最精致形态。因而，语言和文学构成了民族的本质特征，与此同时，它也是民族的最高财富：它是民族的精神活动的产物，也代表着这个民族对文明的贡献程度。不论谁想要剥夺一个民族的这项财富，或者想要摧毁这个民族对这项财富的热爱，他就是这个民族的真正的、最危险的敌人。

民族这种联合体是半自然半历史的现象，它并没有十分确定的轮廓，这对于经济共同体来说更是如此，我们长久以来都习惯于在特殊意义上将之称为"社会"。经济共同体是最为松散的组织。不论它具有什么形态，它的形成部分归功于有着确定目标的个人所组成的团体，部分则归功于国家力量的组织。当然，经济共同体本身并没有和任何特殊团体绑在一块，也没和任何个别民族或者国家绑在一块。经济共同体中的共同意志体现在惯例、习俗和传统中，它们只能部分获得某种组织形式。它包含经济生活的机制，用以满足和开创全新的道路，这既是个人和由个人所组成的各种团体的任务，也是某个国家或某些国家的任务。我们在此不必追问哪一方对它更加期待或渴望。这是生活中的问题或者国民经济学的问题。但是很清楚,这和经济共同体所必须设立的目标相同,都植根于伦理学的一般原则。

国家在意志共同体的各种类型中有着十分不同的位置,因为国家代表了先在的生命-联合体。对于个人而言,国家是先在的,并且仅在很低的程度上是自然的;国家的本质取决于历史,因为它与民族并不是一回事。德意志民族并没有完全生活在德意志帝国,他们还生活在瑞士和奥地利。反过来,这些国家也还包括德意志民族之外的其他民族。对于国家而言,它的外部条件就是国土,即它的领土,因此它要有确定的边境,民族则永远都不会有这种边界。然而,国家并不仅仅是限定在确定国土范围之内的共同体。国家的特性及其内在条件是占据主导地位并起着支配作用的意志,这个意志掌握了物质和心理的力量。倘若国家没有这种心理上的力量,这个国家就会慢慢腐朽和衰败下去,就只能依靠物质力量苟延残喘,此外,物质力量总是依赖于心理力量,依赖于权威。这种力量到底如何产生,依靠篡夺还是契约,依靠强力还是法,它体现在什么人身上,它活动的目的又是什么,这些就是国与国之间的质的差别,这种差别可能非常巨大。在量的方面,国与国之间也有着类似的差别,从古代城邦到近代美国这类国家结构,国家的类型千变万化。国家的本质在于那个占据主导地位并起支配作用的意志,这个意志支配着国民生活的所有外在职能。因此,国家是可见的组织,共同意志通过它让个人活动为其服务。我们能从国家的这种本质中获得法律,法律表达并归纳国家意志。就其发展趋势而言,共同意志从它原始的混沌形式逐渐发展到确定的形式,因此,法律就是共同意志所能发展出的最高形态。

在人生来就属于其中的那些先在的共同体中,教会有着极为特殊的地位。我们必须把它同共同的宗教意志这种更加一般的观念区分开来,因为共同的宗教意志还包含许多其他形式。这些形式根据不同宗教而不同,它们要么是逐渐形成的,要么是创立的。在逐渐形成的宗教那里,宗教团体大体上与民族相一致,犹太教就是这种类型的经典实例。民族成员同时也意味着教会成员：他们共享伟大的祖先、英雄和诸神。此外，大的联合体并不会拒斥较小的联合体。因此，在古希腊，共同的宗教崇拜会根据性别不同而划分为两个教派，审美的民族宗教下不同城邦又有不同的教派。神秘主义的宗教形式还产生出某些模糊的中间形式，在某种程度上，这些形式呈现出团体或创立的联合体（θίασοι）的特征。它们是以拯救为目的的具有所有联盟特征的兄弟会，允许个人自愿加入或者离开。

在创立的宗教中，伊斯兰教作为部落宗教而产生，并与征服者的政治力量相互结合。因此，至少在一段时间之内，伊斯兰教共同体和国家共同体保持一致。基督教的情况则正好相反。最初，它只是罗马帝国众多宗教团体的一个：一个创立的联合体，个人可以自由加入或者离开，就像现在的贵格会派（教友派）、卫理公会派、门诺派、摩门教派、救世军等等。不过，我们现在所说的教会则十分不同。它们与所谓的团体或联合体非常不同。它们有其发展的历史，对于个体而言，它们就是先在的联合体，几乎与国家有着相同的含义。个人从出生起就属于它们，个人未经邀请就在其童年获得了成员的身份，但是对这种身份的宣布却肯定是自由意志的活动。理论上来说，教会的成员身份就像国家的成员身份那样不可解除。在历史上的某些阶段，比如中世纪，这种不可解除性得到过实际执行，除了被绝罚，没有人能够自由离开教会。在现代，人们可以切断他与教会或者国家之间的联系，但这（在德国）几乎不可能发生，社会惯例和法律规定都使人很难这么做。结果，许多人被视为教会和国家的成员，但其实他们从内心和信仰上都不再属于教会或国家成员。罗马教会坚持认为成员身份不能放弃，或者认为"叛教者"仍属于教会的成员。

所有这些都表明，教会和国家之间有着显著的类似性。事实上，尽管教会的目标是实现宗教生活，但它和国家之间有着共同的本质特征——统治。尽管有组织的教会团体的意志在不同组织中呈现出不同的类型（君主制或是民主制），但它总是意味着统治臣民的力量，有时候它甚至呈现出完全世俗的统治特征。我们还可以在以下事实中进一步来比较教会和国家：教会创立了它们自己的法律，而这本应当是国家的特权。他们制定了宪法、刑法，甚至在某种程度上，还制定了部分的民法——比方说，婚姻法。此外，为了执行教会法，他们还组织了官员、机构体系和财产。这和国家完全相同，然而，教会不是国家，也不想成为国家。国家的力量既是物质的也是心理的；而教会的力量则只是心理的。只有当国家把自己的力量借给教会，教会才具有物质力量。我们很难在此为这两者划出界限，因为国家的物质力量最终依托于心理力量——依托于国家对国民们的权威，依托于国民们的信任、相信、遵从、顺服以及必要时依托于国民们的恐惧。在教会那里，最独特的就是它的物质力量总是依赖于国家。教会的物质力量来自国家的让步和特许，这个力量并不真的是至高无上的，而只是被委托的力量。除了在"被认可的宗教团体"或我们通常所说的教会那里，并不存在具有法律效力的教会法。倘若某个教派想要给它的成员设立某些与国家法律相冲突的条例，例如摩门教，那些规则条例就会失效，任何其他社团的这类条例概莫能外。这就是事实上的状况。确实，教会理论把教会的力量建立在神圣的机构之上，但这自然只适用于教会的成员。正是教会的这种半国家特征，使它陷入与国家相互纠缠的困境之中。它有时像国家一样具有政治力量，有时又强调自己的目标与国家不同，具有超世俗性。不过，我们在此不会对它进行深入讨论，这还是留给历史和事实来检验吧。

　　这项研究的对象是联合体的各种不同的已知类型，特别是各种个人视为先在的意志共同体之间的差别，倘若我们想要理解与之相关的伦理问题，我们所进行的这项研究非常必要。我们每个人最初都会发现这些联合体先于我们而存在，它们在我们之前就已经被确立为某种具有自明有效性的东西。事实上，严格来说，它们并不是在我们之前或之上得到确立，相反，我们把它们经验为我们和我们的同伴所共有的有意识的意志要素。对于它们的有效性之基础，我们有的只是非常模糊的观念，事实上，这几乎根本不是有意识的观念。它们通过习俗、继承而来的惯例以及传统的做法，统治着我们。这些习俗惯例是情感、意愿和行动的样式，我们自己深陷其中，与之相伴，而且从不会追问它们的基础，甚至不会追问它们的含义。习俗的主要来源是自然的联合体，它们在家庭、民族和社会团体之中变得极为重要。因此，习俗，因为其非意志性和模糊的影响力，成为精神共同体的原初形式，它不仅存在于情感和意志，而且还存在于观念和看法之中。习俗的保证和裁决并不依赖于任何可见的权威，而是依赖于公众意见或者说一般心灵，它支配着所有个体的心灵。

然而，习俗这种原初状态经历了历史发展过程，所有身处当前历史进程中的民族都继承了我们在古希腊恢宏简单的文化发展中所发现的东西——个体解放。个体解放部分出于某种力量，个体意志凭借这股力量反抗流俗的压迫，部分出于对以下矛盾的认知：个体从属于目标各异的许多不同的联合体，因此习俗有自相矛盾的地方。如果家庭的要求、国家的要求以及民族的要求彼此不同，甚或彼此对抗，个体就不得不作出抉择，他因而也就从始终统治着他的习俗暴君那里获得了部分自由。这导致习俗分为两个部分。一个部分是内在部分，习俗成为个体道德；另一个部分是外在部分或外部生活，它以法律的形态成为国家规定。道德与法律越是以不同的方式取代习俗的作用，习俗也就越是走向消亡。某种程度而言，习俗变得多余了，它被限制在道德或法律所未触及的地方。习俗、道德和法律这三种伦理力量之间的关系给社会生活带来了深远的变化。法律为习俗留下多少空间，法律和习俗为个体道德留下多少空间，它是民族或时代的最大特色。没有什么规律能够对此做出规定。我们只能历史地研究每种情况。习俗的统治越广泛，个体道德就越糟糕，并且法律也越是粗糙和外在。法律越广泛、严密和内在，个体道德也就越热衷于强烈反对法律，并守卫个体道德范围不被法律和习俗入侵。最后，习俗的两种伟大的发展彼此对立，这给我们带来了文明的主要问题：个体道德的范围与法律统治的范围之间的边界在什么地方？

在这种情况下，心灵回想个体生来就所属的许多意志共同体之间的价值差异，这就不可避免地产生以下问题：是否有某种具有普遍必然的有效性标准，使我们能够借此评价这些价值的差异。个体在冲突中作出的个体决定总是取决于他自己的利益和影响他的信念。不过，那些让他痛苦的怀疑会迫使他寻找终极的判断标准。个体只有清楚记得这些共同体不得不履行的功能，他才能够找到这个标准。在意志联合体那里，在联盟或团体那里，功能也许是日常生活的各种目标，它们具有的共同要素是享乐主义或功利主义特征。当它的目标得到满足，这些先在的各类共同体就会有进一步的任务，它们必须履行的义务规定了它们对个体的要求。然而，这些义务的特征相当不同，我们也许可以追问是否能够将它们归结为某个公式。

有人指出，这些联合体共同的目标和任务是个体的幸福或进步，他们试图通过借此找到这个公式。然而，我们这么做就已经把它们置于联盟的高度来处理了，此外，它们并没有要求个体服从他所不赞同的命令的正当理由。另一方面，这种做法试图超越社会结构，从更高的人性中去寻找那些先在的共同体目标。教会的解决方案很明显，在某些人看来，这个答案似乎也能应用于国家，甚至能应用于民族和家庭。不过，这个解决方案包含的原则超越了科学知识的范围，而变成了信仰的观念。在解释这个任务的过程中，如果我们既不想陷入个体的功利和实用之中，也不想上升到形而上学的假设，唯一的做法就是在这些共同体中寻找它们的功能的某种内在含义。我们通过考察习俗演化为道德和法律的过程，可以获得达成这个目的的某些帮助。这个过程向我们表明，在所有共同体的根基中，都有某种集体精神生活，某种集体意志，它的形式模糊、混沌且没有意识到它自己的基础。我们必须充分理解这种集体因素，此外，它必定还具有某种外在的形态。这种集体活动的关键秩序及其表现出来的可见结构体系就是我所说的文明。与自然和自然力量相反，文明的含义是人类运用有意识的力量对环境所做的改造。个体独立于传统习俗，参与到这些重要任务中，并努力把某种有意识的进步和外在形式带给他参与其中的共同生活。因此，意志共同体的任务也就是个体的任务，这项任务是那些生命秩序的标准，因此它也是文明体系的产物。每个个体的工作就是，他要在应有的位置上动用构成他个体存在的所有因素和特征，携手他人共同实现这个任务。

就伦理学理论和哲学的社会科学而言，我们必须将由此会推出什么结论的探讨留给"实践哲学"。我们在此能做的所有工作仅仅是指出我们必须处理这些意志共同体的哲学含义。那些仍然不太清楚这个问题的人仍旧坚持社会心理学及其发生起源上的解释。社会学自从由孔德引入后（社会学这个名称本身非常好），就普遍应用于社会-心理学或民族-心理学研究（民族-心理学这个说法或许不太恰当）。社会学研究从民族志、史前史以及历史中挖掘所有事实材料。它们本身是非常有价值的科学研究主题，但对于哲学来说，它们仅仅提供了产生问题的材料。社会学只有在研究各类价值、各类意志共同体以及价值依赖的意志共同体的功能时，我们才能谈论某种哲学的社会学。

我们在处理最高级的生命秩序时，即处理法律理论时，我们可以极为清楚地看到，对于联合体所表现出的问题，人们持有的科学态度包含各种矛盾。人们非常不信任法律哲学，甚至法官也是如此。这很容易理解，因为他们害怕在他们制定的法律之外还存在某种其他的法律，某种不在任何地方实存的乌托邦式法律——所谓的"自然法"。我们先来看看自然法这种观念如何产生，以及这种观念有什么合理及不合理的地方。古人并没有明确试图建立某种哲学或者规范的法律，我们也可以用前面的话来说，某种纵然面对现行法律或实定法来说也是公正的法律。当然，有些做法已经与之十分接近，比如智者区分了自然有效和颁布有效（φύσει ἢ θέσει [自然与约定]）。即使是古罗马的法官，撇开他们与斯多亚学派的关系，也很少注意到这个区分。当他们谈论 jus naturale [自然法]、lex naturae［自然律］、detiora naturalis［自然的规定］，他们指的既不是对法律的实证的意识和情感，也不是法律命题序列中的逻辑一致性。对他们而言，jus naturale［自然法］是法律的一个来源，或者说，是他们处理的实定法的一个动机。自然法与现行法律之间的对立在后世才会出现——准确来说，它出现在中世纪哲学特别是文艺复兴时期。现代哲学主要从科学中获取概念工具，从普遍概念和判断及其永恒的有效性那里构建出它自己的知识。因此，人们相信通过纯粹的理性思维，他们也可以从一般的自然或至少从人的本性（natura）中演绎出法律。历史知识则被限制在实定法的各种现象之中。我们通过这种方式，产生出一般的理性法律观念，这种法律自然是正确的，并且也应当是正确的。自然法不同于实定法，实定法只是在特定时间中实际正确。因此，价值差异决定了更高的有效性应该属于理性法律或自然法。普遍概念变成了个别现象的法官；自然变成了判断历史的标准；观念变成了理想。人们将实然的法律与应然的法律区分开来。关于实然法的科学是法学，关于应然法的科学是法哲学。

在法官看来，这个对立十分不便。他处理的法律是一项事实，是有形的实在。对法官而言，自然法并不存在，似乎只是幻想或希望的产物。也许，只有大学教授才想看到这种法律。倘若真是如此，所有法律哲学就将处于非常可悲的境地，因此，我们必须尽快消除这种误解。这种法律并不是某种理想的、人为构造的、作为法哲学主题的法律，而是实际上存在的法律，是法学所处理的法律。它的情况和哲学所有其他分支的情况相同。自然哲学谈论的并不是这门哲学自己创造出某种理想的自然，它谈论的自然与物理学、化学、生理学以及心理学所关心的自然是同一个自然。逻辑学也并不是要去实现和创造科学，它所研究的知识和科学完全独立于逻辑存在并发挥作用。道德哲学也不是哲学家创造出的新价值，哲学家处理的就是实际道德生活。美学也没有发明某种新艺术，它讨论的就是现存的艺术。此外，宗教哲学也并不意图构想出某种哲学的宗教，它所必须处理的宗教是我们所有人经验到的那个宗教。哲学理论与其他科学理论存在区别，区分的标准不是研究对象，而是处理方式。如果我们忘记这种区分，如果哲学试图侵占其他科学理论，那么哲学就会变得多余而毫无意义。

倘若如此，法哲学就必须承认整个法学体系。它的工作就是陈述实际的法律并表明其逻辑的连贯性，这是它的义理功能。法哲学还需要研究法律的起源及其发展，这是它的历史功能。它还需要制定一套应用于个别案例的体系，这是它的实践功能。因此，法律的解释、历史以及技术总是预设了一套有着各种历史形态的现存的法律，哲学也是如此，不过它看待这个问题的角度完全不同。这就是自然法这个古老观念包含的合理因素。毫无疑问，我们研究的是实际存在的法律。我们不是经常会谈论不正义的法律吗？法律的每次进步，立法的每项变化，都是基于某种责难，这种责难以某种方式承认实定法中有着令人不满意的地方。在现实中，这些责难往往非常个人，非常多变，并且由非常不同的动机引发。面对这个情况，我们在自然法这个原则中看到了某种欲望，这种欲望想要把这些责难客观和普遍化，并赋予它们科学的基础。因此，哲学的立场再次指具有普遍有效性的价值评价的立场。尽管我们无法扩展我们关于实在及其因果关系的知识，但我们可以去发现价值的规定如何得以可能。这就是自然法的目标，不过我们却常常以十分错误的方式来实现这个目标——我们设立一套永恒正确的理想法律，并根据实定法是否与之一致来评判每部实定法的价值。我们必须抛开这种理想，我们必须认识到我们的任务是完善已经存在的法律，这才是我们创造法律的目的。我们确定了我们的任务和目标，并不能逻辑地推出实现任务和目标的手段——这恰恰是古代自然法常犯的错误，我们只能把这个目标用作考察实际存在的法律的标准。然而，我们在此必须提防某种混淆。就法律的目标而言，我们可以思考法律是否适合实现立法者的意图。这种对立法满意程度的技术性思考完全是法学的工作。当法哲学讨论法律的目标时，它无需考虑这类经验性的工作，因为有关这个问题的意见可能合理也可能不合理，甚至还可能自相矛盾。我们也许可以说，在某些情况下，滥用法律在技术上甚至值得赞扬。由此出发，我们诉诸意见的应然所是——诉诸法律的伦理目的。

有组织的意志共同体会为其属民制定一套规则体系，并为实现文明功能而将这套规则体系当作不可或缺的最小要求强加给属民，一般而言，我们通过法律可以理解这套规则体系。意志共同体制定这些规则的意义在于，官方的行政机构将会保证这些规则得到强制执行，惩罚那些违反规则的人，裁定这些规则涉及的争端。这个定义包含两项特征，它们根据个体或集体的倾向也许可以作出不同的解释。规范性的法律条款具有的价值建立在以下事实基础之上：整体（即国家）决定个人义务，我们由此可以推论出，我们对法律的要求仅在于义务要与法律相关。我对法律的要求由我的同伴们根据法律对我所具有的义务构成。个体主义思想认为，个体对国家的要求的这种起源似乎并未充分得到认可。然而，我们也许可以通过注意到以下事实来满足这种反驳：对个人伦理要求，我们可以称之为道德权利，并不产生于法律自身，而是法律的某种先行来源，与此同时，对法律的要求只能是某种来自法律的东西。类似的论证足以解决这个争论，即法律是否应当限定在原初权利的范围之内。就原初而言，权利意味着功能的范围，法律并未对那些功能作出规定，但那些功能的自由履行则受到法律的保护，它们在这种情况下也不干扰法律秩序。在所有这些问题上，康德主义的原则主张，个体自由需要在一般理性法律中与他人的自由相协调，法律代表着那些协调的全部条件。如果法律通过一般的法令规定我必须做或不做什么，这也就等于说，法律决定了他人必须对我做或不做什么。我的法律要求同时决定了我们的法律义务。然而，这种个体生活范围的相互限制只能在法律领域内（国家规定的领域内）起作用。这些永远只是整个意志活动的一小部分。如何解决这个问题，这依赖于人们把什么看作国家的目标，把什么看作国家法律的规定。在我们对法律的定义之中，我们已经为这一元素给出了一般形式的表述，它来自我们之前对习俗、道德和法律之间的演化关系的讨论。我们看到，习俗在量上大于法律，而道德则在质上大于法律。个人履行法律义务，这是生活对他的最小要求，习俗和道德则会要求更多。如果人不能满足那些习俗和道德的要求，他在法律上并不需要为此负责，不过他更多的是会受到社会生活的惩罚、他的同伴以及他自己良知的道德责难。另一方面，还有其他情况也会发生：法律的要求与习俗相冲突，甚至与成熟的个人道德相冲突。但是，法律永远不会比它们要求更多。某个人可以是个卑鄙的混蛋，但他在法律上却无懈可击；与之相反的例子在某些悲剧的冲突中也可能会发生，某个人可能身陷囹圄，但他在道德上却无可厚非。因此，法律的要求只能限制在国家对个人的必需的最小程度。因而就有了耶利内克①的定义：法律是最低限度的伦理。

此外，这个最低限度与人的全部利益之间的关系并不固定。这个限度的极限受到很多变量的影响。事实上，这个最低限度有它自己的最高限度与最低限度。在理论和实践上，法律规定的内容都依赖于人们把什么当作国家的目标。就此而言，其中一种极端的理论主张，国家的法律秩序仅仅在于保护个人的生命和财产。这是现代个体主义的自由主义观点，这种观点始于个体的原初性和自主性，这种观点把国家视作个体公共一致性的技术产物。这种思想倾向就是所谓的契约理论。倘若这个理论的含义可以超越对国家起源的解释，它就会陷入恶性循环。因为它主张有效的契约在国家成立之前是不可能的。但至少还存在调节性观点主张，国家的权利仅在于颁布那些它的臣民们都同意的东西。我们由此明

---

① 耶利内克（G. Georg Jellinek，1851—1911年），德国法学家。主要代表作有《法、非法和惩罚的社会伦理意义》(1878)、《主观公法权利体系》(1892)、《人权与公民权利宣言》(1895)和《国家通论》(1900)等。他最著名的公法学说是"国家自限说"，这个学说涉及西方公法学中长期争论不休的问题，即国家主权和国际法以及公民个人权利之间矛盾的问题。他的上述学说代表争论中的重要一派。他认为国家对内对外行使主权，但它又自我限制，因而对外能遵守国际法，对内能保障公民个人权利；国内公法是国家通过单方行为自行限制的产物，国际公法是许多国家通过协议自行限制的产物。

显会推论说，个人只有在绝对必要的情况下才会对法律秩序做出让步。并且，就外部条件而言，个人独立的活动应当受到保护。这个理论的历史重要性在于，它涉及新教良知和主张宽容。宗教观念变成个人私事，这种观念产生于个人对教会中宗教生活的国家组织形式的反叛。我们从国家那里要求自由的第一种生活形式就是个人的宗教生活。其他形式，比如贸易与商业、科学与艺术，同样都是基于个人的自由活动，它们也希望从国家那里获得自由，但同时又希望受到国家的保护。在这些方面，国家本身对个人来说是中立的、无差别的事物。个人的全部主要兴趣，不论是外在的财富还是内在的财富，都外在于国家。人与国家之间尽可能保持距离，这必然非常糟糕——"清道夫-国家"。当这个极端的理论得到发展，法律和国家在个人中就不再有任何积极根基，就更别提国家-情操了。从这个理论观点出发，国家功能的实现似乎就是技术性问题，这在哪儿都基本相同。这就是古代自然法的基本要素。据此，国家以下功能就会最完美地得到实现：成为真正的内在意志共同体及在此基础上获得外在有序的生活秩序。正如席勒和费希特所说，国家是唯一的必需品。个人在宗教、艺术、科学、工业、贸易等领域都有极为丰富的自我表现，我们只有在其中才能找到不竭的文化源泉——所有这些，我们都将之称为文明。

现在，国家与法律是否应当从这些东西中分离出去，是否不具有任何伦理的内在性？我们由此会得到以下另一种极端的理论：国家与法律必须具有所有这些东西，而且这些东西是国家目标的本质要素。这就是义明国家这种"有机"的概念。它必定基于某种完全的意志共同体，这个意志共同体必定在公众生活的方方面面得到实现。从长远来看，这会变成社会主义的理想。这种可实践的要素只适合于较小的联合体，比如古希腊的城邦。的确，即使就这些联合体的真正特征而言，它也与理想的国家形式相距甚远。柏拉图在他的《理想国》（*Politeia*）中给出了理想国家的原则。随着完全的意志共同体观念的发展，柏拉图发现，一方面，他不得不轻视并抛弃家庭,另一方面,他又不得不将政府局限在古代社会的贵族阶层,贵族把日常生活中低级却必须的工作都留给奴隶完成。我们这个时代的文明国家则相当不同,它在民族的历史演进中找到意志共同体的基础,这就是民族国家。在民族国家中,整体利益对个体利益的调整总体上是成功的,个体能够以他最有价值的工作参与国家活动,而不会对他的内在独立性有任何的损害。在所有这些各式各样的形式中,国家及其法律秩序已经成为文明的工具,某种程度上甚至可以说是国家-制度维持着集体的精神活动。正如柏拉图认识到的那样,这些制度中最重要的就是教育。国家通过教育,才能确保共同意志在世代交替中得到持存。一旦国家放弃教育,它也就不再是文明的国家,而沦落为仅仅握有权力和照顾公民福利的国家。

我们在上面比较了两种极端的理论,我们可以看到,它们都同意把国家及其法律秩序的目的放在文化活动领域,它们的差别仅在于实现这个目的的手段不同。个体主义将法律秩序局限于确保个体进行文化活动的可能性。而普遍主义则要求法律秩序应该通过对共同生活的组织直接发挥作用。从形式的矛盾中,我们无需对它们的繁枝细节多做研究,就已经找到了道路,借助这种纯粹形式理论,我们必须把法律秩序当作自主的目的,而不能当作手段,这对于国家和法律来说是必需的,不论它们是以什么形式存在。当然,法律秩序有其自己的伦理价值,不过它总是从它必须实现的内容中获得伦理价值。因此,国家和法律是自主的目的,这种理论并不令人满意,它实际上是古代自然法的残留,尽管它包含着值得考虑的因素,这种因素与各类意志共同体要求的有效性本身紧密相联。

事实上,这个问题是法哲学的关键。我们之前忽略了许多特殊问题,比如惩罚权的裁决问题,它与责任问题有关,我们现在转向考虑这个问题。所有重要的秩序——尤其是法律,都是人类的劳动成果。它们背后是活生生的人及其利益、感受、欲望,甚至还有情感和激情。没有人能够对此进行否认。不过，因为有时人们对之过于强调，我们也许可以追问，这些秩序是否真的**只是**人类的劳动成果。虽然人总是从他自己的利益出发进行必要的活动，但先验秩序是否不自觉地得到实现，是否存在某种黑格尔称作"观念的狡计"的东西，也就是说，某些更高级的内容虽然没有被人主动寻求，便已在尘世生活的运动发展中浮现出来，并在这个过程中逐渐发展出它们自身的内在必然性。当然这也发生在其他领域。知识也是人类的劳动成果，它出于人类的需要，却又并未终结于此。先验的东西在其中进入到意识：它是具有更高秩序的实在。这就是实际必要的有效性-原则，它是先验哲学的真正核心。我们只能结合正确的形式来思考正确的内容，唯一的问题是，我们是否完全意识到这一点。

意志共同体的各种秩序也是如此。哪里有意志共同体，不论它的目标是什么，它都必须有某种形式与规则，不论这些形式与规则多么稀疏和松散，比方说联盟、协会等等。这种不可或缺的要素是意志共同体的本质，无论哪种类型的意志共同体，这都是必要的，而且也是民族在自然法中所追求的目的。在更高的抽象阶段，它符合理性的法学理论之追求，某种程度而言，它与历史学派相反。① 所有这些情况都有以下这种信念：我们从中能获得具有必然性的规则，它独立于个人的任意裁断或环境的偶然机运，它植根于实在本身——植根于事物的理由。从另一面来看，比较法学以经验的方式涉及这类必然性，因为它试图通过收集事实材料来发现普遍性——什么是法律的普遍性。

自然和历史所给定的意志共同体是某种模糊原则的雏形，它在法律秩序中寻找清晰性、有意识的自我理解以及稳固的外在形态，倘若这些都以上文所说的方式进行,这个目标仍旧实现得非常不完美。法律在立法、行政和司法中的所有实现都受限于个体，个体的工作就是参与这个实现过程。即使国家集体意志的含义也是成问题的，宪法永远无法明确解决

---

① 即哲理法学派和历史法学派之间的对立。

这个问题,也许,卢梭提出了对这个问题的最好表述:volonté générale[公意]和volonté de tous[众意]的关系。我们永远无法简单地说"公意"就是所有人的意志,否则也就不会有任何不正义。因此,公意并不是自然事实,而是历史任务;它是一种迷信,相信现代方法借助绝大多数就已解决这个问题。如果我们深入考察法律的执行者,我们越是看到政府和司法机关必定总是有软弱、易犯错、蠢笨的官员,我们就越不会认为集体意志能够借助某种单一的历史的法律秩序得到完全实现。即使我们自我吹嘘说我们必将克服这些困难,即使在某种幸运的情况下,某个民族在其法律秩序的发展中消除了道德局限性(这种局限性原本一部分在于这个民族与其他民族的敌对关系,另一部分在于本国的党派分歧),即便如此,在道德王国最完美的现象形式中(用黑格尔的话来说),生命秩序仍旧与某个民族国家的特殊历史特征紧密相联。这些特殊历史现象不能使人类作为意志共同体而得到完全实现。然而,民族、国家乃至个人的生命的唯一意义就是,在集体生活和外部形式中实现植根于人性中的无意识的、模糊的集体意志。这就是"文明"在现代意义上所具有的含义。由此,我们不仅理解心灵的教化,而且还理解理性萌芽的自我实现,意识理解并精心阐述人在自身中发现的那些被给予的东西。人在时间进程中根据"文明"所规定的基本框架而成为他自己。"成为你自己"是个人的最高法律。它也是民族的法律,召唤着民族在对他们的国家和法律秩序的创造中实现他们最内在的本性。不过,作为整体的人性并不能在某个单一的民族或国家中得到实现。它的实现在于历史。

第十六节

历史——高级研究的哲学——在人之中和与人有关的事情——个体与人格——自我意识——人格的解放——语言的历史——集

体主义和个体主义的历史——价值的超人格性——人类的统一性——人类的概念与人类的观念——历史的统一化——道德的世界秩序——历史的进步——无限可完善性——知识的进步、道德的进步和享乐的进步——人类的晚年和衰亡——作为至善的生命——永恒的实在与暂存的实在

历史哲学，就像法律哲学那样，也必须设想为处理相同主题的特殊科学，此外，我们也应该看到，历史哲学并没有招致侵占相关问题的危险或者怀疑。因为历史研究作为整体，必须彻底研究和整理历史世界，就像自然科学对自然世界所做的那样。我们暂时略过不谈其中有什么哲学的观点，而是首先考虑，我们由此是否能够和应该进一步思考辽阔的知识领域？让我们首先制定否定性的限定条件。我们过去和现在都经常认为，特别是在最初阶段，就像我们在赫尔德[①]那里所看到的，历史哲学的工作就是对世界通史的研究结果作出概括。但是，这类对世界通史的研究现在仍是历史科学，而哲学则绝不会沿着这条思路作出新的尝试。哲学要么等同于经验科学——这样它就会变得多余；要么必须教授某些与历史学家所说的历史终极真理完全不同的东西——这样它又会是错误的。因此，这些都不是历史哲学的任务。另一方面，历史哲学也并不仅是有关历史科学的知识理论。事实上，如果历史哲学想要通过这类研究达成其目标，这种做法并没错，现代仍有不少这样的例子。正如自然哲学在其最初阶段被视为有关科学的哲学——即有关科学研究的知识理论，因此有人也许会把历史哲学当作历史科学的哲学——即有关历史科学的知识理论。不过，正如自然哲学在经历前期准备工作后以自己独有的方式

[①] 赫尔德，全名为约翰·哥特弗雷德·赫尔德（Johann Gottfried Herder，1744—1803年），德国哲学家、路德派神学家、诗人。代表作品有《论语言的起源》（1772）、《论人类心灵的认知和感知》（1778）、《关于人类历史哲学的思想》（1784）、《上帝——关于斯宾诺莎哲学的谈话》（1787）、《关于提倡人道主义的通信》（1793）、《知性和理性——对"纯粹理性批判"的元批判》（1799）以及《卡利戈尼》（1800）。

开始处理其真正问题，因此历史哲学也可以并必定会从它的特殊角度转入到对文明进步这一实际问题的概念处理。

　　就有关历史研究的知识理论而言，我们在讨论知识论问题时，就已经考察过关键要点。我们看到，科学中的选择以及综合的原则总是与价值相关。当某个事件直接或间接与价值有关，由于它独特的重要性，这个事件就成了历史事件。历史的经验科学因此创造了它自己的研究对象，它在各种各样、浩如烟海的事件中突出那些与价值相关而可能会令人感兴趣的事件，然后再把这些离散的要素在某种结构中组合起来，这种结构反过来也与价值相关。不过，这种与价值的关系绝不是对价值的判断——为了避免非常不幸却又经常出现的误解，我们必须始终对此进行强调。道德评价和历史学没有任何关系，正如它和自然科学没有任何关系一样。历史学和自然科学都是对实然作出科学说明，这种实然状态既是已然状态也是应然状态，但它们都与价值无关。因此，当我们说必须在伦理学中寻找关于历史学的知识理论，意思并不是说伦理学是有关个体义务的理论，而是说伦理学是实践哲学的全部，包括历史哲学。我们可以在每个个别的寓言或故事中，在家族、部落或民族的传说中，找到这种与价值的关系，这取决于叙述者的个人兴趣。这些故事所告诉我们并不断重申的，并非日常生活中琐碎小事，而是仅发生一次却能唤起人们永恒兴趣的事。这些故事应该是真的——它们描述的应该是真正发生过的事情——历史学这样宣称以与虚构作品区分开来，后者仅仅告诉了我们可能发生什么（亚里士多德所说的 οἶα ἂν γένοιτο）。然而，我们必须牢牢记住，任何记忆，以及以历史研究形态呈现的历史，所包含的都是真实事件，但这些事件永远都不是孤立的现实。它实际上隐藏在大量细微琐碎而又十分常见的事情之中，历史的选择和综合才将它从中解脱出来，并使它成为自给自足的整体，也就是历史的对象。此外，如果历史的前科学要素，普通的记忆和传说，受到叙事者兴趣的影响并与他独特的价值评价相关，这就很明显是人的科学记忆的责任，其中的选择和综合过程受到价值的普遍特征影响。如何决定这些价值是什么，这恰恰就是伦理学的目标，就此而言，并且仅此而言，我们试图在伦理学中找到有关历史学的知识理论原则。

既然历史学的这些价值总是人类价值，因此人自然就位于历史研究的中心位置。它处理的是人的事件，人身处其中的事件和有关人的事件。物质进程被引入到历史的选择和综合之中，它们以某种方式与人类生活的价值相互关联。因此，历史研究的经验基础是价值，就它们是物质事实而言①。此外，历史哲学更加宏大，它作为知识理论具有的特征是理解并决定历史学的实际过程。然而，伦理的价值评价，正如我们多次看到的，并没有具有确定的经验有效性的内容。它在此基础上进一步追问，实际的价值评价在何种意义上建基于超越人类经验生活的更高秩序。它最初在个人的道德中，然后在意志共同体的哲学中，最后在历史哲学中，得出这个假定。它想要决定，人类文明活动体现的秩序是否近似地基于更高的理性秩序。这就像有人把理性的一般必然性当作关于自然的理论知识所具有的一致性。换言之，终极问题就是，逻各斯（即世界–理性）是否像统治着自然世界那样统治着历史世界。

历史哲学的这个真正的任务首先要求对历史进程中的典型而独特的事件进行概念分析。奥古斯都·孔德称之为社会统计学。它把我们引向个人与整体之间的张力，我们之前对此有所论述。这里的第一条基本原则就是人类中的个体性要远远大于动物中的个体性，文明人中的个体性也要远远大于野蛮人中的个体性。在自然主义的意义上，我们也许可以说，

---

① 但是，此外，我们必须强调，我们决不能由此而推论，心理学是所有历史文化的基础科学，这种说法经常被提及并且被草率地重复。这对于科学的心理学来说并不完全正确，就其方法而言，科学的心理学属于自然科学，除了价值，它还研究心理要素的统一一致的运动。这一理论同历史研究的兴趣，就像它同其他科学的研究兴趣一样，都并不接近。历史学家所用到的心理学则是完全不同的东西。它是日常生活的心理学，是关于人的知识以及理解力的实践的心理学，是诗人以及伟大政治家的心理学。这门心理学不可言传，只可意会，它是直觉智慧的天赋，天才凭借着这一天赋的最高形式而对当代生活以及后世做出判断。这类心理学是一种艺术，而非一门科学。

每个有机体都是不可重复的个体，不论就其物质特征还是心理特征而言，都是如此。这只羊比那只羊更加肥美；那条狗比这条狗更加聪明。甚至蚊虫也都像我们那样有着不同形态，只是我们对此既不感兴趣也不多加关注。倘若我们去关注它们，我们就会认识到它们的不同形态。牧羊人知道他的羊群中的任何一只。某个与我们不同的异族，初看时他们在我们眼里似乎都相同，不过我们很快就能将他们彼此分辨开来。然而，这种自然的个体性，我们与所有有机的存在所共有的个体性，仅仅是客观的个体性：它是一种独特的特征，为了与其他个体进行比较判断，而非为了它自身。因而，植物与动物对我们来说可以具有个体性，因为我们把特殊的价值归给它们的特殊的特征；事实上，一栋房子、一把椅子、一块石头或是一座山峰都可以如此。然而，所有这些东西的个体性并不是为了其本身。只有人类才要求这类个体性，我们因而将他称为一个人。因此，人格就是个体性成为它自己的对象：自为的个体性。因此，所有人都是个体，但并非所有人都具有人格。我们说，有的人成为并且是有人格的人，而有的人只是孩子，还有的则是无可救药的疯子。此外，人格也具有各种程度等级。绝大多数人，似乎仅仅为了繁衍后代而存在，他们似乎仅仅具有潜在的人格。我们在法律和道德上尊敬他们，但我们在他们那里看到的只是从个体性向人格转变的开端。意识引发出这种转变，尽管意识当然不等同于人格。然而，它们有着同样的程度等级。

自我意识是心理学中的伟大奇迹。我们可以确立其为事实，但我们无法理解和领会它。我们可以分析这个现象的条件和前提。从个人心理学的角度来看，自我意识在于统觉，记忆、性格作为观念和统觉而沉淀其中；从社会心理学的角度来看，自我意识在于语言，这种心理学甚至把有机的存在都当作实体，并且提出在你我互动中对自我的反思。然而，最终的结果并没有被当作心理机制的产物。在自我意识与意识的其他内容之间，就像神经运动与意识之间那样，或者像无机物质与有机物质之间那样，并没有一种分析的关系，而只有一种综合的关系。关于自我意识的心理学理论在哲学上留下非常含混的问题。同样含混的是自我的内容，它把自己同任何别的意识内容都区分开来，它能表现得就好像它**具有**这个内容，但是精确来说又并非如此。因而，综合功能表现得就像某种自我生产的东西：这个东西只有创造它自己后才存在。正如费希特极力传授的，自我最初并不存在，直到它进入意识，凭借着它自身的功能而开始存在。它是实体世界中的新事物。当我们讨论因果性理论时，我们认识到它是能量守恒定律所拒绝承认的某种东西。这种不可言表的人格因素，作为自为的个体性，就是自由。只有在这个意义上，伦理学才能够采纳这个饱受滥用的词语。当然，我们决不能把人格的来源当作某种形而上学的力量。与之相反，正如我们在处理实体问题时所看到的，形而上学和宗教思想的唯一论都不可阻挡地消除了个体的自存性。但是，道德责任感和历史思想却又不可阻挡地需要它，因为这种综合的自由把新的因素引入到历史之中。

只有当个体中的自我意识变成自我批判并为自由创造位置（人格以此来与自身相对照），我们才能借助人格获得上文所说的重要意义。作为逻辑良知，它决定着个人所具有的观念之价值；此外，作为道德倾向，它又决定着个人所具有的价值评价的价值。有人曾经把人巧妙地定义为欺骗的存在。事实上，只有当心灵能够在自由判断中权衡它自己和他人的价值，欺骗作为心理活动才得以可能。不过，甚至在这个例子中发现的自我批判，也都预设了任何情况下都有的意识与自我意识之间的区分。如果我们假设动物或儿童具有某种人格，如果我们假设每个民族和每个时代对曾经遭受的痛苦或享受的快乐的某些回忆是行为或应对动机，那么这只是有意识的人格在自我意识和自我定位的心理机制中的预备阶段。在它的自我批判中，它把自己划分为决定和被决定的部分。费希特曾对此做出过十分深刻的解释，他认为在任何人格中都有着清楚的意识层次，它与模糊的感觉层次相对——我们在天才那里都会发现这种情况。模糊的感觉层次是一般心灵的背景，清楚的意识层次则是所有意识内容的总和，人格在其中领悟到它自己的独特天性。每当它以此来反对一般心灵的控制并在外部活动之中展现自身，它就进入了与整体的对抗之中，而历史进程恰恰是在这种对抗中发展而来。因此，人格的本质就在于，个体必定不只是种族的样本。就此而言，康德提出，人的坠落是整个人类历史的开端。这并不只是对希伯来传说的解释，而且还是对以下事实充满寓意的描述：个人的解放是人类历史的本质，它是对人的坠落的无数次重演——它不是人类世代相传的原罪，而是永葆常新的人格活动。知识、道德、国家生活、艺术或宗教中的每次进步都是从先前状态的坠落：这种坠落经历了挣扎和牺牲，最终改变了人的心灵和集体生活。这就是以下这个事实的终极含义：只有凭借着人格的起步，一般心灵才能从它的模糊、愚昧的潜意识的原始形态进化成清楚而自由的精神。这也是人类历史的全部含义。作为自然的种族，人类（Homo sapiens）展现出精神生活无限多样的可能性和更高程度的社会性，在最早的、最低级的阶段，人类的社会性同我们在诸如蜜蜂和蚂蚁那样的无脊椎动物那里发现的社会性几乎相差无几。但是，人类历史进程在发展中出现对这种社会性的反抗，其意义是人格的作用给了共同生活的内容以形式和清晰性。因此，我们可以把历史说成客观进程，人格的个体功能给共同生活的一般条件带来了永恒变化。

  语言是人类社会性的主要自然功能，我们在其中能够将以上变化看得最为清楚。语言的变化——以及我们由此发现人类作为语言动物所经历的全部发展——作为自然的进程，一部分基于发音上的需要，另一部分则基于生理上的规律，比如那些辅音排列上的规律。尽管没有人能够仅仅由此出发推演出文化发展史或整个语言发展史。个体变化和个人行为参与其中。个体而非整个民族在说话。任何革新总是在某些地方先被说出，然后再被重复，最终得到确立。无论细节还是整体，都是如此。有意义的人格发展成为流行话语，新一代会全部接受并将之重新塑造。以路德和歌德为例，这就是我们在德国语言的发展历程中发现的情况。

我们随后会看到微小变化逐渐累积，所有这些变化都能够追溯到个体的创造，而且这些变化在时间进程中逐渐适应并最终成型。因而，在微小变化的逐渐累积和潜移默化中，在新生事物的激烈活动中，我们看到历史的变化。然而，全部运动的共同基础在于所有使用相同语言的个体之间的相互理解，也许这是整个集体生活中最最卓越却又模糊的现象。因为当我们说话时，语言远远无法表达我们想要表达的全部含义。我们只能借助语言的形式，借助词汇的次级含义，借助语调和语气，来传递更多的含义。事实上，我们这样做不但表达出大部分含义，而且还表达出最为重要的部分。我们因此相互理解——我并没有说是完全理解。这是伟大的奥秘，集体的精神生活构成个体心灵和人格意识活动的复合发展之基础，只有根据这种关于半意识的集体精神生活的观点，我们才能够将这种情况视为可能。

语言生活的所有这些特征对于人类历史发展的其他形式来说也是十分独特的，我们因而也就能够理解我们称之为集体主义和个体主义概念这两种片面的历史观中的合理及不合理部分。集体主义正确地强调了以下事实：所有历史都是集体运动，而且我们应该在集体生活的变化中寻找历史意义。然而，它把人格仅仅当作转瞬即逝的现象，这些现象被集体的进程吸纳并在实践中消解。集体主义承认公共生活的这些中心点所带来的影响，不仅因为这些现象的能量被集体生活所吸收，而且还因为它们为了实现全新的、独特的冲动而相互结合。集体主义把人格仅仅视为个体性。另一方面，个体主义则正确强调了个体活动，特别是伟大的个人——英雄——的创造性元素。不过，它的错误在于忽视了个人活动的影响力也有集体力量的功劳。我们只有在此基础上，才能理解英雄事迹产生的广阔而永恒的影响。然而，这两种历史观都忽视了人类历史中最为重要的东西——个体人格与集体生活之间的永恒张力——因此，这两种历史观都没能注意到生命秩序结构中的这个关键要点，而生命秩序赋予了我们以历史发展的意义。

人格解放与整体之间的关系极为不同。十分常见的情况是，它假定"人的坠落"这个特征，其含义就是，它是某种脱轨，这种脱轨依赖于只与个人相关的个别变化或者动机。在这种情况下，它的确可能在一段时间内对日常生活造成了深远影响，但是，倘若从它与整体的关系来考虑，它也不过是这些环境中的暂时变化。有些因素在一般心灵中仍处休眠并尚未意识到它们的力量，它们只有在个体的这种反叛之中被唤醒为清楚的意识，这个影响才能够在历史意义上是永恒的和真实的。正如黑格尔指出的，所有历史人物的伟大活动都基于以下事实：他们意志的激情能量都恰恰指向相同目标，而我们尚未完全意识到集体生活的动乱中的驱动力。集体生活中最有价值的因素会在英雄身上发挥作用，这明显与它自身相冲突。伟大的历史问题和历史冲突的解决就在于，这种情况打破并规定了事物的决定性形式。的确，我们永远无法完全达成这个目标，此外，这个目标在达成的道路上横亘着各种障碍，潜藏着各种困难。但是，我们可以由此推论，在历史发展的人格因素中，个人任意性及其独特性质并不构成问题，真正构成问题的是它们中的某些部分，这些部分使集体生活中最有价值的因素得以清晰成型。构成重大历史事件的并不是模糊的单个事件，而是某些人格成就，一般心灵由此得以完成和实现。因此，人格越是具有意识清晰性，它就越会否定它自己中的个体因素，而这些个体因素恰恰包含了他的自然天赋。人格与整体间的全部张力因此变成一个辩证问题，人格在其中所能获得的最高级、最有价值的东西恰恰是非人格的、超人格的东西。如果个别心灵产生出一条新真理，这似乎首先是从当下思想条件的下坠，然而这条真理的影响力也在于此。也就是说，就其本性而言，它应该对所有人都为真，而且独立于真理发现者的心灵偶然特征。这种超人格性属于英雄在生活各方面的伟大事迹，因而人格从以下事实获得了它自己的历史重要性：它不仅仅是它自己。伟大人物的力量就在于在自身中发展出超人格的价值并将之外化。这些价值独立于承担它们的个体特征，我们甚至可以说，它们独立于时间的偶然性——

它们具有某种永恒的有效性。因此,我们可以说,永恒价值产生于整体与个体之间的历史张力,这种张力主要体现在伟大人物的活动。在特殊与普遍的冲突中,生命秩序的现实必要性加强了它的有效性。逻辑和伦理的一致性在历史生活的暂时挣扎中作为永恒价值实现了它们自己。因此,对于伟人来说,最高的目标是"善即自我牺牲"。对于整体来说,终极目标就是,它的生命秩序越来越成熟、完美地接近理性秩序,生命秩序期待有朝一日会实现理性秩序。

由此看来,当我们把人类历史(我们经常错误地谈论世界历史)当作自给自足的整体,我们在心里就有关于人类统一观念,我们现在检验一下这个观念的含义及其合理性。这个观念包含了以下假设:人类作为自然的实在是有机的统一体。但是,倘若只就历史的批判性研究而言,人类的生物学概念并不充分。人类是否真是有机的统一体,这还存在疑问,我们既不能从历史角度也不能从历史哲学角度来规定或回答这个问题。它不是历史问题,因为我们无法根据传统做出决定,传统也并不包含这个问题,只有某些神话和传奇与之相关。它也不能由史前史或人种学决定。人类起源和人类统一属于自然哲学问题,而且大体上取决于科学研究。一方面,有些人认为人类统一性是可能的,因为不同人种之间通婚的例子并不罕见。此外,我们似乎还能在不同时代各民族的关联中找到某些哲学证据,这些证据暗示着某种原初的统一性,因此,有些人想象历史上存在过理想的原始民族。然而,另一方面,哲学也表明,没有任何哲学材料向我们提供有关原始语言的线索。不同人种之间有着极大的理智上的差异(它们不必是价值上的差异),在所有的生理和精神性质上,从文明的高度到动物存在的深度,我们也有极大的程度差异。我们可以说,低级人类部落从各个方面来考虑都更接近动物而非文明人,因此,我们再次证明并不存在人类(Homo sapiens)的统一性。

然而,也有可能,人类自然和遗传的统一性问题与历史并不相关。在我们所接受的传说中,我们发现,人类在历史开端时只是零散的部落和民族，这些部落和民族不知道也不会知道人类的统一性。这些部落彼此凶残地相互攻击，并且还像残杀野兽一样残杀他们所碰到的陌生人。他们将陌生人杀害并吃掉。原初同种的人类是否因为某种"人之坠落"而导致四散各地并彼此疏远，还是说，人类具有不同的起源。倘若如此，部落彼此之间的划分就是自然的，不过这是无关紧要的问题。我们不能说人类曾作为自然的国家存在过。所有历史教给我们的只是离散、冲突和斗争。人类统一、团结和共同进步这些现代概念本身也是历史产物；事实上，它是历史的必要产物，我们在其中可以看到历史发展的主要意义。我们也许可以将之归结为：历史从人类的概念中发展出人类的观念。这种观念并不是某种被给予和先在的东西，而是千辛万苦得来的东西。我们通过将它与人格相类比，我们能极为清楚地理解这一点。人格也不是自然给予并先在的东西。人格的构成要素在神经系统中有散乱活动，在心理-生理上有生命运动，我们只有在这层意义上才说它是被给予的。人格从这些要素中产生出自身。人类发现自己离散在这个星球的不同民族和人种中，并从中产生出自身，即有自我意识的统一体，这就是人类的历史。因此，即使人类血缘中有生物学上的统一性（生物学和人种学必须在科学的基础上对此进行确认），人类的流浪生活构成了史前人类历史发展的内容，人类在流浪生活中也会失去统一性，但历史会把它创造为某种全新的东西。这就是历史最深刻的意义。

我们在此并不会追溯统一化过程。我们只需回顾历史，征服和被征服的民族之间有过广泛融合，这种斗争涉及食物、女人、奢侈品、统治和自由，不同民族不断重新组合在新形式中并逐渐抹去古老部落之间的差异。如果各个民族或各个人种不是土生土长的，而是来自同一血脉，那么这个过程就应该是史前阶段，而历史却与之正好相反，因为它先带给我们的是人种生理上融合。然而，这个过程最为重要的因素是精神上的调整：民族精神相互融合，形成共同的文明。在历史进程中，伟大的文化-群落主要呈现出三个中心：中美洲、中国-日本海以及地中海。如果展望未来，我们有信心说，地中海文明最终将会获得胜利，因为它的文明已经波及北美洲，这也确保了大西洋文明在未来的美好前景。地中海文明是人类统一化历史进程中最有价值和决定性的结晶，它的根基是雅利安和闪米特因素的融合，此外，当古希腊的艺术和科学同古罗马帝国的政治法律体系以及闪米特人的宗教相互融合，它似乎就注定为未来文明提供了基础。在此，人类统一性不仅在于民族的广泛融合——这种融合只是移民带来的物质和心理上的事实，人类统一性还第一次触及了意识。在古希腊的科学中，人类的自我意识首次得到呈现。在古希腊人和野蛮人之间对抗的影响下，在奴隶主和奴隶之间对抗的影响下，人类的自我意识又悄然隐退。此后，人类的观念在斯多亚主义的世界－城邦计划中得到显现，而后又在教会的人类拯救概念中实现自身。我们在此所做的全部工作就是指明人类在科学的概念和教条的理论中获得自我意识的道路。而世界通史就是要在细节上详细解释说明这个概念在其实现自身的过程中呈现出的各种不同命运。我们只需要补充一句：这个实现过程指向无限，它永远不会指向某种抽象的统一性或单一性。世界－帝国的时代已经终结。此外，世界－宗教也永远不会取得至高的统治权。随着历史的发展，就我所进行的研究而言，任何终极的政治团体或宗教团体夺得统治都几乎完全不可能。所有情况都指向不同秩序的均衡系统，这才是统一的唯一可能形式。这是利益和规范意识的共同体，它作为人类的绝对的集体精神，最终应当在民族和时代的精神之上得到创造，此外，作为最高的善和最终的目标，各个民族所有特殊的生命秩序在细节和最广泛的综合特征上都应当与之相关。这种人类观念在所有人那里得以实现，分布在地球上的所有人类在集体生活中秉持着这个观念并努力使之实现。此外，这个观念还进一步在所有公共机构得以实现，所有公共机构都体现出共同的文明任务。最后，我们在国家、民族和宗教团体那里会发现集体精神的各种形式，人格与它们之间的关系类似于个别民族与人类的统一精神之间的关系。于是，我们描绘出各种生命秩序的结构，我们发现在历史进程中它们借助某种内在的必然性而得到实现。此外，凭借对精神世界的某种理想洞察，我们在其中看到某些现象，我们通常将这些现象称作道德的世界秩序。这种生命秩序的结构在各种文明体系都有所发展，这是世界通史和历史哲学研究的前沿交叉主题。因为人类的生命－统一体这个理想概念延展到人类的所有理性活动。理智领域产生出科学，情感领域产生出艺术，意志领域产生出道德，最后，行动领域产生出国家和社会组织。在所有文明形式中，各种民族和各种时代创造出它们自己的特殊体系，所有这些体系都超越它们自身而指向一般人类，即人类的实现。人格的任务恰恰就是不断革新心灵中的这种关系，并对之进行完善和强化。因此，在民族与人类之间，在集体精神的有限且暂时的形式与人类的统一性观念之间，人格最重要的新功能就是对它们进行调节。我们只有从这个观点出发才能够完全理解人格在全体的生命秩序中所占有的位置。

因此，对我们而言，人类的自我塑造是历史进步的终极意义；此外，如果自我塑造也意味着自我规定，我们也许可以采纳黑格尔的公式：历史的进步就在自由的意识之中。根据这种观点，如果没有这个目标，我们就不可能谈论什么进步。在处理历史问题时，问题无论是特殊还是一般，我们越谈论进步，我们就越有必要清楚确定，什么才是我们用来衡量价值中立的历史变化中进步或反动程度的标准。这些标准在细节上自然要依赖于历史中占据支配和统治地位的那些需求和观点，与此同时，它们会通过斗争实现自身。在任何个别运动的情况，成功还是失败决定了我们把它们说成进步还是反动。如果我们将之应用到整个历史，这就意味着，历史进程必须去实现目标这个观念以某种方式获得了胜利。或者说，至少在我们心中，我们有许多这样的任务，我们根据各种运动与这些任务的关系来判断其成败。倘若进步并不指向某个它所倾向的目标，我们就根本无法合理地谈论进步本身，正如我们之前在处理进化这个生物学概念时所看到的那样。于是，我们不得不考虑历史生活所涉及的各种利益。因此，单一的人类进步或许根本就不存在。相反，历史呈现出的是非常曲折的过程。有关这个问题的大部分观点都是错误的，因为这些观点都假定历史应当如何，尽管它们根据各自的倾向而有所差别。一方面，我们有着某些有关人的无限可完善性的积极理论，比如，法国大革命时期由新的政治-社会时代即将来临的预感激发出的那种理论。另一方面，我们还有着某些有关历史永远不变的消极观念，比如，叔本华学说鼓吹，人类苦难的悲喜剧永远重复上演，更换的只是新装束和新场景。真理位于这两种极端理论之间，此外，我们对历史进步的问题不能作出所有情况都一致的回答，而是必须根据发展的不同运动方向进行考虑。

这些历史运动的不同线索以各种方式彼此依赖，我们也许可以提出以下这个问题：它们中是否有一条线索对于其他线索和历史进步具有决定性的意义。启蒙运动和法国大革命把这个位置留给了"观念"的发展，即知识的发展，特别是自然知识的发展。这个意识形态的、明显理智主义的概念试图表明，所有其他线索的历史运动都依赖于理论和信念的变化。与这个极端观点相反，我们还有所谓的唯物主义的历史哲学，它试图在经济条件的变化中找到基本进程，这个基本进程决定了社会生活、政治生活、道德生活、宗教生活、科学生活和艺术生活之中的所有其他变化。我们面对这两种相互冲突的观点，或许应该承认，某些时代这种或那种利益占据主导地位并且决定着其余利益的发展，但一般来说，我们必须承认，文明进步的各种线索相互交织成彼此相联的网络，然而它们有时在许多方面彼此十分独立。

我们有时认为，我们无法质疑历史中知识上的进步，不过我们需要对此作出区分。传统做法是累积经验和研究结果，随着时间的发展，我们借此已经获得大量知识，这些知识为我们的世界指明方向，还帮助我们在我们的各种生活领域中反作用于世界，这是极为清楚的、不容争辩的事实。每个人也都会认为，根据同样的传统做法，现在的孩子能够借助语言、习俗和教育而十分容易地获得了先辈们的思想成果。当然，这些都是进步。不过，从某种程度上来说，它们只与非常小部分的社会上层阶级有关，我们无法轻易确定是否存在一般而言的某种更强的获取知识的能力，某种更高的思考能力，某种更好的一般判断能力。人类历史的伟大抉择并不偏爱历史哲学的意识形态之梦。它们表明，与民众们的原始激情相比，我们少数社会上层的知识文化显得毫无意义、毫无价值。我们通常会说，科学知识的显著进步需要借助自然研究的归纳方法和历史研究的批判方法，但只有极小部分的科学思想者对此表示认同。大部分人对于任何说出和写下的东西（特别是以印刷品的形式呈现出来），都有同样草率而盲目的相信。总而言之，人类有关事物的观点经历了某些变化，想象将之精心阐述为某种判断的自我意识。但是，从18世纪以来，人们的思想却通常经历着相反的运动，在这些运动中，人们受到自身不确定的伤害而转身后退，从而坠入谬误和幻想的迷雾之中，或是投身到权威的怀抱之中。恰恰在文明民族的核心，我们看到，精神上的群体——我们现在称之为"党派"——比以往任何时候都要更加盲目地尊崇权威，就像在人类最原始的时期那样。

就人类在道德上的进步而言，情况则十分奇特。这种关联存在着非常重要的情况，对人的自然条件的理想化会产生以下观念：人性本善在历史发展中逐渐堕落。人性本善和人性本恶这两种相反的观点都是错误的。善和恶这样的谓述只能归于个别的行为和意向，归于个体的价值-生命的主导倾向。但是，没有人是全善或全恶的。某些心理学上的洞察使人能够把人分为"聪明之人和愚蠢之人"或者"绵羊与山羊"，有人出于道德说教或神学理论的兴趣而这么做，但我们必须抛却所有这些心理学洞见。因为，事实上，在人的自然倾向和成长中，善恶总是极其紧密地混合在一起，我们很难说，最后占据优势的到底是善还是恶。我们也许可以认为，政治和法律秩序的确立促进了人的行为符合道德律，因此最后在某种程度上人们变得更加守法了。但我们必须意识到，另一方面，朴素社会性构成人的自然倾向，它在历史的进程中或多或少受到削弱。与守法的两种形式截然相反，确实，在内在道德方面，更高级的人的生命得到发展，这意味着道德超越人类的原始条件而发展到高级阶段。但是，这里再次存在少数例外问题。普通人的道德特征，以及他强烈的守法倾向，在所有时代几乎都相同。事实上，我们必须承认，生活条件的改善和复杂化也导致犯罪变得更加巧妙和内化，这些在行为中体现出的罪恶有时甚至让我们不寒而栗。

人类在享乐上的进步，曾经有段时间获得了强烈的肯定，但这却是非常模糊、容易引发歧义的问题。许多人理所当然地认为，由于文明及其技术上的成就，人们会生活得更加美好。事实上，我们也许可以对此提出质疑。确实，随着时间的推移，人类生活的水平普遍得到提高和改善，但我们的需求也以同样的比例增长，因此个人的满意度绝对没有得到提高。与之相反，有人也许会提出，文明带来了复杂的斗争，而且这种斗争还将会日趋复杂。比起在复杂争斗中生活，简单原始的生活更让人感到心满意足。我们对自然的征服导致个人舒适度的增加，大体来说，这种说法非常值得怀疑。亚里士多德曾经说过，如果纺织机的梭子会自动工作，我们也就不需要奴隶了。现在情况几乎就是如此，但我们的工人们是否因此生活得更好了呢？随着奴隶制度的废除，他们的法律和道德地位得到极大改善，赢得了人类的尊严。但是，他们的满足感，他们的个人舒适度，并没有因此而得到改善。得到提升和提高只是整体条件。在生命秩序中，人的目标和尊严已经得到认可并获得至高无上的地位。这在某种程度上得到实现，但其代价是牺牲人在自然国家状态下所具有的简单满足感。康德准确地对这个事实进行了强调，并将之作为对幸福论道德理论的决定性反驳。如果人的快乐和欲望的满足就是人生的意义，那么卢梭的自然国家比历史上所有国家都更好地实现了这一目标。我们由此可以推论，代表了历史成就的生命秩序就其本身而言必定是比幸福更高级的东西，因为历史并没有增加我们的幸福。

这类思考也许可以延伸至其他方向——比方说，艺术和宗教的发展——这些思考必将使我们怀疑无限进步的说法，使我们不再相信人具有无限可完善性的信念。毫无疑问，这个理论有其自身优势，但这与其说是知识理论不如说是价值评价。事实上，我们可以说，所有的类比都反对这个观点。所有民族都会像人那样衰亡。新的民族血脉或许会流布开来，未来似乎也充满无限可能性，但可以确定，这个星球会变老，这个星球上的人类也是如此。人在死前难道没有晚年，没有除了青春年华以外的人生阶段吗？我们当然不能确定我们现在是否已经度过黄金时期，或者甚至早就青春不再。无须怀疑，我们文明在许多方面都表现出年迈的迹象，就像罗马曾经经历的。谁知道它是否仍有力量将自己新的根须扎入民族的血脉之中，它是否尚未筋疲力尽、油尽灯枯呢？难道新生民族的资源最终不会耗尽枯竭吗？在许多方面，我们都可以猜测，我们已经度过我们最好的时光。我们不必思考新的艺术形式的可能性就能悲观地认识到，某些类型的艺术成就已经在过去达到历史的高峰，就其本性而言，这一高峰永远无法被超越。正如荷马史诗、帕台农神庙的雕像、柏拉图的对话、拉斐尔的圣母像、歌德的《浮士德》或者贝多芬的音乐，这些艺术作品永远都无法被超越，甚至永远都无法被赶上。它们最多可能会被某些不同的东西所替代。另一方面，如果我们将注意力转向公众生活，我们就会看到，联合形式的需求势不可挡、铺天盖地、无处不在而且在逐渐增加，它们的累积效应将会摧毁个体性并导致人格的消亡。我们的时代不再多谈人格。人们更多谈论他们想要但尚未得到的东西。每个人都抱怨原创性已经死亡或已经退化。所有东西的目标都是大，不过仅仅是量上的变大而已。从历史的本质结构来看，人格的贬值是所有反作用运动中最最危险的。它的威胁在于可能会将我们猛然推回到没有人格的原始社会性。某种程度上来说，这是全方位的民主生活的结果。它越来越限制历史中的本质因素（即人格因素）发挥作用。任何人只要从这个观点出发研究我们时代的运动，都必定会对未来感到忧虑不安，除非他用对未知的可能性报以希望来安慰自己，对于这些可能性我们现在还一无所知。就此而言，我们也许能从以下事实获得某些慰藉：历史世界是充满新鲜未知事物的世界。

最后，我们还总是得面对以下令人痛苦的事实：世界所有丰富多姿的形态注定将会逐渐步入永恒之夜。我们无法抛开人类必将死亡这个折磨我们的观念，除非我们在人类历史的短暂成就中找到某种永恒价值的踪迹，这些价值独立于所有时间的流转绵延，它们本身具有绝对有效性，因此我们不必把它们当作历史进程的最终产物；或者除非我们不但在生命中看到生命的内容，而且还在生命-内容中看到对最高价值的肯定。这种定义至善的方式是将至善置于生命之中。我们不应当在永恒内容的实现中，而必须在对生命和意志进行永不停息的肯定中，寻找生命的目的和价值。这是价值论的倾向，其中或许包含着颓废堕落、精疲力竭、无聊倦怠的因素，但我们生命的关键特征正是通过对比从这些因素中产生。当生命之花怒放，它蕴涵了某些决定其价值的内容。只有当这些内容变得倦怠无力或失去重要意义时，我们才把生命本身视作价值，甚至视作所有价值中的最高价值。因此，不足为奇，我们时代在各种方面都想象，它已经在生命本身中发现伦理原则——所有都以生命和意志为目的。现代心理倾向这种观点，尼采就是如此，他越过所有历史的内容-价值，在对伟大人格的至高肯定中提出新的超人的价值，这就是权力意志的伸展和生命的自我发展。甚至在现代伦理学的生物学形式中，正如赫伯特·斯宾塞所主张的，人们采用定量的评价原则认为，生命的肯定程度和生命功能的复杂程度是进步和改善的主要标准。居友提出了他充满热情的乐观主义，这套理论比尼采的主张更为精致和微妙，在生物学方面也比通常的学说更加有力，这套理论把生命的意义放在生命的广泛而又集中的进步之中。他热情洋溢、充满活力地传授他的这套学说。我们可以援引叔本华的伦理学来与所有这些理论相对照，叔本华以形而上学为根据，在意志中找到生命的原则——换句话说，意志的意志和生命的生命——他随后认识到，生命本身并没有任何意义和价值，这恰恰因为它并不指向价值的任何内容。叔本华形式地定义了这种为了意志的意志，这个做法也许可以追溯到费希特的学说，在他的形而上学中，为了行动而行动占据最高的地位，但我们绝不能忽视，在这个概念中，费希特提到康德的自律性，即理性的自我立法。此外，他还将道德秩序的世界－规律和永恒的道德价值树立为自给自足的意志内容。

因而，伦理学的终极问题又把我们带回到形而上学的问题，在这些问题中，我们讨论的是暂存的事件进程和真实存在的永恒实在所具有的含义。永恒的实在和暂存的事件在本性上完全不同，我们需要追问，为什么这种永恒的实在需要在暂存的事件发展进程中得到实现，或者说，为什么永恒的实在会容忍暂存的事件，这仍旧是尚未得到解决的问题。我们并不明白为什么会发生这种情况，更不明白为什么永恒的实在会包含与之完全不同的东西，这是形而上学的问题。此外，伦理学在有关人类意志和行为的特殊问题中揭示出同样的不可理解性。更高的生命秩序具有永恒的价值，倘若它在其中得以实现，它们在永恒性中为什么不能够立刻、绝对地得到实现呢？此外，另一方面，如果在我们意志永不停息的推动中，在整个历史中，我们所具有的仅仅是人类暂时的利益和兴趣，而人类又注定会走向灭绝，那么我们如何能说价值凭借永恒的有效性在历史中显现出来呢？就暂存和永恒之间的基本对立而言，没有任何形而上学理论能够帮到我们，也没有任何伦理学假设能够帮到我们。它是宗教心灵所面对的不可解决的问题的基本特征。

第二章　美学问题

我们可以在道德生活和伦理学理论中瞥见更高的生命秩序和永恒的理性宣告，无论这为真的可能多大，道德生活作为整体总是与通过我们的意志来塑造我们的行为这个需求相关。无论我们是在幸福中、在福利中还是在实现时代精神文化上的自我塑造的共同合作中去寻找生命的目的，我们总是局限在人类需要的范围之内。意志和行为的本质在于它们预设了某种欲求，某种我们努力想要摆脱的不完全和不满足的状态。因此，在伦理价值中，总会存在某种人类学上的东西，某种人类的世俗残余，哪怕它们上升到理性的世界-秩序的高度。欲望的力量统治着所有"实践"领域。即使没有个人感觉上的欲望，没有对用途或利益的追求，我们也总会对某种即将发生之事进行竭力争取。因此，我们最终会问，价值评价是否应当局限在意志领域，或者说，是否存在某类脱离所有的欲望和期待的价值。因此，我们所要求的那个价值论的新的、更高的领域必定是生命价值，这些价值并不基于意志的需求。快乐和痛苦本身就是完全的，它们不必超越自身指向欲望领域。正是快乐本身及其内容使心灵得到满足，而且心灵既不想要也不指望从这些内容中得到什么。所有价值中最高贵的那些价值——当席勒谈到"道德世界中的贵族"时，他说的就是那些价值——就属于这个领域，它们是无欲之爱的对象：人、事物和关系，它们的价值并不依赖于它们做了什么，而是依赖于它们是什么以及它们意味着什么。正如歌德所言:"我知道它们是永恒的因为它们就是永恒的。"最后,我们在价值自身中触及价值,因此现在评价被提升到人类需求和利益领域,并上升到具有普遍有效性的更高领域。

第十七节

美学的概念——"美学"一词的历史——无利益的愉悦——愿望和意志的自由——通向价值的体系——自然中的美和艺术中的美——自上而下的美和自下而上的美学

没有欲望的价值,其动机和结果都与人的愿望无关,这些价值构成超脱人之需要的领域,我们将这个领域称为审美生活。从语源学上来说,这个名称的含义并不那么显而易见和有目共睹。这个词所涉及的古希腊词源本来是别的含义,理论的演变以曲折的方式赋予这个词新的含义。人们对美和艺术的本性问题的关注在时间进程中都由偶然引发:有时由形而上学的兴趣引发,有时由艺术生活中的某些因素引发,有时由心理学上的思考所引发的。不过,最近,它一直体现在科学或哲学的特殊分支之中。说来奇怪,它之所以发展成特殊的学科,很可能与当时人们感到科学系统化索然无趣有关,科学系统化工作很少与其所处理的主题本身相关。大约在18世纪中叶,沃尔夫的学生,亚历山大·鲍姆加顿[①],在他那个时代的布局合理、秩序井然的科学体系中发现一道鸿沟。所有的理性科学都以研究知性在科学知识中的合理运用为先导。我们把这种研究称作"逻辑学"。但是,除了获取知识的这种高级官能(即我们现在所认为

[①] 亚历山大·戈特利布·鲍姆加顿(Alexander Gottlieb Baumgarten, 1714—1762年),又译鲍姆加登或鲍姆嘉通,德国哲学家、美学家。哲学立场上支持莱布尼茨和沃尔夫的启蒙主义学派,被称为"美学之父"。其代表作有《形而上学》(1739)、《美学》(1750—1758)。

的知性），人类还有低级官能（即感官知觉），它为经验科学提供了事实材料。经验科学难道也应当以关于知识官能的理论为先导，以感觉知识的完整性为先导吗？作为关于感官-知觉（αἴσθησις）的理论，它本应当被称作"感性论"。鲍姆加顿试图引入并发展这门逻辑学的姊妹学科（用洛采的话来说），就其内容和主题而言，鲍姆加顿遵循了莱布尼茨的理论。在莱布尼茨那里，美是感觉表象的极致，正如真是理性思想的极致。在他看来，这就意味着，在美的事物中，存在着"真"在感觉上的准备阶段，或者说，存在着"真"的感觉替代品：观念，我们稍后会再回到讨论它。依照这个理论，鲍姆加顿转变了他的美学，从关于感官知觉的方法论，转变为关于美、享受和美的产生的理论。于是，"美学"一词的含义也就发生了改变；在接受这个术语的历史进程中，康德发挥着十分有趣且具有决定性的作用，他起初犹豫不决，但最终还是接受了这个术语。

此外，康德的美学决定了美学问题的结构框架。正因此——正如每个人都会承认的，不论他在细节上多么不赞同这套理论——美学的决定性因素全都可以追溯到那位天才，他使美学在价值论王国中占据特殊地位。为了清楚地将美的事物与讨人喜欢的事物区分开来，将审美的官能与享乐的官能或伦理的官能区分开来，康德将无利害性的愉悦制定为一条标准。这条标准没有提到审美对象的内容，它只是非常清晰地指出能够让我们把这个领域与其他领域区分开来的形式因素。康德的表述（即"无利害性"）也许没能像他所认为的那样能够幸运地免遭误解。首先是席勒，然后是叔本华，他们都发现更好的表述：**愿望和意志的价值评价自由**。他们成功地将这个定义稳固地确立为普遍用法，赫尔巴特的努力也因此遭到失败，赫尔巴特试图在更加一般的意义上使用"美学"一词，并且试图将之应用到整个价值论，最后他还试图使这一扩大的美学成为仅次于理论哲学的第二大哲学领域。始于鲍姆加顿的这个观点获得了普遍赞同，我们现在甚至因此将这个名称用于新科学的对象，此外，我们还在这个意义上谈论审美生活、审美情趣、审美享受、美学成果等等。只有在以下这个方面，这种观点会产生某些差异与困难：叔本华——也许席勒就已经预示了这一点——把真和美作为无意志的愉悦一道置于美学评价的领域，他因此把科学和艺术一道放在无欲无求这个救赎文化功能的标题之下。

我们在此触及价值理论的本质问题。事实上，真和美作为价值评价的形式，独立于经验意识的需要，并且由于它们独特的、原初的本性而远离所有的意志和行为——所有**实践**的东西——它们不仅非常不同于享乐上的价值，而且还非常不同于伦理上的价值，后两种价值从长远来看总是与人的祸福相关。因此，真和美是更高的价值，它们以显著和明白的方式超越了人类，与此相反，尽管伦理学领域并不完全缺乏这些更高的表征，但我们发现它们才是终极的基础。道德的绝对有效性所植根的一般心灵就是人类的心灵。但是，真和美预设了更高、更重要的关系。在黑格尔的哲学体系中，这体现在他把道德、社会、国家和历史都当作客观精神的现象，把艺术、科学和宗教都当作绝对精神的形式。近来强调价值论因素的判断理论都承认：逻辑价值、伦理价值以及美学价值，共同构成相当重大、值得思考的问题，这个问题在我们寻找价值体系问题上发挥过且必将发挥重要作用。我们在此必须满足于仅仅指出这些微妙的价值论体系问题。这些问题与其说来自于前科学心灵的简单思考，毋宁说来自于哲学体系化的终极需要。美学评价问题来自生活本身以及审美活动，当我们从价值体系问题转向美学评价问题，我们在此会看到，美学问题与伦理学问题极为不同，伦理学问题覆盖了人类生活从上至下的各个方面，而美学问题只需要处理较小的领域，它并不要求同样普遍的利益和理解。此外，历史现实中所谓的美学永远不是纯粹的，而总是嵌入在其他利益之中。现存的美学判断总存在着某些享乐因素和伦理因素发挥着作用。它们把我们无法避免的刺激，把掌控着我们的重要意义都赋予美学对象。是否存在着任何特殊的美学效果，这依赖于个别对象的性质，它们不会全部一起出现。然而，无论这个圈子多么窄小，这个特殊的因素都在其中获得意识的实现，尽管我们很少在纯粹形式中发现作为整体的美，但美分布在人能看到的所有地方；此外，还有某些艺术效果，比如伟大的宗教仪式，它们令所有人醉心其中，无论这些人在社会或理智的条件上差异有多大。不仅如此，我们可能还会认为，如何评价善具有普遍性，而如何评价美甚至传播得更为广泛，此外，从真理的实用主义模仿中，我们能够极其清楚地看到，真理在其最内在的本性中非常具有排他性。

我们把这些美学对象称为美的领域。但艺术是不同的领域，请大家不要搞错。我们将自然中的美和艺术中的美区分开来，后者是人所创造的。因此，美学沿着两条不同的道路发展。它要么从自然之美出发，然后去理解艺术之美；要么从对艺术之美的分析中获得定义，然后再转向自然之美。第一条道路处理的是对美的享受；第二条道路处理的则是对美的生产和制作，因为享受艺术之美在原则上和享受自然之美并无不同。我们有时会听到以下这种说法：这两条道路导致了两种不同的理论。也许，哲学家最好还是从艺术之美得到的享受开始。哲学家本身并不是艺术家。艺术和哲学很少能统一在一个人身上——柏拉图或许是个例外，艺术家通常都完全忽视美学。我们发现，只有在对美学作品进行类比时，我们才能理解艺术之美，这条原则也许可以扩展至一般对美的享受。然而，如果美学思想始于艺术之美，它将取决于哲学家在艺术的这个或那个分支上的主要兴趣。我们能够通过历史研究表明，造型艺术极其强烈地影响了从温尔克曼[①]以来的古典美学理论；诗歌极其强烈地影响了美学在观念论哲学家中的发展，特别是谢林和黑格尔；最后，音乐上的兴趣极其有力地决定了浪漫主义美学的某些理论倾向。

我们还可以把这些差别重新梳理一遍，费希纳根据它们的主要特征将之划分为自上而下的美学和自下而上的美学。自下而上的美学指，对

---

① 温克尔曼（Johann Joachim Winckelmann，1717—1768年），德国艺术学家和美学家。温克尔曼的艺术评价被视为现代美学的基础之一。

我们在各类美学因素中所感受到的愉快进行纯粹经验记录并处理记录结果，他逐渐将之发展成为现代经验心理学的定量研究。与此不同，自上而下的美学则是概念研究。这种研究也许带有形而上学的特征，就像谢林和黑格尔的理论那样，但这正是费希纳所反对的做法。不过，倘若这种做法仅仅是想反思我们在美学享受中的经验，试图以此来清楚地确定美学享受的特征，那么这也可以是分析-心理学的。就哲学的美学而言，比起定量研究的结果，这种对现实的特征的心理学设定更为重要。然而，这种分析也并不足以满足哲学美学的需要，哲学美学的概念任务是在材料帮助下去理解，什么条件下无利害性的愉悦会成为一般的愉悦。只有在这个意义上，美学研究才能成为关于价值的哲学理论的一个部分。

第十八节

美的事物——品味的差异——对同等可传达观念的批判——大众与权威——理智力量的作用——形式主义美学——情感和情绪的作用——情感上的共鸣——重要性——感觉与超感——作为善之象征的美——崇高——表象中的自由——虚幻——审美对象——观念的感觉表象。

在较广泛的意义上来说，我们把美的事物质解为美学的一般对象。如果我们试图通过比较任何可以称为"美"的东西来给美下定义，那么我们对美的这种归纳活动并不会像我们对"善"所做的那样富有成效。不仅不同民族不同时代的审美判断有差异，甚至相同环境中不同个人的审美判断也有很大不同，我们在他们的观念中无法发现任何一以贯之的原则。我们借此所能获得的唯一结论只有以下这种微不足道的说法：倘若某个事物取悦某人，这个事物就是美的——这意味着美学研究的失败。

我们现在经常把审美官能称作"品味",毫无疑义,品味差异是众所周知的。品味差异不像道德判断的差异,这种差异非常明确、毋庸置疑。道德判断牵扯到祸福问题,牵扯到生死攸关的利益问题;但是,品味恰好只涉及那些没有利益纠葛的东西,因此它们和生活中的重大问题无关。我们可以相对较为平静地面对这些问题所涉及的矛盾和争论。但是,我们也并不喜欢这种状况,我们想要将我们的品味强加给其他人;此外,我们这么做能将美的事物和讨人喜欢或有用的东西区分开来。然而,我们对此并没有任何严格的限定。就"品味"原初的、感觉上的含义而言,未经训练的头脑甚至会对"品味"的差异感到吃惊,只有随着经验的增长,他这份惊讶才会逐渐消失。在美学领域,我们想要尽可能宣称我们的品味具有普遍有效性。然而,这里仍然存在争论,我们无法诉诸定义、规范、公理或原则。我们以印象来反对印象,以感觉来反对感觉。对于美学的普遍有效性,我们给不出任何证明或定义。这就是美学问题的逻辑困难。我们只有具体判断,它们只对个别的人和事来说是正确的,例如情感印象。这就产生出以下问题:其中是否存在某种超越个体的东西。无论如何,康德作出推论:美学不是规范性的学说。美学没有像道德命令或逻辑命令那样的命令规则。我们可以制定美学判断的一般可传达的可能性和条件,只有就此而言,我们才能提出对美学的批判学说。那么,这就是我们这门科学的范围,它没有规则。当然,各种艺术有技术上的规则,遵守这些规则是艺术成就不可或缺的条件。但是,除了审美享受上的规则,一般美学创造没有更多的规则。因此,这个领域非常缺乏普遍有效性,就此而言,这门学科主要涉及的是生命中的个人活动。

我们由此理解为何心理学笼罩着这个领域的大部分内容,而只给哲学留下很小的地盘。比起另外两门哲学(逻辑学和伦理学),美学更加接近哲学和心理学的边界,我们因此必须更加注意这一边界。我们决不能认为,我们能穿过对令人愉悦的事实材料的记录科学而通向规范性的科学。我们最多只能达到相对的规范——这个标准的实际有效性只局限于一定范围,例如一段时期、一个民族或者甚至更加狭窄的范围,而且这个标准几乎像时尚那样会轻易发生改变、反复无常。从经验角度来看,只有两种方式可以达到这个相对的规范标准:大众和权威。然而,比起其他领域,大众规则在这个领域最为野蛮无理、最易使之走向消亡。有人也许会说,大众身上几乎不含有任何特殊的美学因素;倘若说有,那也只是就它表述价值的某些其他内容而言,这也许类似于宗教或伦理信念的公共快乐。权威标准会更好。美学家必须相信他自己的良好品味,并要向他的听众展现出来。我们更不必谈那些所谓的鉴赏家,在造型或音乐艺术领域,他们总是有他们自己的独特品味并遵循着某些观点和倾向(特别是技术性问题)。我们还是来思考那些受过理智教养的顾问们,他们经验到某种毫无欲求的享受,并从中发现新的人生。尽管在前面那种情况下,他们的判断只是心理学事实,因而只是批判性心灵所关注的那些最宽泛、最广阔的材料领域中的一部分。

这种批判性心灵的任务就是在审美的愉悦中去发现特殊的因素,这种因素具有超个人、超人类学、超经验的价值。正是由此出发,我们可以清楚地看到,美作为价值谓述并不意味着事物的性质、状态或者关系,我们可以在理论知识中去描述性质、状态、关系,但美并非如此,美产生于对情绪主题的判断。然而,这并没有阻止我们在理论上去追问,对象中的哪些性质激发出心灵中的那些审美判断。举例来说,康德在关于崇高的讨论中就对此有过探讨,但是,在分析美的时候,他几乎完全将自己限制在主体世界。

感性和理性是知识的两种官能,康德在其中发现了超个人因素。这是逻辑类比的结果,美学由此从历史中产生出来,它奠定了美学的理性发展之基础。这主要还是表象类型的问题,康德提出,这个问题取决于知识的形式。在他看来,所有内容都与利益有关,不论享乐利益还是道德利益,因此,无利益性的愉悦属于形式。在美学态度与表象及其形式之间的关系中,重要的是相对于对象的经验现实而言是中立的。它只根据它所表象的方式行为。然而，就这个词的日常含义而言，我们决不能就此认为对象必定是非实在的，否则，自然中也不可能有这样的美了。就此而言，我的意思仅仅是说我们无法到达经验实在。根据大众心理学，我们也许可以得出如下结论：美学对象得以实现，并非借助知觉，而是借助想象，此外，在这种情况下，还存在着对内容的感觉感知和理智理解的有意合作问题。只有表象和想象这两种因素彼此平衡，或者用康德的话来说，彼此和谐，我们才能发现这种自然的合目的性。这样，感觉材料的生动多样及其安排的明亮透明对于所有美的事物来说都将同样必要。

康德理论的另一个后果是形式和形式主义的美学倾向。由此出发，赫尔巴特把这种一般美学的目标定义为关系和情景中有关原初快乐的理论。这些关系和情境反过来在表象中和实在相分离，尽管我们正是通过现实才发现它们，因此，我们再次看到，审美愉悦并不必然与对象的现实相关。这种一般原则随后被应用到特殊的美学问题。根据赫尔巴特的学说，他的学生齐默尔曼（Zimmermann）将之应用于现在通常所说的美学问题，而汉斯利克（Hanslick）则在一般文学中将之应用于音乐研究。汉斯利克给我们带来现代音乐发展中的热点问题：空气振动本身就具有美学价值，还是说，声音因为和某种意义相关而得到或提高了美学价值。就形式的应用而言，康德理论的弱点在于，由于内容的非实质性，他不得不认为审美愉悦的现实对象是无意义的。就此而言，赫尔德的争论并非完全不合理。康德发现自己只好不得已将自由美与依存美区分开来，并且只有在自然和艺术中的花朵、蔓藤和类似的无意义结构中才能发现自由美或纯粹美。这种无意义性到底在多大程度应用到了各类艺术（例如音乐），我们在此不必做出定论，我们只需要指出这是现代美学的重要问题即可。只有形式主义美学宣称所有美和艺术在原则上都必须是无意义的，我们才能驳斥这种美学。这种美学将面临如下困境：对于那些在我们看来恰恰最有价值、与人生最相关的美，康德被迫将它们排除出自由美的领域，并将之降低到依存美的范畴。这表明，美学对象在很多例子中并不仅仅如此作用，而且还根据内容要素来作用，它们某种程度上依赖于和现实的关系。

我们由此能够理解，为何我们不能从理性着手寻找美学成果中的超个人因素，而恰恰必须在价值的关联中去发现这一重要因素。但是，由于审美状态的独特本性，意志被排除出这个领域，康德在他的理论体系中已经把美学降低到情感领域，美学只能停留在情感领域。因此，知识官能的作用必定会被情感和性情的作用替代。事实上，这才是起决定性作用的方向，符合美学体系的安排，情感是继表象和意志后的第三种心理功能。康德赋予情感以错误的地位，因为，根据他学说的理性主义特征，他不能把非理性当作理性功能中的本质要素。但是，最近心理学美学谈论内在情感时，又恰恰把目标对准这个非理性元素。据说，只要我们将我们自己的某种情感和情绪带入对象或从对象中读出某种情感和情绪，这个对象就变成了审美对象。从理论上来讲，审美对象的性质必定以某种方式具有以下这种特征：这些性质能在我们心中激发出情感、情绪及相关的各种运动。心理学理论区分事后情感和当下情感，在各种审美活动中，尽管这两种因素可能占据的比例不同，但是这两者都必定得存在，缺一不可。对象必定包含某种在我们心中激发出事后情感的东西，尽管我们不得不把这种情绪追溯到对象的当下情感，它是美学上极为重要的东西。因此，内在情感的原则完全合理，它是美学对象中重要因素的心理学表述。此外，在这种心理学形式中，我们能够找到以下问题的答案：哪些情感和情绪是人们可以共享并因而在美学意义上最有价值的。克里斯蒂安森（Christiansen）的艺术哲学最近试图用批判方法来回答这个问题。但是，冲动具有感觉和超感两种性质，正是在感觉和超感的关系以及由此产生的情绪和情感的关系上，克里斯蒂安森的理论遇到障碍。由此，审美生活的四个阶段以非常有趣的方式得到发展：享乐阶段、喜剧阶段、美的阶段以及崇高阶段。不过，在这个结构中，审美倾向总是与两种对立的冲动相关，我们可以将这两种冲动称为生命冲动和道德冲动，即感觉冲动和超感冲动。于是，尽管情感和情绪在审美生活中的作用必定存在问题，但是这个理论从心理学方面来看属于意志主义的理论，此外，它在某种程度上预示了叔本华的音乐美学，这种美学想要把音乐解释为对意志生命的纯粹知觉，因而把音乐解释为真正的形而上学艺术。然而，即使这样的努力仍旧导致感觉因素和超感因素在人本性中的对立。这个对立在康德那里体现为感性和知性之间的基本对立，而两者的和谐就是美，两者的冲突就是崇高。这两种力量都依赖于人的两种天性之间的张力。美学关系预设了以下这种存在：它超越了感觉的存在，上升到理性的先验世界。然而，在康德那里，超感本质上就是道德。这在近来艺术哲学的努力中也是如此。正如康德的理论所做的那样，美必定是作为善的象征，而艺术哲学正是以这种美的概念为目的，并由此保证情感和情绪的作用具有超越个体的普遍有效性。

美学还原到伦理学的这个过程中，崇高被当作特殊类型的美学关系，它并不从属于美，而是等同于美。埃德蒙·伯克①在心理学上为这个观点铺平了道路，随后康德用批判方法继续沿这条道路前进。倘若我们用人性中伦理－超感部分胜过感觉部分来解释崇高，它似乎就不再是纯粹的美学关系，而成为某种伦理学－美学的混合物，它至少不再是依存美的某种重要类型。因为，正如康德所说，倘若崇高依赖于"观念"的表象，我们就能在崇高中找到那些最高的观念，即道德律。

我们在这个领域中，从康德的重要学生席勒那里，也发现了道德化倾向。在《卡利亚书信》中，他试图找到美的客观标准，并将之视为人类最高者；与之相反，他在其他地方却又宣称，倘若一般美并不存在，艺术至少是人类特有的财富，这是人类与其他高等或低等存在不同的地方。然而，在他的对象理论中，他又把康德主义的自由和表象二元论当作他

---

① 埃德蒙·伯克（Edmund Burke，1729—1797年），爱尔兰的哲学家、政治家、作家、演说家。在美学方面，他的学说被看作联想心理学的美学分支，其代表作有《崇高和美的观念根源的哲学探索》（1756）。

的出发点。自律或自我定位构成了超越的道德世界的本质，但是它永远不是表象中的实在。感觉形式向我们完全、自我包含地呈现自身，这时它的实在性似乎毋庸置疑，这会产生"表象的自由"这种假象。美学对象也是如此，它取决于自身，看上去与周围环境的所有联系都断裂开来。因此，众所周知，叔本华认为因果性是唯一重要的范畴，他也把脱离因果性的观察当作审美生活的特征。此外他还发现艺术与科学的差别：科学是从因果性出发所作的观察。美的本质特征并不是自足性。这种类似于伦理学的自我规定的观念脱离了席勒提出的表象的自由这种观点。美学的自律性不再是意志上或道德伦理上的，而是理智上的。然而，这种自足性并不那么现实，我们在表象中欣赏到它，因而我们强调美学对象的非现实性。艺术作品与其他现实分离特别有益，自然美则并不存在这种分离，它仅仅为了"美的假象"而存在。

这种非现实的因素在有关虚幻的现代理论中变得极为突出。人们引用这个理论是为了更好解释对艺术美的欣赏，特别是对造型艺术和戏剧的欣赏。事实上，有意识的自我欺骗，或者在欺骗和意识到欺骗之间的游移不定在此起到了重要作用。此外，我们必须特别注意，所有这些情况，不论粗糙的模仿还是几乎可以以假乱真的精致模仿，与其说是强化了美学效果，不如说消弱甚至摧毁了美学效果。"艺术永远不应该到达现实"：某些现代戏剧特别过度地应用了这个原则。因此，虚幻在某些领域中是美学享受的本质，我们永远无法将之完全排除。但是，这个特征是否是所有美学都不可或缺的，或者甚至是所有艺术都不可或缺的，这非常可疑。举例来说，虚幻在建筑学中似乎完全没有任何意义；此外，当我们欣赏自然中优美挺拔的大树或宏伟的悬崖绝壁，毫无疑问，这里完全没有什么欺骗和意识到欺骗之间的游移不定。就一般美而言，对象脱离现实的唯一后果是，它引发的直接知觉没有它唤起的想象那么多，而正是借助想象，它才能脱离所有那些联想，那些为了我们的知识和意志所具有的联想。根据这个分离，事实上，审美对象就成了某种新的东西，某种非现实的东西。它和科学知识的对象恰恰相同，正如我们之前所见，科学知识的要素属于现实，但经过对这些要素进行选择和重新构建，它就成为某种独立于现实的东西。知识论对象和美学对象之间的唯一差别在于，前者完成于概念而后者完成于想象。个人表象的因素经常赋予美学对象和众多经验相分离的理由。倘若美学对象具有普遍有效性，成为某种独立价值，那么对象脱离于所有其他事物必定取决于事物自然本性。这里再次表明，先验必然性和普遍有效性只在于是否与现实相符合。美学建构与欣赏的过程从因果现象转变为对象的真正本性，并试图努力用清楚明白的方式把握住它。这听起来像是理智主义的说法，认为审美沉思从长远来看属于认知活动，倘若如此，我们就必须牢记，我们这么做仅仅指出使美学对象具有普遍有效性的条件。此外，这与以下事实相一致：审美状态本身基于情感和情绪的作用，这些情感和情绪伴随着美学沉思产生。其次，我们必须强调以下事实：我们在审美沉思中获得对事物本性的洞察，这永远不是概念知识，而是直观经验。

然而，倘若我们要在对事物本质的洞察中寻找美的决定性标志，那么我们就要穿过经验领域进入形而上学的王国。在某程度上来说，席勒的观点就已经包含这类倾向。康德主义认为，自由就是超感，而美就是超感在感觉中的表象。这个观点蕴含在有关美的形而上学理论中，现代哲学从古代哲学那里借来这种理论。柏拉图仅仅暗示了这种理论，真正大力发展这个理论的是普罗提诺：美是理念的感觉表象。超感在可感对象中半隐半现地呈现出来，文艺复兴时期的新柏拉图主义对此强烈主张，沙夫茨伯里也坚持这个学说，此外，康德的批判学说以及诸如谢林、黑格尔、索尔格、魏瑟、维舍等德国观念论者们都对这个学说进行了扩充。我们可以在谢林那里，在其最有特色的形式中，发现这种形而上学的美学。谢林认为，艺术因此变成了哲学的工具。他指出，科学在永无止境的发展中找到这个表象中的观念，但却没有得到它。道德生活在其同样永无止境的进步过程中**形成**这个表象的观念，但却没有完全地实现它。

只有在对美的想象中,这个观念才得以完全在感觉表象中呈现出来。在这里,无限完全进入有限,有限又完全充实了无限。因此,所有艺术成果都展现出只在全体实在中所给予的东西:无限的观念在有限的表象中得到实现。因此,在谢林看来,宇宙是上帝的艺术作品,是上帝的观念在感觉表象中的体现;而自然中的美就是上帝塑造的艺术。在所有人类创造物中,无限的观念必定会与不充分的感觉有限性进行斗争,并在其中表象自身,倘若我们对此进行强调,那么这就是索尔格关于悲剧和浪漫主义的反讽理论的基础。在所有这些思考推测中,特别在谢林和黑格尔的思想中,美的形而上学理论都指向艺术,特别是作为艺术的诗歌,这个观念在诗歌中显现得最为明显。然而,在这些情况下,为了理解审美享受,我们只能借助对艺术构造的类比:就像艺术创作那样,享受美的人以同样的方式在想象中创造出审美对象。我们会寻找最佳的观赏角度去欣赏风景,这时我们也就和艺术家在描绘风景时所作的那样,创作了线条和色彩。这两种情况有着相同的选择以及新形式的综合。只有当我们拥有艺术家所具有的那种特性,我们才能够享受美。

第十九节

艺术——模仿——娱乐、教育和改善——游戏和游戏的冲动——无目的的自我表现——天才——艺术中的无意识-意识

正如我们此前讨论的,我们一般将艺术视为纯艺术,并将之与其他具有有用功能的艺术区分开来。我们再次强调,艺术的本质特征就是目的的缺乏。任何艺术活动都在进行创造,但是纯艺术并不像其他艺术那样,在日常生活中为了某种用途而创造对象。然而,某些出于中间状态的艺术的发展使这两类艺术的界限逐渐消失:例如,我们会将日常的房

屋建筑与建筑艺术进行比较，还会将政治、法庭演讲与美学演说进行比较，这是我们就会发现界限在逐渐消失。特别是，任何手工艺术品都十分接近这两类艺术的交界。艺术的特性就是它并非被人们所需要，就此而言，艺术像科学那样是闲暇的产物。亚里士多德美好地描述了闲暇的文化价值。摆脱日常需求的压力，人们为自己创造出真与美的新世界。此外，恰恰因为闲暇，艺术家的作品才不具有日常需求的价值。这使一般的纯艺术与所有其他艺术活动及其产物都清楚地区分开来。值得注意的是，科学思想似乎更多想要在有用艺术而非闲暇艺术中找到制作物（τὸ ποιητικόν）的本质特征。科学难摆脱发明的印象，尤其当它面对各种有用的科技产物时，它大体上将纯艺术当作模仿艺术。事实上，令人非常震惊，古希腊的艺术理论从来没有超出这种观点，此外，它也从来没有学着去欣赏那些创造性因素，尽管在古希腊的造型艺术和他们的诗歌与音乐中恰恰有非常丰富的创造性元素。更加令人吃惊的是，古希腊哲学还遗漏了知识对象中的创造性因素，或者用康德话来说，自发因素，我们在知识对象中更难察觉到这些因素。古希腊人在他们的知识理论中指出，心灵特别服从心灵所呈现的东西，我们在他们把艺术当作模仿这个观点中也可以看出这一点。正因此，柏拉图才锻造武器反对艺术家，并且对艺术进行贬低。艺术应当模仿对象，而这些对象本身又仅仅是模仿更高类型的对象，即理念。我们从亚里士多德残缺不全的《诗学》得知，他的艺术理论表明，他也主张艺术就是模仿。所有现代艺术批判和理论最初都沿着这条思路发展，最后的发展结果就是狄德罗归纳的实证主义的艺术概念。这种自然主义理论期望艺术像科学那样，只是符合现实的"真实"描写，这就消除了艺术与科学之间的界限。

事实上，模仿对于纯艺术来说不可或缺。甚至想象的创造力，也只有在给出新的组合时，我们才说它具有创造力，而就其内在和外在生命的因素而言，它其实只是再创造，因为想象无法创造那些必定只能被经验到的因素。因此，就此而言，所有艺术都包含着模仿。另一方面，我们也决不能忘记，所有模仿本身就意味着选择和再组合，这恰恰就是美学的本质因素。美学素材确实是模仿得来，但这些素材的美学塑造却永远不仅是模仿。此外，现代大众心理学已经向我们表明，模仿是自然冲动，是所有动物的基本社会特征。但是，这种冲动只会激起快乐，任何其他冲动得到满足也会如此。其中并没有任何特殊的美学因素。我们在模仿这一官能及其纯粹技术的并且经常是十分困难的运用中所获得的乐趣，与我们在任何其他官能那里所获得的愉悦感相比，既不多也不少。我们将樱桃画得十分逼真，麻雀甚至会来啄食它们；我们将大理石雕刻得十分生动，观众甚至想要碰触女士雕塑肩上的蕾丝或感受她裙摆上的丝绒；我们将音乐谱写得十分震撼人心，听众似乎能听到鲜血从被砍下的头颅中流出——所有这些也许都是高超技术的成果，但它们不过是某些艺术品而非艺术。

无论如何，模仿都不是自身就具有普遍有效性的价值。如果艺术真的仅仅是模仿，它的价值就不在它自身之中，而在于它所模仿的事物。事实上，这正是模仿理论的观点。首先，娱乐被当作人在闲暇时的适当消遣；许多人仍旧认为，这是他们的艺术兴趣的全部意义和价值所在。人们在剧院和音乐厅里，在画廊和展厅中，或者在阅读小说时寻找并找到的东西，与其说是对艺术的欣赏，毋宁说是以快乐的方式消磨时间。此外，人们在教育和道德改善中将某些更高的目标归给模仿艺术。启蒙运动的观念是，一般而言，艺术和美学生活应当有助于理智上的进步或道德上的改善，人们把具有学究式的教育性质以及道德化倾向的目标与规则赋予艺术。有关审美生活的心理学理论一般都和以下这种观点一致：审美生活是从感觉冲动到理性活动状态上愉悦的转变。享受美驯服教化了世人的野性。它教会人们进行不要带着欲求去观察，使他们能自由追寻真理和道德这类更高的价值。它赞同以下说法：艺术和审美生活一般只诉诸两种较高级的感觉，即视觉与听觉，这两种感觉关注的是与我们有一定距离的东西，它们将刺激从人的身体中移除，并远离对对象的感官享受。

这正确地指出，在任何情况下，我们都应该借助审美距离将对美的享受从它的对象中排除。根据模仿理论，这还只是消极方面和准备阶段。艺术的积极价值在于它对道德和知识所起到的作用。因此，它不具有内在固有价值。

席勒立足于批判理论并超越了这些理论。他试图调节人的两种本性，由此寻找美学的真正价值，他最后在游戏中发现这种价值。的确，他这么说的意思似乎特别突出了人类学因素。就像康德提出的那样，席勒把感觉冲动和道德冲动当作人性中原初的对立。此外，他还认为他在游戏的冲动中发现了使我们这两种本性相协调的东西。因此，艺术应当是人类所特有的，并且是个人所特有的：

> 在工业方面蜜蜂胜过了你，
> 小虫可以将其技能授给你，
> 高贵的精灵共享你的科学，
> 但是只有你，哦，人啊，拥有艺术。

上述说法建立在形而上学的假设上：这些高贵的精神缺乏感官，它们没有内在生活的感觉经验。由此我们可以推论，只有在人那里，现实的伟大对立才统合在一起。

除此之外，席勒关于游戏冲动的理论在现代生物学和现代心理学中得到了完全肯定和长足发展。在孩童、动物以及原始民族的游戏中，我们看到了艺术进化的准备阶段。舞蹈、歌唱和装饰都是艺术的雏形。此外，无意识的合作作为艺术发展中的重要元素，一方面包括求爱的情色游戏，另一方面包括社会游戏，这些游戏，特别是以节奏韵律的形式，使日常劳作变得高贵并释放出人们在劳作中所积累的沉闷与痛苦。游戏的冲动还被称作功能－冲动，满足这种冲动伴随着纯粹的快乐，哪怕它似乎没有任何目的和严肃的意义。然而，在恰当的意义上，这种描述的游戏中并没有任何美学意义,我们也许可以追问,游戏中什么内容本性才能赋予游戏以美学价值。所有游戏都是对严肃重大的事物的复制。它模仿生命活动,这种生命活动与真正的事物和目的有着重大关系。因此,那种游戏非常容易变得严肃,我们在孩子那里也会看到这种情况。只要它仍旧是纯粹的游戏,**那么**我们就与这个游戏所模仿的严肃生活保持距离,因而我们能够自由、保持距离地享受生命的真正内容。因此,根据游戏所呈现的生命-内容的价值,游戏更加高贵,超脱于真正意志的严肃性。因此,美学游戏就是在这个游戏中复制生命里最深刻、最高贵的现实。因而,所有艺术,作为美学创造物,都是游戏中的自我表现和自我塑造。内在内容表达了它自身,它借助行动和享受宣告生命的严肃性、欲望和行为。倘若这两者都没有,内向性就会以感觉形态爆发出来,这种感觉形态会带来纯粹的快乐。因此,就像克罗齐①所说的,艺术就是赋予了直观的表达,此外,生命在严肃的工作中得到发展并借助行动和享受将自身局限在因果和个别事物之中。与此相比,生命在无目的的表达中得以更加纯粹、更加完美地进入表象。就此而言,居友提出,艺术是我们所知道的生命的最强烈的展开。于是,我们在此发现所谓审美对象的非现实性的真正含义:所有的美化和设计的目的从长远来看都要在感觉表象中给自己的生活以纯粹、完美的表达。

这样做的能力就是美学成果的力量,我们或者也可以称之为天才。这个观念在时间的历程中发生了极大变化。当我们说,天才对于后人和批评者是典范与标准,我们是ex eventu[从事情发生后]才来定义这个观念的。当我们指出,天才并不根据规则而是从自身创作出新的和美的东西,这时我们的理解才稍加深入。康德非常深刻地看到了审美生活的

---

① 贝奈戴托·克罗齐(Benedetto Croce,1866—1952年),意大利著名文艺批评家、历史学家、哲学家。他从黑格尔主义的观点出发,发展出一套独特的唯心主义,一套规模宏大、思想深邃的精神哲学。这套思想主要体现在他的三卷本著作《精神哲学》,包含《美学》、《逻辑学》和《实践哲学》。

本性，当然，当康德说天才就是像自然那样作用的知性，他则远离了那个看法。在这段经常被引用的话之中，他表达的是审美人格的两种形式力量，即内在的必然性和非设计的合目的性。内在的必然性意味着非设计的自我表现的冲动和力量。这种冲动和力量共同成就了天才，但我们并不能由此认为，它们是一起给出的。与之相反，也许没有什么比半-天才这样令人痛苦的状况更加难以忍受、更加令人困扰，在这种状况下，人有冲动却没有实现这种冲动的力量。这是个人在艺术生活中的不幸，他最大程度经验到他自己创作能力上的局限。这是从人类生活的高度投射下的阴影。这些局限不能通过任何辛勤和努力得到克服，因为艺术的创造力植根于无意识。这就是为什么艺术家通常总是嫌恶理论和哲学化。理论和哲学化对他来说毫无用处。事实上，这还会对他造成妨碍。我们恰恰需要理解他的天性和活动，需要规定他在文化价值一般结构中的位置。我们试图这么做之时，错误地反对了艺术创作中的非理性。

因此，谢林将天才定义为"无意识-意识"，把康德的定义愉快地翻转了过来。艺术活动展现出意识和无意识的互动过程，我们永远无法理性地解释这个过程。艺术家因他自己也无法控制的自我实现的冲动而必须进行创造。存在的形象从无意识的深渊浮现在他的意识之中。此外，无意识深渊中的某种东西还决定了他将如何体现这些形象，决定了他将赋予它们什么特殊形态。有意识的批判最后完成了这项创造，但是这个成就的积极因素并非深思熟虑和反复估算的结果。它像幸运的偶然从生命的无意识深渊中突然降临。这就是古希腊人谈到神圣的疯狂时感受到的诗人的μανία［狂热］。天才和疯子之间的密切关系指的仅仅是意识功能和无意识功能之间的混合，它逃离了所有分析性思想的控制。而且，这种密切关系决不包含任何病理学因素，人们有时候因为这个有力类比而错误地将病埋学因素视为天才的本性。与之相反，天才的自我实现恰恰因为，他的意识在这个过程触及了潜意识或超意识，个人触及了超个人，人类触及了形而上学的力量，即救赎的力量，人们总是在艺术中感受到这种力量并将之视为最有价值的神圣力量。然而，只有在创造这个最高阶段，天才才具有这个重要意义，艺术家本人像他的所有活动那样，总是在生活的一般事务中受阻于所有那些人类的弱点。艺术家只有在他最为完美的艺术成就中，超越的价值才会从那些人类的弱点之中浮现出来。他必须不断从顽抗的现实中勉强获得价值，并受到自我实现的压迫：

>精神曾经思考过的最高贵事物，
>是惨杂着某些与之相异的东西。

第三章 宗教问题

　　哲学研究认为，逻辑价值、伦理价值和审美价值构成了人类价值活动的完整领域，不同于日常生活中的舒适和有用，人类的价值活动能够要求普遍的认同和实际无条件的必然性。我们已经根据这种划分遍历了精神生活的三个领域（表象、意志和情感），我们在每个领域都已经解释了经验心灵的价值评价如何具有超越心灵本身的重要意义。我们由此指出，规范的一般意识，在其经验形式中，是人类历史中任何个别历史结构的集体意识；在其理想形式中，是整个人类的文化统一性；在其形而上学的重要意义中，是超越所有经验的精神性第一实体的理性共同体。就其内容而言，没有任何普遍价值能超出这三类价值，因为这三类价值已经穷尽精神活动的全部领域。事实上，我们也无法命名任何不属于这三个领域的任何价值。即便如此，我们仍然会谈论宗教价值，它也许可以包含在神圣这个标题下的领域，但这时我的意思是，所有这三类价值都可以呈现出宗教的形式。我们知道宗教对真理的保证，我们知道行为的宗教动机，我们还知道许多类型的宗教情感。在某些情况下，例如宗教狂欢，即使感官享受也能呈现出宗教的形式并变得神圣。我们由此获得宗教的普遍意义，它包含了人的全部生活。我们还由此理解，倘若哲学主张宗教从属于或内在于三类特殊的哲学学科——逻辑学、伦理学或者美学，并且是这些特殊哲学学科的派生部分，那么哲学对宗教的处理必定总是片面的。人们有段时间对待宗教的方式是哲学的，从理论理性的角度把宗教当作知识。之后，人们把宗教的重心放在实践理性领域，宗教也因此转变为伦理学。最后，人们又在审美理性领域中寻找宗教的家园，人们大体上认为宗教体现为情感的某种样式。但是，倘若我们只是以这三种方式而没有同时有意无意地运用其他方式，我们就无法理解宗教的广泛内容。

既然这三类价值都可以呈现出宗教形式，倘若我们要在所有这些价值中寻找某种共同的特征，那么我们就会发现，这些价值总是与超越世俗、超越经验、超越感觉的实在有关。这种超世俗性就是宗教的本质特征，倘若我们将它从宗教中排除出去，我们就会得到诸如实证主义的宗教人类学。我们在此并不适合介绍那些使本质价值得以强化的各种要素。这是宗教历史学和宗教心理学做的工作，它们的研究领域十分广阔、远未得到穷尽。哲学仅仅关心以下这个问题：我们必须在什么地方寻找从感觉转变为超感的原因。不是在个别价值内容中，而是在这些价值的普遍正确特征中，我们才能找到这个原因。

第二十节

神圣——神圣不是特殊的价值领域——良知作为超世俗的现象——超经验的人格统一性——上帝作为超感的实在——神秘从宗教哲学中退出——宗教和其他文化领域的关系——宗教的分类——虔诚的情感及其对观念的影响——超感的两层含义

当我说神圣的时候，我的意思并不是指某类特殊的具有普遍有效性的价值，比如那些构成真、善、美的价值，而是指所有那些与超感的实在相关的价值。我们似乎有理由凭借经验假设这种关系，我们的意识从自身的活动那里，从基于此产生的对终极、绝对的价值评价原则的渴求那里，获得了这种经验。我们在精神生活中无法通过一般心灵的经验形式得到满足，一般心灵必定受到逻辑价值、伦理价值和审美价值研究的指导。良知意味着自我分离，使判断主体与判断行为相分离，这种自我分裂在某种程度上能够对实际的、接近普遍有效性的价值评价提供社会学解释。倘若这种说法与大众的观点相符合，它就应该是对的；倘若这种说法与大众的观点相抵触，它就应该是错的。因此，任何对习俗的违背都是恶，任何与传统相悖的情感都是反常。就这样，似乎就像，良知之中的分裂被简化为规范的一般心灵与具有特殊功能的个别心灵之间的对抗，尽管我们发现个别心灵只是一般心灵的一个部分。但是，这只是表象。一般心灵作为表象、意志和情感的实际的、一般的样态，很有可能是某种确定的、绝对的东西。然而情况并非如此。它不但在不同的历史现象中具有各种不同的社会形式，而且还随之逐渐发生改变。正如我们之前所见，一般心灵的进化过程在于个体的原罪，人反叛了当下的价值评价体系。然而，个体并不因此依赖于他自己的意志决断。他诉诸更高的法庭。他从当下暂时的法律上升到永恒神圣的法律，他是反抗这个矛盾世界的勇士。研究者或思想者维护他自己的新结论，改革家维护他自己的新理想，艺术家维护他自己的新形式；在他们那里，良知超越一般心灵的社会现象形式，达到先验的、形而上学的实在。当然，其中存在着无数的虚幻。但是，无论先知们犯下的错误多么重大，诉诸最高法庭这个不可否认的权利得到保留。我们通常都认可知识领域中的这个情况，那么为什么它不能也适用于伦理生活和审美生活中的冲突呢？如果能够这样做，它也就为超越经验的人格之间的生命联系提供了证明。良知作为社会现象，只有通过公共社会生活的现实才得以可能。因此，良知作为超越所有时空可能性的价值意识，也只能由于更深刻的联系而得以可能。它揭示出生活的精神深度，不仅仅预设了集体的社会心灵，而且还预设了超世俗的法庭。既然这个社会心灵经验地形成了这种终极的、最高的综合，我们就必定要超越经验去寻找良知的绝对理性。奥古斯丁宣称，正确和错误的差别使我们的判断成为可能，这个差别蕴涵着最高的实在性，它是这个判断所依赖的原则。笛卡尔也说过类似的话，我们只能给予最完满存在的实在性来领会所有有限事物中不同等级的完满性。即使柏拉图的理论也主张，所有高级知识都是回忆，我们相信价值的实在性，相信观念和理想规范的实在性，它们都超越了当下生命。此外，苏格拉底的观点恰恰是，真理既不是我们的发现也不是我们的幻觉，而是植根于终极实在中的价值；我们从中经验到某种超越经验存在的东西，它不但属于个人，而且属于整个人类。

在这个意义上来说，价值生活需要形而上学作为支柱，此外，如果我们赋予上帝这个名称以人格超越经验的生命联系，我们就可以说，上帝的实在性在良知本身的实在性中得以给出。上帝像良知那样实在。价值的人生就在于意识到这些联系，我们也许可以称上帝或宗教中的人生。当然，很清楚的是，这个思想链条并非经验思想意义上的证明，而是包含着一个公设，这个公设严格包含在价值评价的本质之中，在某个时刻它会超越个人和历史的相对性。因此，这种价值评价的形而上学的支柱只不过是确信的情感或信念，这种确信或信念可能只是某种观点或幻觉。康德的理论主张，这种超越经验的生命联系并非局限于感官世界的知识问题，而是理性的必要信念，我们将康德的这个理论理解为这种信念假定包含着保证理性的理想，它因此很可能只是出于某种实践目的的幻觉或虚构。阿尔伯特·朗格(Albert Lange)以这种方式削弱了康德理论的力量，此外，最近的"仿佛论哲学"也追随了他的思路。然而，事实上，我们可以在良知的内容中发现良知和超感实在之间的这种关系，良知和其他经验相同，都是真实的经验，我们可以用它们来构建我们关于世界的知识。即便我们构造的所有观念都是象征性的而又不恰当的，即使它们都是幻觉或虚构，但这个关系本身是毋庸置疑的。正如康德所说，它是纯粹理性的事实。倘若我们想要确定宗教问题是真实而非虚构的哲学问题，我们必须依赖于此。

我们迄今试图清楚指出的是，哲学思想以何种方式从它自己的最高问题转到宗教问题。前科学思想以十分不同的方式处理这个问题，从而也引发出某些问题，哲学对其中很多问题无法做出科学的解答，我们必须寻找某些原则，这些原则能使得我们拒斥那些主张宗教和哲学不相容的想法。神秘感与宗教相伴而生，它从想象和经验希望的力量中获得丰富的内容，尽管这些内容在细节上有各种不同的诠释，但确实超越了科学的解释。这些宗教生活的想象因素，既没有也不能像事实或规范那样要求任何一般有效性，我们必定只有借助宗教历史学和宗教心理学才能研究它们。倘若宗教哲学将宗教当作社会事实，并根据批判思路将之解读为历史现象，从而试图表明它的概念本质在经验的社会形式中如何得以实现，那么宗教哲学的这种解读就会十分片面。宗教哲学研究的真正核心领域是以下问题：超经验的人格关联在何种程度上与理性的价值王国相关。

当我们从文化哲学的哲学任务这个概念出发，我们会得到同样的结论。我们习惯于将宗教当作某种伟大的文化形式，就像科学、艺术、道德、法律和国家那样。而我们刚刚给出的那些思考告诉我们，原则上来说，宗教和其他形式的完全协调并没有任何问题。其他这些形式各自都有自己特殊的类价值，这些价值在人类的生命中得到实现，但是宗教并没有那类特殊的价值。它由所有这些价值可能呈现出的形而上学的迹象和关系所组成。如果我们把神圣视为其他文化领域之外的特殊生命价值，我们就剥夺了宗教所具有的普遍的重要意义。无论何时，只要当我们在实践上试图这么做，宗教就会变得僵死和干枯。当我们在理论上这么做，它就会阻止我们洞察到宗教与世俗生活之间的本质关系。历史的进程就其一般特征而言就是两者的协调。我们现在知道，所有这四种不同的文化形式经常与宗教重叠，但是它们在本质上与宗教有清楚的区分。但是情况并非总是如此。我们越是进一步回溯过去，我们就越是会发现宗教的色彩，甚至是在世俗的生活之中发现这种宗教色彩。所有科学都是从神话与教义发展而来的，所有的艺术创造都是从礼拜活动而来的，所有的道德都是从良知的宗教义务而来的，所有的国家组织都是从社会的宗教纽带而来的。从这些不同的世俗体制可以看出，宗教的反作用与新增长十分不同。它们把文明的世俗化形式带回到了宗教的统一，分化的过程必然又会重新开始。欧洲的演进在各个阶段都表明了文明历史发展的这个特征。古希腊与古罗马以最为清楚的样式从宗教的母体那里发展出文化的外部形式。知识随着伊奥尼亚人的科学发展，从神话想象中脱离了出来；在古希腊的喜剧与造型艺术之中，审美生活的世俗化得以完成；伊壁鸠鲁的伦理学引发了完全脱离宗教的生活概念；此外，罗马的世俗的政治组织，尽管它保留了某些外部的宗教残余，但它避开了所有在各自领地彼此争斗不休的宗教团体。之后，在民族大迁徙的时代，宗教开始复兴。它始于宗教之间的冲突，止于基督教的胜利，然后基督教又把科学、艺术、道德与政治生活带回到宗教形式。这都发生在中世纪。但是，从13世纪到18世纪，我们看到，文明的其他制度逐渐具有独立意识并且逐渐地、日益增长地呈现出世俗形式，这种世俗形式在未来时间中仍是一个清楚的标准。然而，19世纪初期似乎出现了一种新的反作用，时代所有的迹象似乎都预示着一个崭新的宗教整合阶段。一股强劲的宗教风暴横扫古老的欧洲大陆。教会尤其是罗马的力量极为明智地发挥作用。它们不得不与多种多样的教派做斗争，这些教派的迅猛发展恰恰证明了这个时代的宗教压力。在他们看来，神秘主义的倾向远远没有那么危险，这种神秘主义倾向影响了我们时代的思想，以至于今天的哲学在思考这些因素时，似乎能够指望它们具有某些现实性。神秘的直观为其主体的概念知识做了伪证，它充满了优美如画的语言与热情洋溢的想象，但却没有产生出任何可靠稳固、清楚分明的结论。它属于某种情绪性的事物；正如历史反复地教导我们的那样，它只是翻松了教会教条主义的土壤，然后在它自己的掌控下，播下它自己的种子，最后收获果实。

宗教的起源要归功于文明的高级阶段，例如佛教、基督教和伊斯兰教这些宗教都将其他文化形式的价值评价体系吸纳进自身之中，并赋予它们新的形式。其他宗教和信奉这些宗教的民族共同从原始状态逐渐发展，经历国家、道德、艺术和科学等形式，并由此形成某些独立结构，所有这些价值从一开始就被包含在宗教这个统一体之中。于是，所有宗教都拥有与其他文化形式的这些关系，根据占主导地位的因素，我们可以合理地找出它们的特征并将它们划分为审美的宗教、理论的宗教、伦理的宗教和仪式的宗教。这也表明，我们总是应当在其他领域中去寻找价值，此外，宗教因素只能在其与某种超越世俗的有效性的关系中找到。因此，这就是宗教的本质，这种本质也是哲学研究的对象。所有超世俗性在信徒的想象、情感和行为中呈现出的特殊形式都必定仍是经验研究的主题。

我们最先在经验的意识中感受到与更高价值世界之间的关联，施莱尔马赫正确地将"简单的依赖感"这种虔敬的情感描述为宗教生活的基础。然而，这种情感具有朴素、简单的原始性，并不知道和它相关的对象。从心理学上考虑，它是不确定的情感，施莱尔马赫最先在斯宾诺莎的泛神论意义上将之与世界-统一体相互联系。为了包含并解释全部精神生活，这种情感必定要在表象中给出。只有这样，它才能在外部生活中发展成意志和行为的动机，并且将自身组织成教会中特殊的宗教共同体。但是，这种表象中的虔敬感的定义不可能是知识，我们由此触及宗教存在的基础问题。我们最后诉诸的知识必定是能够科学证明的知识，这种知识仅仅包含经验世界，在这种情况下，经验世界与超经验的东西之间的关系便成了问题。我们的知识仅仅知道经验世界，我们对超经验的知识只能通过这一关系本身的假定获得，除此之外，我们无法理解超经验的东西。除了知识，我们还能理解表象，表象要求另一种有效性。这就是**神话**（mythos），我们在此就这个词的普遍意义来使用它，就像黑格尔将宗教描述为绝对精神在意识之中的表象形式。在这里，我们获得康德在他的"先验辩证论"中进行的相同的描述,康德试图借此创造一种哲学－独断论的形而上学。问题在于,这个东西是我们所无法经验到的,但是它又必须是我们的思想所必要的,而我们又无法仅仅通过它与经验的关系而知道它。因此,各种尝试层出不穷,但都以失败告终。所有历史宗教都恰恰以同样的方式试图在表象中将某类形式赋予虔敬感的对象。它们并没有获得任何能够证明的知识,而仅仅使它们的内部生活在"表象心灵"中的自我塑造。我们必须承认神话在所有形式中的这种重要意义,但这是它所能要求的全部。只有以这种方式,它才能免遭科学思想的批判,否则科学思想将会竭尽全力地批判它的逻辑原则,它的矛盾律以及它的充足理由律。当神话声称它只不过是宗教情感的某种表象上的表达,这类批判在神话方面才得以解除。作为可知与未知之间的一种关系,神话不可避免地具有非理性的特征。因此,神话表象所能要求的真理就是实用主义的真理。事实上,它是实用主义真理概念所应用的最重要的领域。因为它意味着超越可能知识界限的宗教渴求在心灵上的满足。

于是,在哲学思想的进程中,我们无法处理任何神话的表象或实际宗教精心阐述的独断教义所涉及的问题。确实,大部分天生怀疑者因其朴素观念所提供的机缘而走向哲学。在日常生活中,我们所说的"怀疑主义者"主要指那些开始质疑传统宗教教义的人。年轻心灵常常带着疑问在传统教条的压迫下折磨自己,但这些疑问并不是哲学问题,因为它们预设了某些纯粹神秘的观点。哲学思想无法在细节上解决这类怀疑。我们只能以一般方式来考虑宗教实在中哪些因素是科学心灵所能够理解的。重要的是去追问,人在何种程度上属于这种超感的生命秩序,这种生命秩序构成了所有宗教断言的本质。只有在这个意义上,我们才能从哲学观点来思考宗教真理。

在我们继续讨论这个问题之前,明智的做法是先指出超感世界这种观念在日常思考和说话中包含的含混不清,这种含混不清产生了大量误解。我们发现康德自己就以两种不同的含义来使用这个词。他虽然借此摆脱了某些困难，但也因此引发出更大的困难。如果我们根据"感觉"这个词语的直接含义，将之理解为身体感官所获得的或者通过身体感官所知道的，那么它就等同于形体或物质。根据这个思路，非感觉或超感的就是非形体或非物质的，即所有那些既不是物体也不是物体的运动的东西。根据一般观点或唯物主义哲学之外的所有哲学理论，灵魂及其状态和活动就属于非形体或超感的世界。但是，当我们在宗教形而上学的意义上谈论超感，我们的意思却并非如此。这里存在着世俗和超世俗之间的关系问题，因此，就像我们所经验到的那样，所有精神生活都属于世俗生活。于是，我们会将精神视为与感官世界有关，我们可以将之表述为"内感觉"，它是知识的一种形式或官能，我们在其中经验到精神的功能并开始认识到它们。因此，含混不清的地方就在于，感觉在某种意义上排除精神生活，在另一种意义上又包含了精神生活。换言之，精神生活根据一种观点是超感的一部分，根据另一种观点却不是超感的一部分。柏拉图注意到这个困难，根据他的学说，灵魂属于表象世界，但又与超感的理念世界相关，并能够知觉到超感的理念。他试图通过将灵魂当作有形世界中最高的、最善的东西来解决这个困难。在康德的哲学中，感觉与超感之间的含混不清更加显著。只要我们停留在理论理性的领域，我们所能知道的感觉世界就只是经验世界，内感觉的对象（即精神状态）和外感觉的对象相同，都严格地属于这个世界。超感则是超越经验的世界，是不可知的世界，我们必须去思想它，但是我们却无法将任何经验内容归于它。但是，只要我们转到实践哲学领域，道德生活就变成了超感的一部分，并与感觉冲动的生活相对立。超感充满着对道德意识的经验，它反对所有那些被肉体生活的关系所界定的东西，也反对所有那些被人对感官世界或者物质世界的从属所限定的东西。这个词在使用上的游移不定导致了宗教的基本问题：人的精神生活如何从感觉世界到达超感世界。

第二十一节

宗教真理——信仰与知识——自然宗教与理性宗教——灵魂不朽——灵魂轮回——灵魂的实体——自由的公设——死后的公正——浮士德式的冲动生活——人格多样性——灵魂和精神——哲学的上帝观念——上帝存在证明——本体论证明和泛神论——宇宙论证明和理神论——目的论证明和有神论

知识与信仰、哲学与宗教最开始是对立关系。米利都学派开创了古希腊的科学思想,这个学派的思想家发现能表达其物理学和形而上学假设的观念,这些观念反映在公众信念、审美的民族神话以及关于宇宙的诗歌之中。出于他们的教导,诗人哲学家色诺芬尼锻造他的武器反对神人同形同性论,而当时所有信仰都属于神人同形同性论。于是,科学创造出新的上帝概念,这个概念与传统观点的共同之处只在于名字,这个新的创造恰好碰上发生在一般思想中朝向一神论的运动。由于伟大的生命力和古希腊人宗教生活中的微妙差异,各种神明不可避免地彼此相互混同,而这又与古希腊神话从一开始就体现出的单一主神论①相一致,因为古希腊神话表达出命运的观念,也就是说,唯一神,比如宙斯,具有至高无上的地位。科学在一神论的成功发展中发挥了强有力的作用,自此以后,科学与宗教之间的所有的积极关系都被局限在一神论之中。但是,无论再伟大、再文明的宗教,随着时间的推移,最后都部分保留和吸收了多神论或多魔论神话的遗迹,这些遗迹完全超出哲学研究的范围。另一方面,一神论的演变也符合我们所谓的宗教的道德转变,其本质特征就在于主张,神应当被赋予伦理谓词。古希腊人身上发生的这个转变出现在产生科学的宗教批判的特殊时期。箴言诗将宙斯描述为道德秩序的支持者,与此同时,色诺芬尼对公众信念的嘲弄针对的也只是人们以人

---

① 单一主神论,意思就是,信奉唯一主神,但却并不否认其他神的存在。

类的身体形象想象神明，而不是人们将诸如生老病死这类人的经验以及诸如凶杀、通奸、说谎这类人的罪恶都归给神明。哲学精心制作的神明的新概念，将唯一的世界-本原观念和至高的道德法庭观念相互结合。随后，这产生出科学的宗教和民众的宗教之间的对立。借助智者的概念形式，犬儒学派和斯多亚学派教导我们，根据自然和真理，只存在一位唯一的上帝，但是根据人类的信念和变化的意见，就存在许多神明。历史上中世纪的宗教冲突、阿拉伯哲学家之间的冲突以及随后西方的教派斗争，都导致了基于历史的实存宗教与基于理性的自然宗教之间的区别。18世纪尤其致力于寻找某种不局限于一教一派的宗教：我们能够理解并证明这种宗教，它体现了所有宗教最为本质也最为重要的东西。

我们之前在处理自然法时引用过很多证明，它们与具有这种特征的自然宗教正好相反。宗教还存在一个特殊困难。倘若真存在这种自然宗教，我们就可以像确立数学定理那样确立它的教义，这样世上也就只有一种宗教了。然而，它也就不再是宗教，因为宗教属于基本的虔敬感的一部分，而虔敬感的对象模糊而不可确定。这构成了宗教的神秘感，没有神秘感就没有宗教。因此，科学如果想要试图从知识中构造出宗教，这是十分不明智的。无论人们怎么尝试，最终结果都是产生出某种无力的结构，它既不能也不适于保护共同体。事实上，即便是实存的宗教，倘若试图将自己转变为可以进行论证的学说，这也是极为不明智的。它会遭遇生命的非理性内容与理性的思想之间爆发的全部危险。此外，它也会失去作为核心本质的神秘感。"没有神秘感的基督教"是18世纪令人痛苦的观念。因此，无论教义的建构对于世俗组织机构和宗教的外部生活多么必要——正如柏拉图在他那带有深刻宗教色彩的理想国中清楚表明的——虔敬感的理智化都是宗教力量的巨大威胁。根据教会法，宗教结束于它开始的地方，这个说法或许也可以用于教义，因为这两者在宗教的世俗化之中是平行的形式。

除了这些对试图找到理性宗教的反驳，我们必须承认，这种尝试还会带来两个问题，我们之前在讨论宗教的理论真理时就已经涉及过这两个问题。自然宗教的贫乏和无力源自它只保留了宗教心灵整套理论的两个要素：相信存在作为世界创造者和统治者的正义善良的上帝，以及相信人类灵魂不朽。我们很容易就能看出，即便在18世纪的思想准则中，神人同形同性论的残余都仍然存在。举例来说，它们确实没有将任何物质或道德上应受谴责的特征归给神，但是它们的确将人类的道德化倾向归给了神。它们介于神秘观念和对超世俗概念的描述之间，而哲学研究关注的是后者。这个特征表明我们寻找哲学要素的方向，这些因素能为全部宗教观念提供终极辩护。

在灵魂不朽的观念中，我们将许多来自人类需求的要素相互组合；这些要素在某种程度上具有世俗的来源和内容，因此它们大体上规定了灵魂在人死后表现出来的各种形式。我们不必仔细研究这些不同的形式，想象将这些形式给了共同的理智需求。我们在此只是打算指出，所有形式的共同要素是某种形而上学的渴求，渴求为人格而去确保某种超感世界的重要意义。在科学知识中、在道德判断的无条件性中以及在艺术任务中，我们已经在价值生命的各种形式中发现了这种完全合理的渴求。因此，我们在此并不需要给出任何特殊的证明。但是，宗教思想将之转变成暂存概念。我们假设我们视为最高价值评价的形式将某种先验的理性秩序带入到表象世界，倘若有问题的只是这个哲学假设，那么借助对逻辑活动、伦理活动以及审美活动的批判，问题肯定将会得到解决。但是，日常的宗教思想要求个体存在的时间要延长超过其世俗的生命，于是它就把这个问题带入到十分不同的领域。人类灵魂不朽的信念最初产生于酒神狄俄尼索斯的灵魂宗教。它将灵魂视为daemon［精灵］，这个精灵原属于超感世界，后来由于某种罪恶而被贬凡间，进入尘世的身体来偿还它的罪恶，赎罪后又会重新返回神圣家园。因此，就原初意义来说，正如我们在柏拉图著作中极为清楚地看到的那样，灵魂不朽意味着灵魂的轮回。它既教导了生前的存在，又强调了死后的存在。事实上，柏拉图在《斐多》中从对灵魂不朽的第一个证明开始，就特别强调生前的存在，并且只是借助类比来推论死后的存在。狄奥尼索斯宗教的生命哲学核心就是灵魂轮回观念。这个观念认为，数量有限的精灵永无休止地游荡在活人的世界，它们感受到罪恶的悲哀并痛改前非，最后它们在神明身边获得安宁。神明处于永恒的至福状态，将精灵从这个混乱骚动的世界提升了上来。之后，赎罪的宗教多多少少开始拒斥生前存在这个观念，并且将它们关于灵魂不朽的理论仅仅局限于死后存在。他们认为，灵魂在某个确定的时点开始存在，然后将会永远地继续存在下去，他们并不认为其中有任何困难。自此以后，赎罪思想就成为人类灵魂在生命结束后获得死后永恒存在的稳固基础。

  灵魂的实体概念是证明灵魂不朽的主要理论论证。它们强调灵魂具有不可摧毁的特征，自从爱利亚学派的形而上学出现后，这个特征就和实体性不可分割地紧密相连。此外，我们几乎不需要指出就知道，这适用于灵魂轮回的原始观念，同样也适用于灵魂没有开端这个说法。既然世俗的形而上学习惯将灵魂当作上帝创造的有限实体，同时又赋予它不可摧毁性，那么只要证明灵魂的实体性，我们就可以证明灵魂不朽。我们之前的论证着眼于灵魂是所有运动的终极原因和生命原则，这已经清楚地证明了许多问题。只要这些论证是合理的，它们就不仅可以应用于人类灵魂，还可以应用于所有类型的"灵魂"。此外，一般而言，这和灵魂作为生命力量的原始观念有关，正如我们先前表明的，随着科学思想的进步，我们越来越倾向抛弃这种观点，我们不再认为灵魂是生命力量，而是代之以心灵功能的承担者或载体。如果灵魂是这个意义上的简单实体——正如笛卡尔在他的形而上学中所主张的——它就既不能被摧毁，也不能被分解还原为简单成分。柏拉图在《斐多》中的论证直接采取的就是这样的策略，强调了灵魂的内在实体性和独立性，并且将之与身体的复合特征相对立，其中蕴含的张力就是身体与灵魂之间的对立。此外，我们还可以在灵魂的意识功能中发现灵魂"超感"的本性。但是，在有关实体和因果性的本体论问题的分析过程中，我们看到了将实体范畴应用到内在经验事实所带来的困难，此外，现代心理学更加倾向将灵魂视为一种功能，而非个人精神生活在实体上的统一。无论如何，我们都不可能从思想和语言的范畴形式出发推演出这个形式所应用的东西在实际上的无限绵延。这其实是另一种方式：证明口语的用法是正当的，就必须借助对"在时间的所有变化中幸存"这个独特特征的实际证明。此外，从这个例子的本质出发，这种经验证明必定仍旧停留在经验的范围。也许，沿着心物因果性的二元论思路，根据对记忆的本质所做的类比，我们有可能理解这种幸存，有人也许会认为精神内容可以超越它们的时间条件以及身体条件而得以无限地继续存在下去。但是，另一方面，沿着心物平行论的思路，我们又很难相信，灵魂并不分享其身体的命运。

思考本性仅仅是批判思想的一个应用，符合于现代的经验思想，康德在"纯粹理性的谬误"中提出对有关灵魂的实体性和灵魂不朽的论证进行批判，那些论证在他那个时代的理性心理学中十分流行。他指出，这些论证基于对逻辑主体和实在基质之间的混淆。但是，他接着提出，否定灵魂不朽和肯定灵魂不朽一样都是不可证明的。我们再次遇到这种情况，科学终结于不可解决的对立，我们因此允许根据实践理性的兴趣在这两者之间作出抉择。因此，他的理论批判思想对伦理的形而上学可能性敞开大门，灵魂在伦理的形而上学中得以回归，但这种回归不再以实体的名义，而是作为超感世界的"知性特征"和实在来实现的。

这就把我们带入到所谓关于人性的超感的道德论证。康德在他的伦理学中阐明了这个论证，除了道德律——也就是自由，意志不能在其他任何动机中找到自我规定性。既然自由的实在性不可能存在于服从因果律的感官世界，而没有自由就没有道德，我们就必须在超感的世界中去寻找。的确，只有借助自由，我们才能认识自由的实在性。就人属于自由世界而言，他具有人格和知性特征，他超越了只是现象世界的形式的时间。我们在此并不打算在细节上检验康德的论证；追问自由的实践概念是否等同于自由的理论（先验）概念，前者认为自由是规律的自我规定，而后者认为自由则是为因不为果的能力。我们关注的是以下事实：我们在这个思想倾向中，恰恰有决定性的理由将人提升为超世俗世界中的道德存在。但康德并不满足于此。他从这个高度走向传统的不朽观念，这个观念主张，不朽就是凡人生命的无限持存。他随后想要借助有效性的情感和对死后公正的要求来证明这个公设。由此，他提出情感和思想的某种共同样态，它在实存宗教及其对道德问题的处理上都起到重要作用。康德的创造始于至善这个观念，至善等同于美德和幸福。他的意思是，我们可以认为，美德本身应当配得上幸福，尽管美德并必定伴随着幸福。此外，既然这种美德和幸福的同一性在尘世生活得不到保证，并且还存在争议，因此我们必须在人生之外寻找至善的实现。事实上，这种情感真的存在。我们希望好人有好报，看到坏人享福会令我们感到不痛快，也许坏人的手段越卑劣，道德律就应该越禁止他人使用这些手段。这并不能满足大众的一般情感所希望得到的如下保证：尽管好人牺牲良多，但他得到的是真正的幸福，另一方面，尽管坏人享乐不少，但他得到的应该只是虚假的幸福。康德并非这样思考，而是认为，在尘世生活中，幸福和不幸是按照道德差异来进行分配的。我们不要对这个事实自欺欺人。但是，当我们将此视为不合理的，并相信正义将会在死后得到救赎，这难道真的是道德情感或道德上合理的情感吗？难道说，就像康德试图做的那样，道德意识的要求已经必要到能在此基础上确保灵魂不朽的公设吗？我们也许可以对此提出严肃的质疑。极端的严格主义也许会抛弃这种观点，并认为美德与幸福其实是两回事，它们彼此无关，而且也应当彼此无关。这么说的人也许非常迫切地期待幸福论的反对者成为绝对命令的创立者。大体上来说，这个论证也许是令人安慰的，但是，不论它可能会帮助多少人通过令人痛苦的人生迷宫，它都一定不是一个证明。除了所有其他的反驳，最后还有一个质疑：谁能保证说我们在伦理上视为必然的事情都将会得到实现呢？十分清楚，这个论证在公众形式上的广泛应用并非没有得到反驳。死后的公正这个观念当然确实有助于促进人们守法，此外，在实际的社会生活中，我们也并不能够非常好地排除这个因素。但是，纯粹和自律的道德仍旧包含着危险，因为它倾向于根据来世的赏罚观念作出决策。此外，我们在运用这类论证时还存在着另外一个危险。在神学的道德化中，我们越是将道德规则诉诸死后的不朽和公正，那么当人们对灵魂不朽的信念开始削弱时，人们就越有可能产生出对道德行为的怀疑主义。

歌德提出了更加纯粹的关于不朽的道德证明，他18岁就提出了这个假定。他认为："我有关我们死后继续存在的信念来自于我有关活动的概念。如果我们直接走到终点，而我们的精神也无法维持在当下，那么自然必定会为我提供另一种存在形式。"歌德径直提出，他与永恒幸福无关，除非那意味着新的任务要我去完成或者新的困难要我去克服。他由此推论，不朽依赖于人的活动这种价值，它不是赐给所有人的。某些斯多亚主义者以同样的方式宣称，只有智慧之人才能够不朽。这两者的观念都是基于对世界秩序之公正的信念。

于是，不朽的信念从一个极端延展到了另一个极端。一方面，我们渴望不安动荡的人生之后的宁静安息；另一方面，我们又渴望无限的活动。在这两者之间，所有渴望都以这样或那样的方式假定了世俗生活的延续和对人生中不足的救赎。在所有这些渴望中，有着某种浮士德式的冲动，想要经验比世俗生活所能够提供的更多的事情。有限精神并不满足于待在这个他被放逐到的狭小时空。如果我们能够继续过我们熟悉的生活，那么存在的空间局限性也许还可忍耐。但是，时间的局限性是更加严重的问题。人们并不怎么为过去而烦恼，因为很多过去的事情在现在早已物是人非。但我们很难不去展望未来，很难不去思考我们内在情感涉及的那些任务在将来的发展。因此,浮士德式的冲动将自身投向无限的未来。就此而言，时间的局限性消失了，只剩下空间的局限性。因此，当想象作用于不朽的观念时，它描绘出以下这幅景象：我们在未来生活中游荡在群星之间，然后又返回到灵魂轮回这个原始的观念。

我们在此不必谈论我们想象的未来生活的确定摸样，但对于这些事物的形而上学倾向，我们会补充论述。首先，我们有以下这种观点：人格属于永恒的原初事物，此外，它们并不在经验事物生灭的时间进程中表象结果。在这个意义上，康德和叔本华谈到人的"知性特征"。后来的某些作者也谈到了原初位置这类问题。当我们在处理本体论问题时，我们已经注意到这个问题，这与事物的单一性与多样性之间的对立问题有关。自由与责任的问题经常涉及人格的多样性。但是，我们却没有看到，它以任何论证都无法隐藏的方式——无论这种论证构思多么精巧，反对了一神论的形而上学。也许，洛采的主张是克服上述困难的最佳尝试，他提出，我们也许可以将人的人格当作原初神圣实体的部分表象，人格必定分享了它的永恒性和不可摧毁性。与此同时，费希纳则争辩说，他在他的泛神论生命哲学中找到了安置不朽信念的空间；但是，这种说法与他自己的心身平行论几乎难以融贯。

关于形而上学，不朽的观念关涉试图在精神生活中发现有层次的结构，有朽与不朽由此分离开来。柏拉图明确地指出价值的差异，亚里士多德从理论上论证这种差异。柏拉图晚年将与身体及其需要紧密相连的心理活动视为低级的、有朽的部分，并且认为它们在某种程度上遮蔽了人生中高级的、不朽的部分。在这种情况下，我们并不容易看出，什么罪恶让纯粹的、不朽的灵魂遭到定罪流放到身体中。于是，在柏拉图的《蒂迈欧》中，灵魂的轮回似乎更像是命运的规定而非道德的安排。在亚里士多德那里，植物灵魂和动物灵魂的地位要低于更高级的人类灵魂或理性（νοῦς）。更高级的人类灵魂并不进入有机世界，因此也许可以作为不朽的一部分而存活下去。无论如何，亚里士多德的所有评注者都是这么理解的。这两种理论相互结合产生出新柏拉图主义的理论，从普罗提诺到现代哲学，这种理论以各种不同的表述保存下来，直到我们时代。心理生活与感官世界密切相关，并随之消亡。此外，精神生活则上升到了超感世界。"灵魂"是关于此世的,而"精神"则属于超越此世的。前者是经验的,而后者则是形而上学的。某种程度上来说,这就是我们时代的语言。然而,这些理论根据它们的假设而在某种程度上与不朽的观念并不相符。因为我们所谓的理性或精神不同于灵魂,它们完全是非人格的或者说超人格的。至于亚里士多德的人格不朽的理论是否存在问题,他的评注者在此存在分歧。有些人主张,在亚里士多德的体系中,νοῦς[理性]不是人格性的,而是一般理性甚或是世界理性,从历史的角度来看,这些人才是正确的。甚至在柏拉图那里,灵魂中不朽的部分同样也是非人格性的,因为他有时同样用理性这个名称称呼它。在某种程度上,这些观念很容易与现代有关一般心灵的理论相协调。就像个别的心灵产生自经验的一般心灵,他在他自己所有的活动中不断分有一般心灵。因此,在这个一般心灵中,也有着具有理性的有效性的领域,这个部分属于终极的、最为内在的层次,而个别心灵也分有着这个部分。但是,这种对其实际内容以及永恒有效性的分有,独立于它进入历史的一般心灵并由此进入个别心灵的程度。就此而言,我们在此还区分了精神生活(准确地说是思想)中的有朽和不朽,我们在我们经验的心理活动中将这个永恒的因素变成我们自己的,我们发现了对所有有朽者的救赎,我们从个别灵魂的身体条件那里意识到了这种有朽。然而,有人认为,任何具有永恒价值的东西都在我们自己的本性及其作用中继续存在并发挥作用,任何试图用这种思想来安慰自己的人都必定意识到,这并不是宗教教义所宣扬的个体和人格的不朽。

我们发现,完成有关不朽的道德证明取决于超感世界的道德秩序这个观念,费希特称之为ordo ordinans[创世的秩序],它与natura naturans[能动的自然]相对应。倘若人类作为形而上学的存在将会上升到更高的世界,那么我们必定可以将它本身当作自给自足的全体。此外,如果我们将实体的范畴应用于它,那么它就得到了"上帝"这个名字。在康德的那里,借助上帝的存在,对不朽的假定才得以完成。自然的秩序绝对无法保证至善的实现，即便在超越生命的无尽绵延之中也是如此。只有自然秩序和道德秩序在上帝中的终极统一才能对此予以保证。这基本上是18世纪道德宗教的主要观点，诸如沙夫茨伯里和伏尔泰都主张这种观点。

于是，当哲学开始涉及上帝的实在性的问题，我们必须牢记，尽管这个概念与当下宗教的上帝观念有共同的重要特征，但这绝不意味着两者是等同的。这个区别对于所有有关上帝存在的哲学的理论证明十分重要。它们首先适用于构建的宗教，这种宗教试图在概念上澄清传统的神话观念。我们必须牢记，不论哲学家如何构想"上帝"这个术语的具体内容，从早期科学开始，他们就已经习惯将这个名称赋予终极的实在原则。米利都学派的阿纳克西曼德将无定称作神圣。色诺芬尼将一称作 Θεός［神］，他认为一就是全。斯宾诺莎的 Deus sive naura［神即自然］以及费希特的上帝是道德的世界秩序都是这个思路的继续。实存的宗教不会承认使用这个术语。实存的宗教宣称，这些学说都是无神论——它们都否认了**它的**上帝。哲学家们不会对此表示惊讶，因为他们看到不同宗教由于彼此对神具有不同的理解总是相互指控对方为无神论。任何人，只要他和我们信仰不同，那么他就是"无信仰者"。当然，哲学和这些争论无关。但是这个极为含混的词会给 ex consensu gentium［出于普遍同意］这个有关上帝存在的大众证明带来致命灾难。因为不同的民族和时代提到"上帝"时所指的的含义极其不同。这个词有着极为丰富的含义，我们也许可以对其中包含的共同因素作出模糊的猜测，但是我们必须记住，这类模糊的一般信念不必是一般真理。

关于神的哲学问题产生于价值论，它关心的是我们关于超感世界的全部原则。我们在处理本体论问题时，特别在处理实体问题时，就已经注意到关于上帝存在证明的重要性，康德将这类证明划分为本体论证明、宇宙论证明和目的论证明或者物质-神学证明。本体论证明就是从存在这个概念出发的证明。如果存在的意思指的是所有现实的内容，那么证明它存在就没有任何困难。如果我们将上帝称为 ens realissimum et perfectissimum［最现实并且最完满的存在］，我们的这个观念就已经包含了现实，于是我们也就不需要证明。但是，我们也许要问，我们到底是否必然地去思想 ens realissimum［最现实的存在］。此外，既然康德的批判在于从任何可以被思想的概念都无法推论出现实，那么它甚至都不足以表明这个概念必须被必然地思想。在这一方面，康德更加深化了这个问题，他追问的不是关于上帝存在的证明，而是关于上帝必然存在的证明。当我们去除这个观念的经院哲学形式之后，我们就会发现我们走到了人类研究的极限。为什么必须要有事物存在，我们对这个问题只能相对无言。为什么不能一无所有呢？这个问题没有答案。因为，倘若我们不想陷入恶性循环，我们就必定总是要在其他事物中去寻找这个必然性，我们不是去这找就是去那找，ad infinitum［直至无穷］。即便我们想要在"应然"或者可能中寻找所有存在的理由，比如费希特和魏瑟所做的那样，那么这也适用于此。因为我们会再次追问，这个"应然"或者可能性从何而来，我们必定会在某个其他事物中寻找理由。于是，存在借助事实存在揭示出它的必然性。这个方向有"一个可能"的证明，康德在对本体论证明进行批判后，首先构建出这个证明，但他随后又悄悄地放弃了这个证明。此外，这个方向上还有修正的本体论证明，这就是黑格尔试图采纳的证明。绝对存在就其内容而言，是否能够是某种与所有特殊存在都不同的东西，这完全是另一个问题。尽管我们必须否认这个本体论证明的前提，但基于这个前提，这个论证和爱利亚学派的泛神论、中世纪的实在论、斯宾诺莎等等都有着密切关联。此外，这个论证和泛神论的论证还同原初的无限性这张宗教情感有密切关联。这个泛神论的特征还与某些最高级的谓词有关，比如最伟大、最现实、最好、最完满等等，这些谓词在这个论证中起到非常重要的作用。任何在表象世界中和超越表象世界的可能性都必定被包含于原则自身之中。即便随着时间的推移，它最后仅仅体现在感觉世界之中，甚或之前从未出现，但也必定是在诸如所有可以被构想的完满性这类绝对存在之中的永恒实在。在这里，我们是在彻底的斯宾诺莎主义的含义上，sub specie aeterni［在永恒的形式下］来看待超感的。因此，最早所争论的形而上学问题，即完满性到底意味着开始还是终结，与这个观点完全无关。散发与演化仅仅同表象有关。圣神的世界本质无始无终。从起点至终点，从头至尾，它都是一样的。

宇宙论证明有点接近日常的宗教思想，因为它试图在时空中寻找无数个别事物开始存在的原因：这个原因在其本性及其实在的样态上应当与它们有所不同。在经验哲学那里，这个论证借助了偶然与必然的观念，或者说相对的必然性与绝对的必然性、有条件的必然性与无条件的必然性这样的观念，还有有限的偶然性与无限的必然性这样的观念。在对这些概念的极为复杂的辩证运用之中，我们在黑格尔的《上帝存在证明讲演录》中发现了最为彻底的运用，我们看到将这个论证还原为本体论论证的需要，就像康德所表明的那样。我们在亚里士多德那里发现了宇宙论证明的最为简单的形式，正如本体论证明依赖于实体性这个范畴那样，宇宙论证明依赖于因果性这这个范畴。宇宙论证明试图找到原因链条上的最后一环，即"最初的推动者"，τὸ πρῶτον κινοῦν［第一推动者］。亚里士多德由此出发引入时间因素，这个思想后来不断发展，产生出关于超凡创世者的理论，即理神论。宇宙论证明形式上使用了因果性，因此遭到了来自知识论上的著名反驳。因果性，就其作为范畴而言，是被给予的经验元素之间的关系，因果性由此产生出某种需求和权利，以便寻找与被给出的统一性相关的次级因果链，但这仅仅限制在经验的范围之内。但是，这确实无法证明会发生 μετάβασις εἰς ἄλλο γένος［种类转换］，当我们在寻找原因的过程中从物理世界转到了形而上学世界，从有限转到了无限，从偶然性转到了必然性，那时种类转换就会发生。然而，我们可以由此推论，否认心物的因果关系与肯定这种关系都是同样不合逻辑的：无神论比理神论更加不科学。但是，即使我们想要忽视这些反驳并且将证明的力量赋予宇宙论证明，它也不会告知我们任何原因的内容与本性，这个原因就是我们从结果而推理出来的。因为因果关系并不能决定原因与结果之间的相似与否。因此，宇宙论证明至多只能再次将我们带领到第一因这个十分含混的观念上去，而不会告诉我们任何这个原因的本性。因此，它让我们没有理由去把上帝思想为精神性的存在或者人格。

如果我们想要这么做的话，我们就必须继续前进直到我们找到某些能够使我们确定宇宙原因之内容的元素。目的论证明就打算这么做，正如康德所指出的，由于那个理由，这种论证是所有人印象最深刻的，也是宗教信徒们最为推崇的。它从世界的合目性与完美和谐出发推论出一位精神性的存在。它从机器的完善性出发推演说这部机器来自于一位至高设计者的心灵。于是，这一论证受到了某些科学家们的青睐与支持，他们希望能够将科学研究的机械论思想与宗教信念相调和。这一来自于类比的证明于是就成为了一神论这一形而上学立场的基础，它具有极强的修辞力量，但是严格来说它并不是一个证明。的确，假如这个论证想要带领我们通向全知全能全善的创造者，光靠类比并不能完全站得住脚。因为人类的设计师只能找到他手边现存的材料，因此他的能力也是有限的，但是，神却必须创造材料。康德指出了这个差别，当他提出，目的论证明（正如古老的思想者们所认为的那样）只会导向世界的统治者以及建筑师这样的概念。为了继续得到上帝这个概念，我们还是必须用到宇宙论证明（最后还得用到本体论证明）。不过，即使目的论证明有这样的局限性，但是它还遭到了更进一步的反驳。目的只能够出于设计者，这一点是无法证明的。此外，严格说来，我们无法从结果的性质中推演出任何原因的性质。休谟本人就指出，根据盖然性原则，很可能会出现以下这种情况：无限的时间进程产生出一堆只具有最小程度扰动的物质，因此这堆物质能够长时间持存。此外，现代生物学意图对生命力给出一套机械论的解释，就像我们之前所看到的那样，生命力意味着机体中的合目的性，理神论的假设遭到了严格的检验，因此处于极其成问题的境地。

检验前提是否合理甚至威胁到了这个论证在心理上的影响力。这个世界真的有支撑目的论证明那种理所当然合目的、美丽和完善吗？康德将这些前提视作理所当然,但是其他一些人则对这些前提做出了细致的精心阐述。天文学的目的论和生物学的目的论,在相关主题的著作中,都显而易见地做出了这样的描绘。不幸的是,人们在讨论宗教问题的时候总是容易暴躁易怒,据说只有邪恶的意志才能够使人看不到世界的合目的性与美轮美奂,不去寻找世界的创造者就是不感恩。事实上,尽管没有人会实际抗拒这个印象,但是它并不是唯一可能的印象。任何没有偏见的、中立的观察者都会看到,在这个世界上存在着大量事物是不合目的、不和谐的,还有大量的事物则是丑陋的、不完满的。合目的性与不合目的性,这两者到处可见。两类情况都有很多,我们很难说哪一类更多一些。宗教的最高形式(即救赎的宗教)强调,这个世界的合目的性就是神圣创造者所留下的标记,然而世界实际上却充斥着不完满、痛苦和罪恶。我们如何才能协调这两者呢?神圣的存在承担着超感世界的价值,而感官世界则是这些价值在某种程度上实现的地方,但又是这些价值在很大程度上遭到明目张胆地否定的地方,这两者之间到底是什么关系呢?应然与实然之间到底是什么关系呢?具有永恒性有效性的价值世界与充斥着暂存事物的世界之间又是什么关系呢?这些才是终极的问题。

第二十二节

实在与价值——主观的唯信仰论与客观的唯信仰论——乐观主义与悲观主义——神正论问题——物质之恶——伦理之恶——价值二元论与世界的统一——作为时间原则的意志

我们的研究始于对知识的不满,结束于对生命的不满。前者激发了反思,从日常生活中悬而未决的观念,到科学概念,再到哲学问题,我们都能看到这种反思的身影。当我们从知识问题转向价值问题,这些反思就变得越来越迫切了。所有理论问题都产生自以下事实：潜藏在实在知识形式中的那些假定和公设，特别是对世界自身同一性的假定，永远无法在经验给予的内容中完全实现。价值的全部生命都揭示出未实现的，甚至是不可实现的大量需求，这些需求不仅由我们有关实在的观念所组成，而且还由实在本身所组成。此外，这些未满足的需求不仅关注人的状态和活动，而且还关注与之相关的事物和处境。确实，价值评价的本质就在于指导评价的规范本身得不到实现，并且总是无法得到实现。"应然"与"实然"，价值与实在，必定是不同的。如果规范与实在等同，价值就有了一个目标，因为它要么肯定要么否定，这种二选一的特征预设了这个差别。倘若存在某种自然的必然性指导心灵通向可靠的结论，也就不存在真假的逻辑鉴别了。倘若自然动机在所有意愿和行为中都能够实现道德律，也就不存在善恶的伦理鉴别了；倘若我们在所有自然和艺术的结构中都能对重要内容进行完美表达，也就不存在美丑的审美鉴别了；甚至，如果全部的人生都是快乐的或有用的，所有享乐上的鉴别也都将停止。"应然"的法则与"必定"的发展并非完全不同，但两者也并不能等同。因此，所有对问题的哲学处理揭示出某种主观的唯信仰论，我们又从这种主观的唯信仰论中得出某种客观的唯信仰论，这种客观的唯信仰论主张二元论，甚至是实在的二元论，并且通过表明主观二元论只是二元论的特殊形式而使人们理解主观二元论。价值评价的事实必定意味着实在中有价值与无价值的二元论。

　　我们很容易忽视这个微妙的真理，我们从中可以发展出两种截然相反的态度，即乐观主义与悲观主义。甚至乐观主义也不否认这个世界存在恶。乐观主义表达的含义只是这个世界是可能世界中最好的世界。这是莱布尼茨以科学的形式所赋予的含义。这绝不意味着这个世界没有恶，而只是意味着这个世界中的恶被限制在最小的可能比例之中。它包含的恶最少，就此而言，它是最好的。另一方面，悲观主义也并不否认这个世界存在善。悲观主义最雄辩的鼓吹者，叔本华，也承认甚至这个恶的世界也还存在不少合目的、顺心、美丽以及令人感到安慰的东西。因此，这两种观点都不会对现实中价值二元论产生质疑。它们只不过是妄想证明其中一种因素占据主导地位而已，它们因此吸引了人们对生命做出大量情感上的反应。乐观主义和悲观主义在个人情感的意义上存在，甚至也在整个集体——民族与时代——的意义上存在，这取决于性情或经验的推动。这些都是情感统觉的结果，我们可以从心理学角度理解这种统觉。倘若相似的经验积累在某个时刻导致悲观主义或乐观主义，那么借助选择和同化，这种态度将会得到一般确认和强化。但是，这种确认和强化的结果只是情绪或倾向，而情绪既无法被证实也无法被证伪。

因此，我们无法在乐观主义和悲观主义的意义上来客观证明，这个世界到底是有价值占主导还是无价值占主导。我们不可能对它们占据的比例作出确定估算或鉴别，即便是在人类狭小范围之内这也是不可能的，更不用说生命领域以及全宇宙了。此外，在善恶的判断上，我们超越了人类知识官能的局限性，因为我们在这么做时，必定自欺欺人地认为我们对世界的目的有所了解。乐观主义和悲观主义的最低级和流传最广的形式尤为如此。这种形式就是享乐主义，它试图确定所有现实中到底是快乐占主导还是痛苦占主导。一般来说，悲观主义理论在这方面更为常见。在古代，享乐主义在快乐中找到了生命的目的和意义，结果产生了对达成目的的绝望和对生命的贬低，享乐主义者赫格西亚通过教导人们自杀而对此给出了最好的表达。在现代，叔本华大致上宣扬的是悲观主义。他有关意志的形而上学和伦理学基本建立在同情之上，这种同情在他关于存在之悲惨的学说中达到顶点。之后，爱德华·冯·哈特曼也提出了一套悲观主义，这是科学的悲观主义的萌芽。他提出，意志的本性就蕴涵着痛苦占主导，因为在我们所有努力之后，都有意志得不到满足的痛苦。只有意志得到满足，这种痛苦才会变成快乐，但当意志再度失望时，痛苦又会回归而且变得更加剧烈。于是，即使满足和失望的可能性是等同的，但占主导地位的仍旧是痛苦，它在任何情况下都先于意志。这仅仅是对悲观情绪本身的科学描述，但如果我们指出，不论成功与否，即便只是对乐观主义倾向的描述，努力就是快乐、生命的愉悦感以及自我坚持，我们也许可以对此做出正好相反的论证。因此，乐观主义和悲观主义的享乐主义形式都基于以下这种要求：获得幸福的冲动根据知识提出了这些要求，此外知识无法遵守这些要求。哪怕我们可以在统计学和科学上证明所有事物中占据主导地位的是快乐或痛苦，我们也没有权利证明宇宙是善还是恶。总会有人反问，这个世界的目的是不是创造快乐：许多人在实际上对此做出了肯定的回答，但是还没有人在理论上对此做出过回答。因此，享乐主义的乐观主义和悲观主义都只是一些情绪，我们不必对此吹毛求疵，只要它们不宣称自己是普遍可证明性的理论就行。

在更高的伦理学层面，也有乐观主义与悲观主义之分。这体现在世界和人生的目的或目标是否在道德律中实现。这里的差别应该归于以下理论：人的自然、原初的倾向是善，它随着人生的发展历程而改变和堕落。所有赞同卢梭主张人性本善的人们，只要想到事物的当下实际状态，他们必定认为，从古至今，无论何种情况，历史总是导致人的堕落。另一方面，有些人则认为人性本恶，这是利己主义伦理学、原罪的宗教学说或者康德关于极端恶的理论所主张的。这些主张人性本恶的人必须表明，社会影响或宗教影响能够极大程度使人进步和改善。我们再次遇到两种对立的观点，至于采取哪种观点则常常取决于个人的倾向或经验，而且这两种观点都没有令人信服的证明。就人的自然天赋而言，我们已经看到，就像斯多亚学派所宣称的，人性善恶之分的主张属于肤浅的心理学。事实上，在现实生活中，人的动机十分复杂，我们不可能以此对它们作出划分。就历史发展而言，我们关于历史哲学的思考已经向我们表明，人类道德在过去或未来发生的变化要归纳出一套科学观点，这非常困难。我们总是可以主张，一般而言，人的道德本性保持不变，或者甚至不可改变，这是彻底的伦理学悲观主义，而且不再局限于叔本华。此外，我们也不可能将关于人的原初状态甚至当下状态的悲观主义观点与关于人的未来状态的乐观主义观点相互调和。于是，尽管费尔巴哈和杜林对实际的道德与社会状况都提出严厉谴责，但是他们仍旧毫不动摇地相信人的可完善性以及进步和改善的必然确定性。哈特曼将乐观主义与悲观主义精致地相互结合，他相信文明的发展通过理智和伦理生活的进步将会救赎存在的痛苦和不幸。他认为，莱布尼茨正确地主张道，从世界的全部进化演变来思考，这个世界是所有可能世界中最好的那个；但是，叔本华也正确地提出，这个世界十分邪恶、极为悲惨。世界无意识本质的错误就在于产生出最好的可能世界，这个错误最终将会通过知识和意志的克制而成为善，神也会从他自己的世界中得到回报。

乐观主义情绪与悲观主义情绪以这种不可思议的奇妙方式，共同被囊括进哲学体系。它们中唯一可靠的知识要素就是实在的价值二元论。哲学的任务就是超越乐观主义与悲观主义，并理解这种二元论。但克服乐观主义与悲观主义则是令无数人徒劳无功的问题。古代哲学在他们流行的宗教信念推动下，以错误的方式为之努力过。它试图将这种价值的二元论等同于理论的二元论，所有形而上学思考都终结于这种理论的二元论：空间与心灵的二元论，身体与灵魂的二元论，物质与精神的二元论。出于各种动机并以许多不同的方式，它主张感官世界是不完满的、恶的世界，与之相反，精神的、超感的世界则是善的世界。此外，在人这里，身体是恶的，而灵魂或精神则是善的。我们先前已经处理过这种观点，并且也已经指出这种观点在理论基础上的缺陷。然而，就结果而言，它远远超出科学思想，确实，它并不起源于科学思想，也绝不局限于科学思想。它不但在理论上更在实践上，都包含了对感官生活的贬低。人们受到教导，要对他自己的身体感到羞耻，对他本性的感觉-超感二元论感到羞耻。在长达两千年的时间中，这就像笼罩着欧洲人的扭曲噩梦。我们随后才又慢慢地，非常缓慢地，回到古希腊人对生命的清明观点。

除了这个错误和偏差，价值二元论在整个生命中仍处于丝毫未减弱的晦涩不明中。此外，这里还产生出我们已经考察过的神正论问题。以宗教的术语来归纳，基本问题就是，为什么上帝创造出一个恶为其必要组成部分的世界？这些问题首先以享乐主义的形式在日常心灵中呈现出来。这个世界的创造归因于上帝的全知、全善和全能，这个观点似乎与尘世生命的无目的产生了剧烈矛盾：动物世界的残酷和人生的恶劣——痛苦、贫困和各种各样的不幸。当我们思考幸福与不幸的分配时，这个印象得到了强化，因为这种分配在我们看来并不公正。即便放下所有这些，光是现实中的物质之恶就足以有力冲击我们对这个世界的神圣创造和统治信念。上帝是否能够或是否将会使这个世界无恶，还是两者皆可，这个伊壁鸠鲁的问题永远得不到令人满意的回答。从斯多亚学派的时代以来，人们就反复运用修辞学的论证，而他们的反对者则完全依赖或明显或不明显的神人同形同性论。人们能够谈论恶的教育价值，谈论恶本身是善的不可避免的附带结果，谈论为了最终实现神圣计划而采用显然矛盾的手段，但这时人们总是可以通过追问以下问题予以回击：仁慈全能的上帝是否本来能够找到不那么痛苦的手段来执行他的计划。自斯多亚学派以来，人们一直诉诸天意的深不可测，然而这种方式只对信徒有效，对怀疑者来说则完全无效。

某些人认为，这些反思也许足以动摇物质之恶的问题，但它们并没有涉及这个问题的核心——伦理之恶，即这个世界之中存在大量邪恶。有些人试图以否定物质之恶相同的方式来论证，比如斯多亚学派，主张痛苦不是真正的恶。有些人则主张任何真实的东西都是善和完满的，恶和不完满仅仅是存在的缺乏和不足，比如新柏拉图主义者根据形而上学的乐观主义所做的。这两种方式都没有任何用处，对有智慧的人而言尤其如此，只有不成熟的人才会以这种方式来思考这个问题。主张恶仅仅是善的缺乏，这类修辞手段毫无用处。宗教心灵本身永远无法克服原罪，这是所有事实中最确定的事实，是所有渴求救赎的来源。就此而言，在面对不可解决的问题时，渴望获得对世界的统一理解就会崩塌。价值世界和实在世界，"应然"领域与"必定"领域，并非完全异质。它们处处都相互关联。但是,它们当然并不是一回事。现实的织体中存在裂缝。除了在现实中得以实现的价值,还有某种具有黑暗力量的东西,它价值中立或者反对价值。如果我们将上帝当作单一原则,在这个原则中,所有能够被经验到的东西都具有某种共同的存在和共同的来源,那么我们就永远无法理解它如何能够划分出相互对立的二元世界。出于这个理由,古代哲学止步于上帝与物质的对立,或者形式与质料的对立。后来某些通神学[①]和神谱的猜测,比如雅各布·伯麦[②]的猜测,试图废除这种"划分"或"相异性"。但是,他们只能满足于模糊的语音和假设,而这也只不过他们的愿望而已。我们无法克服矛盾。二元论是所有事实中最为确定的事实,但唯一论又是我们有关实在的所有哲学假设中最为牢固的假设。辩证法试图规避这个困难,它唯一的逻辑手段似乎就是矛盾析取,而唯一的形而上学手段似乎就是逃避对否定性的认可。因此,从普洛克罗斯到黑格尔,辩证法一直试图用正、反、合来处理这种不可能。但是,当它试图表明,用赫拉克利特的话来说,一如何将自身一分为二,然后又合二为一,它仅仅成功地定义并描绘出这个辩证的过程,但是却从来没有理解并解释这个过程。

　　就其本质而言,这个终极问题是不可解决的。它是神圣之谜,标志着我们的本性和我们的知识界限。我们必须满足于在此止步,并且承认,在生命最内在的地方,我们的知识和理解无法进一步触及我们存在的另一面,即意志。对于意志来说,现实的价值二元性是意志活动不可

---

① 通神学,又译为神智学,是一种倾向神秘主义的宗教哲学,具有悠久的历史。虽然通神学各派内容各不相同,但有一点是共同的:古今神智学家都讲一元论,认为万物同根,皆出于心或灵,认为人的灵魂深处存在灵性实在,人可以通过直觉、冥想、聆听启示或进入超乎人的正常知觉状态而与这个实在直接相通,当人把握到这种实在时,人就了解了神的智慧,从而可以洞观到自然和人的内心世界的奥秘。通神学在19、20世纪通过神智学社的努力,对宗教思想的发展有过影响。

② 雅各布·伯麦(Jakob Boehme,1575—1624年),也译为雅各·波墨,中世纪德国神秘主义哲学家,被黑格尔誉为"德国第一哲学家"。他的思想影响了诸如黑格尔、布鲁诺、谢林、叔本华以及威廉·布莱克等等。他的代表作有《曙光》(1612)、《伟大的神秘主义》(1623)以及《走向基督之途》(1623)。

或缺的条件。倘若价值和实在是同一的，那么也就没有了意志，因而也没有了事件。万事万物都将停留在静止的、永恒的完成状态之中。时间最为内在的含义就是是其所是和应当所是之间不可剥夺的差异。因为这个差异在我们的意志中揭示了自身，它构成了人生的基本条件，我们的知识永远无法超越它而对其来源有所理解。于是，我们人类能够找到某种平心静气的快乐。这种快乐不是表现在意志的动荡不安中，因为意志会将我们拽入表象世界的转瞬即逝的混乱骚动；而是表现在纯粹思想和沉思的平静安宁之中，因为永恒的价值在其中能够得到揭示：ἡ θεωρία τὸ ἥδιστον καὶ ἄριστον［沉思最快乐也最美好］①。

---

① 见亚里士多德，《尼各马可伦理学》1169b33，1178a5。

出版后记

文德尔班（Wilhelm Windelband，1848—1915）是著名的德国哲学家和哲学史家，新康德主义弗莱堡学派的创始人。1848年生于波茨坦，早年在耶拿、柏林和哥廷根等大学学习，受教于费舍尔和洛采，后历任苏黎世、弗莱堡、施特拉斯堡和海德堡等大学教授。主要著作有：《序论》（1884）、《哲学史教程》（1892）、《历史与自然科学》（1894）、《论意志自由》（1904）、《哲学导论》（1914）等。文德尔班的《哲学史教程》早已译成中文，国内哲学界非常熟悉，作为哲学史经典之作，它已经成为学习西方哲学史的重要门径和必备之书。

如今出版的这部《哲学导论》与《哲学史教程》相互补充，完整呈现出文德尔班对哲学的基本理解，以极其精炼的文字总结了他的哲学思想，展现了新康德主义哲学的基本纲领。全书以存在（理论）问题和价值问题的区分为基础，以价值的存在与存在的价值之间的关系立论，探讨了本体论、发生论、认识论、伦理学、美学、宗教等各类哲学问题。文德尔班认为，"导论"既不是对历史的纵览，也不是对某个特殊体系的辩护，而是介绍鲜活的反思活动，介绍对哲学的主题、思想的张力以及试图缓解张力的各种方案的直接理解。这是文德尔班这本著作在一个世纪之后的今天仍然具有活力，仍然能启发我们思考的原因所在。

中译本主要依据的是麦凯布（Joseph MacCabe）的英译本（*An*

introduction to philosophy，1921）。在后期校订过程中，某些疑难语句和术语参考了德文本（*Einleitung in die Philosophie*，Tübingen，1920）。文德尔班在书中大量直接引用古希腊文和拉丁文，但没给出现代译文，中译者依原书体例，在行文中保留原文，随文以方括号的形式附注汉语译文，能查到原文出处的地方都以脚注方式注明出处。本书还涉及大量不常见的学者及其著作，中译者也在脚注中简要注明相关人物的生平、主要思想和代表作品，以方便读者了解相关背景知识。

本书既适合作为理解文德尔班哲学思想的专业读物，也适合作为哲学教育的通识教材。我们希望，无论是哲学专业的学生，还是人文社科学生，甚或普通大众，都能从中有所受益并感受到智慧的乐趣。

服务热线：133-6631-2326　188-1142-1266

服务邮箱：reader@hinabook.com

后浪出版公司

2016 年 8 月

图书在版编目（CIP）数据

文德尔班哲学导论 /（德）文德尔班著；施璇译. — 北京：
北京联合出版公司，2016.5
ISBN 978-7-5502-7779-3

Ⅰ.①文… Ⅱ.①文…②施… Ⅲ.①哲学 Ⅳ.①B

中国版本图书馆CIP数据核字（2016）第108519号

Simplified Chinese edition
Copyright © 2016 POST WAVE PUBLISHING CONSULTING (Beijing) Co., Ltd.
本书中文简体版权归属于后浪出版咨询(北京)有限责任公司

文德尔班哲学导论

著　　者：[德]文德尔班
译　　者：施　璇
选题策划：后浪出版公司
出版统筹：吴兴元
责任编辑：李　征
特约编辑：陆　炎
营销推广：ONEBOOK
装帧制造：墨白空间·韩凝

北京联合出版公司出版
（北京市西城区德外大街83号楼9层　100088）
北京大宇力达印刷有限公司印刷　新华书店经销
字数260千字　720毫米×1030毫米　1/16　19.5印张　插页4
2016年9月第1版　2016年9月第1次印刷
ISBN 978-7-5502-7779-3
定价：49.80元

后浪出版咨询(北京)有限责任公司 常年法律顾问：北京大成律师事务所　周天晖 copyright@hinabook.com
未经许可，不得以任何方式复制或抄袭本书部分或全部内容
版权所有，侵权必究
本书若有质量问题，请与本公司图书销售中心联系调换。电话：010-64010019